HISTOIRE

DU PALAIS DE JUSTICE DE PARIS

ET DU PARLEMENT

860-1789

PARIS. — TYPOGRAPHIE WALDER, RUE BONAPARTE, 44.

HISTOIRE

DU

PALAIS DE JUSTICE DE PARIS

ET DU PARLEMENT

860 — 1789

Mœurs, Coutumes, Institutions judiciaires,
Procès divers, Progrès légal,

PAR F. RITTIEZ,

Avocat.

PARIS

DURAND, LIBRAIRE-ÉDITEUR,

RUE DES GRÈS, 7.

1860

PRÉFACE

L'histoire du Palais de justice n'existait pas; c'était là une lacune importante dans nos annales. Chose étrange, la plupart de nos monuments ont leurs historiographes, et le Palais, qui est l'un des plus anciens et des plus riches en souvenirs, n'a pas encore eu le sien.

Plusieurs fois on a appelé l'attention des écrivains historiques sur ce sujet, mais en vain : on a même été plus loin, car sous le règne de Louis-Philippe, on avait alloué dans ce but une somme assez ronde à un écrivain de grande renommée; mais, comme il n'a pas fait cette histoire, le trésor a gardé son argent. A la vérité, une histoire du Palais n'était pas facile : s'agit-il du monument en lui-même? les documents font défaut; s'agit-il des événements qui s'y sont passés? ils abondent, et on est étonné de leur quantité extrèmement considérable. Quant à moi, frappé de l'importance de cette histoire, je l'ai entreprise sans me demander compte, ni du temps, ni des soins qu'elle me demanderait, ni même du succès qu'elle pourrait avoir. J'y ai travaillé seul, sans aide ni secours quelconque.

Cet ouvrage aura du moins le mérite d'être neuf quant au sujet, original dans sa forme. J'ai suivi une méthode toute particulière en le composant et j'ai fait marcher de front des éléments qui, au premier abord, paraissaient ne pas devoir se coordonner.

Dans cette préface, je pourrais m'étendre beaucoup sur mes recherches, vanter sans mesure les découvertes que j'ai faites, énumérer avec complaisance les sources peu connues auxquelles j'ai puisé, mais cela ne rendrait mon ouvrage ni plus curieux ni plus instructif; ce serait faire parade d'érudition, et c'est ce dont je me soucie médiocrement. C'est une chose bonne en soi que l'érudition, mais qui ne donne pas le talent de faire un bon livre.

A la vérité, cela aurait pu faire comprendre pourquoi cette histoire du Palais, si fréquemment réclamée, n'a pas encore été faite, car nous n'avons sur le Palais que des monographies fort courtes, incomplètes, et de tous points insuffisantes.

En écrivant l'histoire du Palais, je ne me suis pas borné simplement à faire la description de ce monument, mais j'ai retracé aussi les événements principaux qui s'y sont passés ; événements auxquels l'ancienne magistrature a pris une si grande part, et je ne pouvais pas non plus parler de cette magistrature sans faire connaître son organisation et ses usages. Une fois jeté dans cette voie, j'ai eu aussi à relater quelques procès importants et propres à jeter de vives lumières , tant sur l'administration de la justice que sur nos lois elles-mêmes.

J'ai toujours puisé à de bonnes sources, et n'ai admis aucun fait sans examen et sans contrôle; j'ai recherché avant tout la vérité : pour moi, c'est la première condition de l'histoire.

Je n'aime ni à louer ni à critiquer sans cause suffisante et légitime ; on pourra s'en assurer en me lisant.

J'ai dit plus haut que le Palais de justice était l'un des plus anciens monuments de Paris, c'est là sans doute un mérite, mais il en a un autre bien plus grand , car il n'existe pas un monument en France auquel se rattachent tant de souvenirs saisissants. Il a été la demeure d'une grande partie de nos anciens rois; il a été le théâtre des réjouissances les plus solennelles, et les drames judiciaires les plus émouvants s'y sont constamment déroulés. Là, on a vu parler et agir les Lhospital , les de Harlay, les Mathieu Molé et autres magistrats pour lesquels l'accomplissement du devoir était tout, et les intérêts personnels de nulle valeur.

Mais là aussi sont venus figurer sur la sellette du crime, les Ravaillac, les Cartouche et les Brinvilliers.

Dans la grande salle du Palais, les rois de France ont fait leurs mariages, leurs plus solennelles réceptions; et dans la grand'chambre, les plus grands seigneurs ont courbé la tête sous les arrêts du parlement.

C'est au Palais que nos lois et ordonnances étaient examinées, discutées et adoptées ou rejetées; et c'est là que se tenaient les lits de justice quand la royauté voulait vaincre les résistances des gens de robe.

Le Palais de justice n'est pas un monument symétrique ayant l'harmonie d'un bâtiment construit d'ensemble et sur un même plan; cela se conçoit, car il a été, soit embelli, soit agrandi, à diverses époques. Le style de ce grand monument n'a donc pas d'unité, ce qui est fâcheux au point de vue de l'art; il n'en est pas de même au point de vue de l'histoire. Dans l'origine, il n'a pas été construit pour être un palais de justice, et on a dû l'approprier à cette destination, puis y faire des additions selon les besoins des temps.

En le parcourant, on voit partout se dresser de grandes pages de notre histoire nationale. Eudes, comte de Paris, abrité derrière ce palais, a repoussé les Normands qui ravagèrent si souvent nos con·trées. Visitez la Conciergerie et l'on vous montrera le banc de pierre sur lequel saint Louis venait s'asseoir pour faire des distributions de pain aux pauvres; vous y trouverez toujours la Tour, dite d'argent, où il mettait son trésor; allez dans la salle d'audience de la cour de cassation et l'on vous fera remarquer les battants de la porte de l'ancienne grand'chambre entre lesquels, du temps de la Fronde, le cardinal de Retz faillit être étouffé.

Je me suis arrêté dans cette histoire à la révolution de 1789; une ère nouvelle a commencé alors pour la France, et elle a amené à sa suite une grande rénovation judiciaire. Toutes les anciennes juridictions qui siégeaient au Palais ont disparu; mais ce monument est resté debout comme le témoignage vivant des soins qu'on a apportés en France à l'administration de la justice; et aujourd'hui, quoiqu'il n'ait plus tant de juridictions diverses, il est encore le centre des plus importants débats judiciaires; et si nous n'avons plus au Palais le parlement, la connétablie, la cour des comptes, le bailliage du Palais, nous y voyons siéger la cour de cassation, la cour impériale de Paris et les tribunaux civils; il est toujours la clef de voûte de l'organisation sociale. L'ouvrage que je soumets au public s'arrête à 1789; s'il reçoit bon accueil, je le continuerai jusqu'à nos jours; mais tel que je le présente aujourd'hui, il forme un travail homogène, ayant son unité, car il contient, d'une part, la description exacte et détaillée du Palais de justice jusqu'en 1789, et, d'autre part, je fais connaître avec exactitude toute notre ancienne organisation judiciaire qui est complétement distincte de celle de nos jours; c'est donc un travail complet.

On remarquera également avec quel soin je me suis appliqué à composer ce livre de manière qu'il puisse être abordé par tout lecteur intelligent, par tout homme qui tient à connaître l'histoire de son pays et ses institutions. Je me serais bien trompé s'il ne pouvait être lu ou consulté que par les hommes de robe ou par les amateurs d'ouvrages spéciaux sur les monuments; car, selon moi, le temps est venu de vulgariser les connaissances historiques et d'augmenter le nombre de ceux qui peuvent porter un jugement sain et juste sur les temps qui nous ont précédés.

Nous avons tant d'idées erronées sur notre histoire nationale, tant d'opinions fausses, qu'on en est vraiment stupéfait. A la manière dont on écrit l'histoire de nos jours, on pourrait croire, en écoutant les uns, qu'avant 1789, tout était dans un ordre parfait; et en prêtant l'oreille aux autres, qu'il n'y avait, au contraire, que désordre partout et confusion. Il y a beaucoup à rabattre de cela d'un côté comme de l'autre, et l'on pourra voir dans mon ouvrage que, depuis l'affranchissement des communes par Louis le Gros, nous n'avons pas cessé de réaliser des améliorations importantes dans nos lois et usages judiciaires, soit sous une forme, soit sous une autre; et on pourra aussi se convaincre que le despotisme proprement dit n'a jamais pris racine en France.

HISTOIRE

DU

PALAIS DE JUSTICE

DE PARIS

CHAPITRE PREMIER.

Le Palais et la Cité. — Aspect du Palais. — Son origine. — Souvenirs historiques. — Paris sous la domination romaine. — Du Palais municipe. — Ravages des Normands. — Défense de Paris par le comte Eudes. — Assemblée générale des Francs. — Eudes élu roi. — Château fort bâti dans la Cité.

Le Palais de justice de Paris est situé dans la Cité, cet espace étroit, tout environné de quais, qui a servi de berceau à la plus magnifique et la plus importante capitale d'Europe.

Le Palais et la Cité sont étroitement liés l'un à l'autre, et logiquement, on ne peut pas faire l'histoire du Palais sans entrer d'abord dans quelques détails sur la Cité. Le vieux chroniqueur Duchêne disait, en en parlant : « Elle se

1

peut nommer la vieille ville, non comblée toutefois de ruines et destituée d'habitants, comme est la vieille Rome à présent, mais féconde en citoyens, superbe en édifices, excellente en temples, en nobles églises, non moins industrieusement bâties que celles de Rome, mais plus religieusement et sainctement honorées que les temples des anciens Romains. » Puis il ajoute : « Cette Cité dont est la vieille ville et le premier Paris, c'est la vieille *Lutèce*, laquelle est environnée des deux bras de la Seine. » Chap. IV, p. 47.

Au temps où écrivait Duchêne (1629), le vieux Paris avait un éclat qu'on ne soupçonnerait pas aujourd'hui en parcourant les rues qui le composent : l'aspect des maisons des rues de la Cité n'a rien que de triste et d'affligeant; il semble que là où s'étalaient jadis fastueusement les plus magnifiques étoffes, les plus brillantes parures, il n'y a place que pour la misère et ses douloureuses plaies, et qu'elle veut à tout prix faire élection de domicile dans la vieille Lutèce.

Ceux qui voudront s'en convaincre n'ont qu'à parcourir la tortueuse rue Saint-Eloi, la rue de la Calandre, et autres attenantes, et presque soudées au Palais de justice.

On a énormément écrit sur les origines de la Cité, et comme cela arrive toujours en pareille matière, historiens et chroniqueurs ne sont pas d'accord. — Quant à nous, nous laisserons de côté toute vaine dispute, nous contentant de constater que César, dans ses Commentaires, nous apprend que *Lutèce* était, au temps de l'invasion des Gaules par les Romains, une forteresse appartenant aux Parisiens, qui se trouvait renfermée dans une île de la Seine.

Le territoire des Parisiens n'avait pas grande étendue, et c'est à peine s'ils pouvaient, dans les guerres soutenues contre César, mettre plus de deux mille hommes sous les armes.

Les habitants de Lutèce étaient peu nombreux, et ne possédaient que des chaumières construites en bois et couvertes en chaume.

Les Romains, une fois maîtres des Gaules, firent de Paris un point fortifié capable d'une bonne défense.

Paris, sous leur domination, devint ville *municipe :* c'est-à-dire que ses habitants jouissaient en partie des priviléges des citoyens romains; mais ces priviléges étaient, en réalité, plus honorifiques que réels.

Voilà encore un point historique qui a donné lieu à bien des conjectures, — à bien des controverses. — Paris a été ville *municipe*, a-t-on dit; dès lors il a dû y avoir dans son enceinte un palais municipe; — partant de là, on en a conclu que le Palais de justice actuel n'est autre que le palais municipe des Gallo-Romains, reconstruit et modifié selon les temps.

Mais c'est là une version hasardée, et Paris avait trop peu d'importance et trop peu d'habitants pour avoir besoin d'un palais pour les réunir. Enfin, on a beau fouiller nos annales en tous sens, on ne rencontre rien de précis, rien de sérieux touchant le Palais, avant la fin du neuvième siècle.

On ne sait pas au juste à quelle époque la ville de *Lutèce* changea son nom en celui de Paris, mais on sait que les empereurs Valentinien et Valens, qui y résidaient, y publièrent trois lois rapportées au Code théodosien, et que dans chacune d'elles ils nommèrent le chef-lieu des Parisiens *Parisii*.

Depuis, le nom de Paris a été conservé dans les histoires et dans les actes publics.

Cependant on retrouve encore dans quelques actes l'emploi du mot Lutèce.

Grégoire de Tours s'en est servi dans ses Annales, et il est fort remarquable qu'il ait été encore mis en usage sous François Ier, après l'ordonnance par laquelle il avait enjoint qu'à l'avenir tous les actes judiciaires seraient écrits en français.

Enfin en l'année 1599, la date de la sentence touchant la dissolution du mariage du roi Henri IV avec la reine Marguerite de France commençait ainsi : « *Datum Lutetiæ Parisiorum, in dicto Palatio, die veneris.* » (Marcel, Hist. de la monarchie française, tome III, page 415.)

Paris, sous la domination romaine, fut créée ville municipe, ainsi que nous l'avons dit plus haut, et elle fut régie par la loi romaine.

Chaque ville municipe était administrée par un sénat composé de membres des principales familles, et les différentes villes ou bourgs compris dans le territoire de chaque cité avaient un conseil municipal formé d'hommes libres propriétaires, issus des familles qu'on appelait *curiales*. Les ducs, les comtes et les délégués du préteur ou du vicaire commandaient et rendaient la justice dans chaque cité, comme le faisait le *préteur* lui-même, c'est-à-dire avec le concours et l'assistance d'un certain nombre de notables, depuis assesseurs, scabins et jurés.

Des questeurs étaient chargés du recouvrement des impôts. Ainsi, les agents du prince administraient tout ce qui concernait l'intérêt général de l'empire, tandis que les intérêts locaux restaient confiés à la libre administration des sénateurs gaulois. Les villes colonies avaient aussi leurs lois municipales, leurs magistratures particulières, leur sénat et leur curie.

Il faut donc tenir pour certain que Lutèce, sous la domination romaine, en sa qualité de ville municipe, eut *un corps de ville*, un préteur pour rendre la justice, ou un

délégué du préteur, que ses habitants élisaient leurs magistrats, soit civils, soit judiciaires, mais relevant de l'autorité romaine; mais où siégeait le *corps de ville*, on ne le sait.

Le comte, délégué du préteur ou du vicaire, présidait
toutes les assemblées de justice dans les cités gauloises : on
ne pouvait pas se soustraire à la juridiction générale du
préteur; c'était lui qui recevait les appels des jugements
civils rendus par les duumvirs, comme le vicaire jugeait
les appels des sentences criminelles, dont la révision appartenait toujours au préfet du prétoire ou au lieutenant de
l'empereur.

Toutes les petites causes et les délits de peu d'importance
étaient jugés souverainement par les défenseurs des cités,
espèce de tribuns qui étaient chargés de protéger le peuple
contre les abus de l'administration locale et contre les
actes arbitraires des agents impériaux. Ce fut dans les premières années du cinquième siècle que la domination
romaine disparut dans les Gaules, sous le règne du faible
Honorius. Ce méprisable empereur, en l'année 418, au
moment où tout croulait autour de lui, rendit un édit,
pour la convocation des états dans la ville d'Arles, qu'il
adressa au sénateur Agricola, dernier préfet du prétoire
des Gaules; ces états généraux, où se rendaient les députés
de toutes les cités pour faire connaître leurs besoins et faire
entendre leurs plaintes contre les magistrats romains, se
tenaient jusque-là dans la ville de Trèves ; mais les Bourguignons et les Francs étaient alors maîtres de ce pays et
des deux provinces septentrionales : aussi l'empereur ne
convoqua-t-il à Arles que les magistrats et les députés de
chacune des sept provinces qui restaient encore à l'Empire.
Cet édit de l'an 418 prouve que, suivant l'ancienne coutume des Gaulois, ces assemblées générales étaient convo-
quées annuellement sous la direction du préteur, et plus
tard du préfet du prétoire, pour délibérer sur toutes les

affaires publiques et sur les intérêts particuliers de chaque cité.

Les Romains avaient conquis les Gaules, ils en furent chassés par les barbares venus des forêts de la Germanie : leurs palais somptueux ne les sauvèrent pas d'une ruine complète ; et ils succombèrent sous les coups redoublés des Visigoths, des Bourguignons et des Francs.

Les Gaulois, qu'ils avaient asservis, ne se levèrent pas pour les défendre, et les barbares, quand ils furent installés dans les Gaules, se trouvèrent entraînés à imiter les usages qu'ils y trouvèrent établis.

Les pays soumis à cette puissance nouvelle conservèrent leurs lois et leurs tribunaux.

Les coutumes locales furent généralement conservées, et la preuve que la loi romaine ne cessa pas alors de gouverner les pays de l'ancienne domination gothe et bourguignonne se trouve dans toutes les pages de l'histoire de cette province.

Les Bourguignons et les Francs, vainqueurs de la Gaule septentrionale, conservèrent aussi les usages existants.

Clovis envoya dans toutes les cités gauloises et romaines des officiers qui, sous le titre de *graffions* ou de juges, convoquaient et présidaient les assemblées des Francs, où se rendait la justice, et conserva les prétoires ou tribunaux romains pour juger les causes romaines selon la loi romaine ; mais ces officiers ne s'occupaient pas de l'administration municipale, qui continua d'exister dans toutes les cités qui conservèrent leurs curies, leurs magistrats et leurs coutumes, ainsi que l'atteste Marculphe, livre II, form. 37. Ce prince corrigea et publia la loi des Francs Saliens, qui gouvernait depuis longtemps cette nation, soit au-delà du Rhin, soit depuis ses premiers établissements sur le territoire des Gaules.

Paris, sous Clovis, qui y séjourna à diverses fois, et qui y mourut (511), conserva donc ses institutions, nous ne dirons pas romaines, mais gallo-romaines.

Après sa mort, ses quatre fils se partagent le territoire franc ; leurs résidences ordinaires sont : Metz, Soissons, Paris, Orléans ; Paris reste indivis entre les quatre frères, ils ont chacun une portion de l'Aquitaine à peine conquise.

Paris fut dès ce moment regardé comme la capitale de la France ; c'est dans cette ville que se tenaient les assemblées générales, où se réglaient les affaires de la monarchie divisée. Sous la seconde race des rois de France, Paris cessa d'être la ville capitale.

Laon fut la résidence des rois, descendants de Charlemagne, qui portaient encore ce nom ; mais les comtes de Paris devinrent bientôt les rois de France, tandis que les rois de Laon ne furent plus que les ducs de Lorraine.

En l'année 885, le comte Eudes défend Paris contre les Normands ; il donne à l'enceinte de la Cité un accroissement considérable en fortifications.

La Cité était alors partagée en deux parties par un chemin qui, partant du Petit-Pont, s'étendait en tournant par la rue de la Calande jusqu'au Grand-Pont, aujourd'hui *Pont-au-Change*. Dans la partie occidentale résidait le comte Eudes, dans un château fortifié qui aida puissamment à défendre Paris contre les Normands ; et c'est ce château qui a servi de berceau au palais actuel.

Les Normands, ces hardis écumeurs de mer, assiégèrent Paris en 885, avec des forces considérables. On les vit remonter la Seine avec sept cents barques ou vaisseaux, tels que ce fleuve les pouvait porter. Leur armée était composée de trente à quarante mille hommes, qui se présentèrent devant Paris après avoir brûlé Pontoise. Sigefroy, leur chef, vint trouver Gossan, alors évêque de Paris, pour lui demander passage, en lui promettant de ne commettre aucun désordre dans la ville ; mais on lui répondit que la capitale

d'un royaume devait défendre les autres cités et non servir
à leur ruine, et qu'il pouvait s'en retourner d'où il était
venu, ou combattre.

Cette fière réponse irrita grandement les Normands, et
dès le lendemain, ils vinrent attaquer Paris, qui fit une
résistance héroïque. — Eudes, comte de Paris, y commandait, assisté par son frère Robert : tous deux se montrèrent
vaillants et résolus ; aussi les voyons-nous plus tard changer tous deux leur couronne de comte contre la couronne
royale.

Le siége de Paris dura deux années : il fut levé en 887.
Nous n'avons pas à raconter toutes les prouesses ni tous les
beaux faits d'armes qui s'y passèrent ; mais ce que nous
constatons, c'est la présence du comte Eudes à Paris pendant deux années, c'est l'existence d'un château fortifié
servant à défendre Paris. En 887, le comte Eudes est élu
roi de France. C'était la première fois que la couronne sortait de la famille carlovingienne. Eudes, devenu roi, continua à résider dans son château fort, crénelé de toutes
parts, ceint de bonnes murailles et flanqué de grosses tours.
— Certains chroniqueurs ont même voulu soutenir que les
tours qui flanquent encore aujourd'hui le Palais ont été
construites par les ordres de Eudes, mais c'est là une
erreur : ces tours sont du douzième ou du treizième siècle ;
on doit plutôt croire qu'elles sont du treizième, et qu'elles
ont été construites par saint Louis, quand il fit au Palais
de grandes constructions ; car elles furent telles que le
Palais se trouva complétement changé.

M. Jaillot, dans ses Recherches sur Paris, au quartier de
la Cité, prétend qu'il y avait un palais de nos rois dans
l'intérieur de la Cité, que les ducs de France et comtes de
Paris, qui s'emparèrent de l'autorité royale, avaient dû
nécessairement habiter ce palais ; qu'un fragment de l'histoire de France, depuis Louis le Débonnaire jusqu'au règne

du roi Robert, écrite par un auteur contemporain dont le nom n'est pas venu jusqu'à nous, rapporte que Hugues, duc de France, habita le Palais ; M. Jaillot ajoute que les premiers comtes de Paris, bien antérieurs à Eudes, occupaient ce palais, où les incursions des Normands les avaient obligés de se retirer, afin de veiller à la défense et à la conservation de la Cité.

Un capitulaire de Charlemagne nous donne une idée de l'organisation civile de Paris au moment où Eudes fut proclamé roi ; car rien, depuis Charlemagne jusqu'à son avénement, n'en avait modifié les dispositions.

On voit que les lois se publiaient alors dans une assemblée publique composée des comtes, évêques et abbés, et des échevins ou assesseurs du comte, ses auxiliaires dans l'administration de la justice.

Ce fut dans une de ces assemblées que le comte Eudes fut élu roi, et c'est ici l'occasion d'en faire connaître les principaux caractères, car nous verrons plus tard les parlements leur succéder.

Toutes les sources de notre histoire nous prouvent que l'Etat français est une véritable monarchie tempérée par les lois et coutumes ; que dans la première origine, toutes les affaires majeures se traitaient dans les assemblées générales des Francs.

Les assemblées se composaient-elles, dans l'origine, de tous les Francs ? C'est ce qui paraît probable ; mais, vers le milieu du sixième siècle (en 555), nous trouvons une loi de Childebert Ier qui prouve que les *consilium, colloquia, conventus,* ou *placita,* n'étaient souvent composés que des principaux de la nation.

Una, dit ce prince, *cum nostris optimatibus pertractavimus.* (Recueil de la loi salique, année 555.)

Ces grands optimates, les leudes, appelés depuis fidèles, étaient tous nommés Francs par excellence ; ce terme,

selon les plus anciennes lois, signifiait souvent les juges
choisis par la nation (Ducange).

Pepin, premier roi de la seconde race, tenait tous les
ans, aux calendes de mars, cette assemblée générale avec
tous les Francs. Mais quelle que fût cette assemblée générale avant Charlemagne, on voit que sous ce prince, ainsi
que sous ses successeurs, elle n'était composée que des
grands et des notables de la nation.

C'était dans ces assemblées des féaux que les lois se
formaient.

Qu'il y ait eu dans la constitution des assemblées générales des modifications successives, c'est ce qui est hors de
doute : leur caractère démocratique s'est perdu après la
conquête ; les Francs, mêlés aux Gallo-Romains, n'ont pas
été seuls appelés à en faire partie : les notables d'entre eux
ont maintenu leurs priviléges, et les dignitaires ecclésiastiques, ainsi que les fonctionnaires importants des grandes
cités, le partagèrent. Voilà ce qu'il y a de certain, et le
pouvoir souverain, sous la première race comme sous la
seconde, ne résida jamais sans contrôle ou sans contre-
poids entre les mains des rois.

Eudes ne jouit pas de la royauté sans conteste : il ne fut
pas toujours aussi heureux, dans ses guerres avec les Normands, qu'il l'avait été à l'époque du siége de Paris; et en
l'année 889, il éprouva un grand échec dans le bassin de la
Meuse.

Un parti de seigneurs et d'évêques se forma alors en
faveur de Charles le Simple, fils posthume de Louis le
Bègue, qui finit par signer un traité en vertu duquel Eudes, qui n'avait pas d'enfants, reconnut Charles pour son
héritier (896). Eudes mourut en 898, et par suite du traité
signé deux ans auparavant, Charles le Simple monta sur le
trône.

Mais il fut dépossédé en 922 et renfermé dans le château

de Péronne, où il mourut captif, en 929. — Les grands du royaume, après sa déposition, élevèrent au trône Robert, comte de Paris, duc de France et frère d'Eudes.

En l'année 987, Hugues Capet est élu roi ; nous savons de source certaine qu'il fixa sa résidence dans le Palais de la Cité ; et en s'établissant ainsi dans Paris, il désigna définitivement cette ville comme la capitale du royaume.

CHAPITRE II.

Robert II, dit le *Pieux*, fait bâtir le Palais avec magnificence. — Son inauguration. — La chapelle Saint-Nicolas. — L'église Saint-Barthélemy. —
Ancienneté de cette église. — Elle est restaurée en 1772. — Le régime
féodal. — Ses éléments constitutifs. — Les bénéfices héréditaires. — Des
juges féodaux. — Fiefs de nature diverse. — Le roi Robert est excommunié. — Répudiation de Berthe, sa cousine. — Il épouse *Constance*, dite
la volage. — De la cour féodale et de sa composition. — Du droit de
vengeance. — Il est consacré par les lois barbares. — Les compositions.
— Absence de *peines* dans la loi salique. — Guerres de ville à ville. Elles
naissent souvent de causes futiles. — Règles observées dans ces guerres.
— Des combats judiciaires ou par gages de bataille. — Formalités suivies
dans ces combats. — Devoirs des juges.

Sous le règne de Robert II, fils de Hugues Capet (1003),
l'esprit humain reçut une impulsion nouvelle ; les vieilles
églises, presque toutes construites en bois, disparurent pour
faire place à des monuments solides, plus ornés et plus
durables ; les poëtes du midi sont appelés à sa cour : Guy
d'Arezzo inventa la gamme ; architecture, poésie, musique,
tout sembla renaître à la fois. Le roi Robert contribuait lui-
même à cette renaissance, il chantait au lutrin, il composait des hymnes qui n'étaient pas sans mérite.

Le palais des anciens comtes de Paris, à cette époque
de renaissance architecturale, ne lui parut pas sans doute
digne de la magnificence royale, et par son ordre, nous dit
une ancienne chronique, ses officiers firent bâtir à Paris
un palais remarquable, *palatium insigne*. — Lorsque le
palais fut bâti, il voulut l'inaugurer avec pompe ; il or-

donna qu'au jour de Pâques, les tables y seraient dressées. Avant de commencer le repas il se lava les mains ; alors de la foule des pauvres qui le suivaient s'avança un aveugle, qui lui demanda l'aumône ; le roi en badinant lui jeta de l'eau au visage. Aussitôt, à la grande admiration des assistants, l'aveugle recouvra la vue.

Ce miracle, ajoute la chronique, honora le palais, et y attira un grand concours de curieux. (Voyez Recueil des historiens de France, t. X, pag. 103.)

A cette construction remontent, dit-on, la chambre de la Conciergerie, qui devint plus tard la chambre nuptiale de saint Louis, la chapelle de la Conciergerie ainsi que celle de la Chancellerie.

Robert fonda en outre une autre chapelle du nom de Saint-Nicolas, sans qu'on sache au juste où elle était située : on croit cependant, avec quelque raison, qu'elle se trouvait là où est aujourd'hui la salle dite des Pas-Perdus. Cependant les auteurs diffèrent sur ce point, et d'autres la placent où est actuellement la Sainte-Chapelle. Voici ce que nous trouvons à ce sujet dans un discours de rentrée, prononcé il y a quelques années par un honorable magistrat, M. de Charencey : « Cette chapelle, dit-il, occupait la salle des Pas-Perdus, en face de la chapelle Saint-Barthélemy ; les magnifiques et importantes dimensions de cette salle, qui ont toujours été maintenues, n'indiquent-elles pas, en effet, qu'elle a dû être un emplacement religieux ? Il est certain, en outre, que, de temps immémorial, il y a eu dans cette salle une chapelle qui, à la vérité, a été incessamment refoulée, vers la partie orientale, sur la rue de la Barillerie, et qui a existé presque jusqu'au moment de la révolution. Ainsi, il faut bien le reconnaître, c'est sur un sol autrefois béni que s'agite, que se presse cette foule que des intérêts divers appellent, chaque jour, au sanctuaire de la justice. »

Le roi Robert a été surnommé le Pieux, et méritait de l'être, car il était bon, dévot et charitable ; aussi se laissait-il facilement tromper et dépouiller ; néanmoins, sa grande piété n'empêcha pas qu'il ne fût excommunié, au commencement de son règne, pour avoir épousé Berthe, sa parente, et on le vit alors, pendant quelque temps, relégué et abandonné de tous au fond de son palais. Tous les évêques qui avaient eu part au mariage, allèrent à Rome, faire satisfaction au pape ; les sujets du roi et ses courtisans même se séparèrent de lui, et ceux qui étaient obligés de le servir faisaient passer par le feu toutes les choses qu'il avait touchées pour les purifier.

Nous ne pouvons pas mentionner les diverses chapelles attenant au Palais, sans nous arrêter quelques instants sur l'église Saint-Barthélemy, d'abord chapelle, puis église royale et paroissiale, qui était située rue de la Barillerie (actuellement boulevard Sébastopol), en face le Palais du roi Robert. » Ceux-là se trompent, nous disent les auteurs du Dictionnaire historique de la ville de Paris, qui disent que cette église était la chapelle de nos rois de la première et la seconde race, et qui assurent que la reine Clotilde y fit baptiser deux de ses enfants, l'un en 485, et l'autre en 486. Comme le palais des rois des deux premières races était hors de la Cité, il n'en faut pas davantage pour être convaincu que l'église de St-Barthélemy n'était pas leur chapelle, mais elle l'était du palais des comtes, et dès que Hugues Capet fut parvenu à la couronne, elle devint chapelle royale et c'est depuis ce temps-là que nos rois s'en sont déclarés les fondateurs. »

Elle était anciennement desservie par des chanoines réguliers, et vers l'an 963, Salvator, évêque d'Aleth en Bretagne, aujourd'hui Saint-Malo, étant venu à Paris pour se mettre à couvert des Normands, il y apporta une grande quantité de reliques, parmi lesquelles était le corps de saint Magloire; il les présenta à Hugues Capet, pour lors comte de Paris et roi dans la suite, qui les fit déposer dans l'église collégiale de Saint-Barthélemy. Ce prince ayant fait agrandir considérablement cette église, en fit sortir les chanoines, qui furent transférés dans la chapelle de Saint-Michel, dans l'enclos du Palais, et on mit à leur place des moines bénédictins, avec un abbé qui à perpétuité devait être pris parmi eux ; il fit en même temps dédier l'église en 986, sous le nom de Saint-Magloire-Barthélemy.

Elle fut restaurée en 1772. Elle a été plus tard en partie démolie, et sur son emplacement on avait pratiqué au rez-de-chaussée des passages publics.

Nous ne voyons pas jusqu'ici qu'il y ait eu dans le Palais, ni même dans la Cité, aucun édifice particulier consacré à la justice : ceci ne doit pas nous surprendre beaucoup, car au temps de Hugues Capet et de Robert le Pieux, nous étions en pleine féodalité, et les mœurs du temps avaient singulièrement simplifié la forme de la justice. La plupart des conflits se vidaient en champ clos par la voie du combat judiciaire, et les autres cas se résolvaient au moyen des odalies et des épreuves. Nous entrerons plus loin dans des détails précis touchant les usages et mœurs judiciaires pratiqués alors.

Robert II avait trouvé la féodalité marchant fièrement à son organisation définitive, organisation puissante, qui amena la France à n'être plus en quelque sorte qu'un vaste territoire habité par des peuples divers, et ce n'est pas le roi Robert II qui pouvait lutter contre le courant qui entraînait alors la société vers le régime féodal.

On a réduit à trois points principaux les éléments constitutifs de ce régime :

1° La nature particulière de la propriété territoriale qui était réelle et héréditaire et qui imposait cependant au possesseur, sous peine de déchéance, certaines obligations personnelles ;

2° La fusion de la propriété du sol avec la souveraineté politique, qui aujourd'hui est la prérogative exclusive du gouvernement ;

3° Un système hiérarchique d'institutions judiciaires et militaires, qui liaient tous les possesseurs de fiefs et qui en faisaient une vaste association.

Ce qui donna surtout au régime féodal une grande puissance, ce qui en devint en quelque sorte la base constitutive, ce fut le principe de l'hérédité appliqué aux bénéfices.

Dans le principe, les bénéfices, ou récompenses territoriales, étaient concédés aux grands de l'État pour services rendus pendant la guerre ; ces bénéfices, qui venaient de la munificence royale, rentraient, à leur mort, entre les mains royales.

On les appelait *fiefs*, ou *feoda*, des deux mots *fe* ou *fee*, qui signifiaient récompense, et *od*, propriété, bien.

Tous les possesseurs de fiefs n'exerçaient pas les mêmes droits dans les limites de leurs domaines. Les feudataires qui s'étaient mis en révolte contre la dynastie carlovingienne et qui l'avaient renversée du trône, avaient généralement usurpé dans leur plénitude tous les droits régaliens. Ils promulguaient les lois, ils rendaient la justice, ils étaient chefs suprêmes des armées, ils faisaient la paix ou la guerre selon leur bon plaisir, levaient des impôts sur le peuple, accordaient des chartes de communes à leurs principales villes, battaient monnaie et s'intitulaient comtes, ducs ou barons par la grâce de Dieu.

Ces feudataires s'étant ainsi constitués indépendants contre la royauté, fondèrent, dans leurs domaines, une autorité qu'ils présentèrent aux peuples avec toutes les prérogatives de la souveraineté.

L'aristocratie féodale au dixième siècle, c'est, dit avec

raison un écrivain judicieux, M. Minier (*Histoire du droit français*, page 141), l'aristocratie de la force, qui s'enracine dans la propriété nationale, l'hérédité et le droit d'aînesse.

La souveraineté s'enferme dans chaque grand fief; les droits de guerre et de justice, le privilége de battre monnaie, de donner des lois, d'imposer des tailles, des corvées, des coutumes, se concentrent, à des degrés inégaux, sur plusieurs points du royaume. La royauté a perdu sa suprématie; car, tant que l'autorité royale fut en vigueur, principalement sous la famille de Charlemagne, il n'y avait pas d'autre seigneur que le roi, et la justice ne se rendait publiquement qu'en son nom et par ceux à qui il en donnait le pouvoir.

On doit présumer que les premiers seigneurs qui donnèrent l'exemple des usurpations que nous venons de signaler, furent les comtes qui étaient les gouverneurs des bonnes villes, et qui avaient déjà, par le droit de leurs charges, l'exercice de la juridiction. Il fallait que les Francs, investis d'un bénéfice, observassent une fidélité inviolable envers le donataire; on ne donnait pas seulement en fief une propriété territoriale, mais toute espèce de concessions prenait la forme féodale.

On donnait en fief la *gruerie*, ou la juridiction des forêts, le droit d'y chasser; une part dans le péage ou dans le rouage d'un lieu; le *conduct* ou escorte des marchands venant aux foires; la justice dans le palais du prince ou haut seigneur; les places du change dans celles de ses villes où il faisait battre monnaie; les maisons et loges des foires; les maisons où étaient les étuves publiques, les fours banaux des villes; enfin, jusqu'aux essaims d'abeilles qui pouvaient être trouvés dans les forêts.

Cette multiplicité et cette variété d'inféodations étaient autant de moyens que les principaux seigneurs employaient

2

pour augmenter le nombre de leurs guerriers. Enfin, lorsque les invasions des Normands, des Sarrasins, des Hongrois menacèrent la Gaule entière, les populations se pressèrent autour des grands, qui, à l'aide des forteresses qu'ils élevaient, pouvaient seuls les défendre efficacement. Ainsi, les Capétiens n'avaient guère que le titre de roi.

Le roi Robert II, qu'on peut regarder comme le premier fondateur du Palais, n'exerçait, en réalité, aucun droit hors de son domaine; il l'administrait comme les grands feudataires administraient les leurs.

Le clergé, de son côté, pesait sur les rois de France, et avait aussi augmenté son influence. Le roi Robert, en 995, avait épousé Berthe, veuve du comte de Blois, qui était sa cousine au quatrième degré. Quoique l'archevêque de Tours, Archambault, eût béni cette union, le pape Grégoire V la déclara incestueuse et somma le roi de la rompre; et, sur son refus, il le frappa d'excommunication (998). Le prince s'était déjà attiré le courroux du saint-siège pour n'avoir pas exécuté la décision du concile de Pavie, qui lui avait ordonné de mettre en liberté l'archevêque de Reims qu'il tenait dans les fers. Malgré la ferveur de sa foi et le respect qu'il témoignait pour l'autorité de l'Église, Robert hésita quelques années; mais, effrayé des suites de l'anathème sous lequel il vivait, il renvoya Berthe et épousa Constance, fille de Guillaume Taillefer, comte de Toulouse. Avant le second mariage, on le voyait errer dans son palais, seul et délaissé par ses parents, par ses serviteurs, et privé de tout service et de tout bon office.

La nouvelle reine Constance fut par dérision nommée Constance la volage, et elle abusa étrangement de la bonté de son époux. Elle corrompit la cour en amenant un grand nombre d'Aquitains et d'Auvergnats également méprisables par leurs mœurs et par leurs manières. Leurs armes et les harnais de leurs chevaux, nous dit Raoul Glober, dans sa

Chronique, livre III, étaient également négligés. Leurs cheveux ne descendaient qu'à mi-tête : ils se rasaient la barbe comme les histrions, portaient des bottes et des chaussures indécentes; enfin, il n'en fallait attendre ni foi ni sûreté dans les alliances.

Le roi Robert, qui ne savait se maintenir que par des concessions, crut s'acquérir la bienveillance des grands du royaume , en leur conférant le titre magnifique de pairs, avec la prérogative de n'être jugés que par d'autres pairs; il ne leur assigna pas d'autres fonctions.

Ce fut à la porte de l'église Saint-Barthélemy, dont nous venons de parler plus haut, que Robert, que Grégoire V avait excommunié, fut abordé un matin par Abbon, abbé de Fleury, suivi de deux femmes du Palais, qui portaient un grand plat de vermeil, couvert d'un linge, ce qui lui annonçait l'accouchement de la reine Berthe, et lui dit en le découvrant : « Voyez les effets de votre désobéissance aux décrets de l'Eglise, et le sceau de l'anathème sur le fruit de vos amours. » Robert regarda et vit un monstre, disent Pierre Dammier et Romvold, qui avait le col et la tête d'un ca-nard. « Croira-t-on, dit M. Sainte-Foix, t. I, page 76 de ses Essais sur Paris, que par le plus abominable complot, dans l'idée d'obliger le prince à se soumettre et pour fortifier en même temps parmi le peuple la terreur qu'inspiraient les excommunications, on substitua ce monstre à la place du véritable enfant?» M. de Sainte-Foix, en mentionnant ce fait qui serait bien odieux, s'il s'était passé ainsi, ne nous donne pas la moindre preuve historique pouvant lui servir d'appui, et c'est ce qui a fait dire au savant Hurtaut, auteur du Dictionnaire historique de la ville de Paris, « qu'il est plus naturel de penser qu'une masse de chair, d'une figure bizarre, avait pu se former au sein d'une femme dévorée de chagrin pendant sa grossesse, et dont l'imagination et la conscience étaient troublées par les menaces du pape. »

Le système féodal fut l'œuvre lente des temps ; et chaque jour, à partir du règne de Hugues Capet, on s'achemina vers la maxime *nulle terre sans seigneur*, qui ne devança que de très-peu la consécration de cette autre maxime : *la justice est patrimoniale*.

La souveraineté et la noblesse tenant au sol, on devait en effet, comme conséquence, y attacher la justice. Elle fut divisée en haute, moyenne et basse justice. Au duc appartenait la haute justice, c'est-à-dire l'exercice du pouvoir judiciaire souverain sur les personnes et sur les biens.

Aux comtes, aux barons, tenant le second rang, relevant du duc, mais ayant au-dessous d'eux des fiefs inférieurs, appartenait la *moyenne justice*, c'est-à-dire la connaissance de simples querelles, les poursuites de meubles, héritages et larcins.

Aux simples chevaliers et seigneurs de fiefs de HAUBERT (haubert était le nom de la cotte de mailles dont se couvraient les chevaliers n'ayant au-dessous d'eux aucun autre fief) appartenait la basse justice, et celle-ci n'était que la décoration de la propriété d'un sujet : quelques auteurs l'appellent une justice domestique, une justice sous *l'orme*, parce qu'elle concernait uniquement les intérêts des seigneurs.

Les seigneurs mettaient une haute importance à rattacher la justice moyenne ou basse à leurs fiefs. C'était un moyen d'accroître leurs revenus ou leur influence.

C'est cet état de choses qui a inspiré à Loyseau les réflexions suivantes : « Il n'y a si petit gentilhomme qui ne prétende avoir la justice de son hameau ou village ; tel même qui n'a ni village ni hameau, mais un moulin ou une basse-cour près de sa maison, veut avoir justice sur son meunier ou son fermier ; tel encore qui n'a ni basse-cour ni moulin, mais le seul enclos de sa maison, veut avoir justice sur sa femme et sur son valet. Tel simplement qui n'a point de maison, prétend avoir justice en l'air sur les oiseaux du ciel, disant en avoir eu autrefois. »

La féodalité morcela donc la justice à l'infini, et ce ne fut pas là un de ses moindres vices.

Ce n'était point à main armée, par violence, que les seigneurs féodaux commettaient la plupart de leurs exactions, mais par l'abus des droits de leurs juridictions.

Voici les plaintes qu'adressaient à Richard II, quatrième duc de Normandie, vers la fin du dixième siècle (997), les paysans, laboureurs et artisans : « Les seigneurs ne nous font que du mal ; chaque jour est pour nous jour de souffrance, de peine et de fatigue ; chaque jour nous prend nos bêtes pour les corvées et les services. Puis ce sont les justices vieilles et nouvelles, des plaids et des procès sans fin : plaids de moulins et de routes, plaids de forêts, plaids de mouture, plaids d'hommes, etc.

« Il y a tant de prévôts et de justiciers, que nous n'avons pas une heure de paix. Tous les jours ils nous courent sus, prennent nos meubles et nous chassent de nos terres. Il n'y a nulle garantie pour nous contre les seigneurs et leurs sergents, et nul pacte ne tient avec eux. » (Fragment du Roman de Rou. Thierry, Hist. de la conquête, t. I, p. 198.)

La juridiction du comte, ainsi que nous l'avons vu, s'étendait sur toutes les personnes libres de son comté ; il ne connaissait que des causes vraiment importantes, celles d'une moindre importance étant décidées par les vicomtes, les centeniers, les châtelains. Le comte, nous dit Loyseau, représentait les hauts justiciers ; les centeniers, vicomtes, châtelains, les moyens et bas justiciers.

Dans les causes où il s'agissait de la vie, de la restitution ou de la liberté, l'instruction seule appartenait au centenier, — mais la sentence définitive était réservée au comte Le comte, le centenier ne jugeait pas seul. Il fallait quand il rendait un jugement, qu'il fût assisté par sept notables ou *scabins*, d'où est venu le mot échevin ; les vicaires ou centeniers n'avaient besoin pour les assister que de trois *scabins*. Ces scabins étaient élus, à ce qu'il paraît, par le peuple dans l'origine ; mais sous la seconde race, ils devinrent des magistrats permanents.

Le comte devait être encore assisté d'un juge ou d'un officier fiscal, et il ne pouvait tenir son plaid sans avoir un livre de la loi.

Le placite se tenait tous les mois ou tous les quinze jours, à moins que des cas extraordinaires n'exigeassent des assemblées plus fréquentes. Il y avait même plusieurs fois l'an un placite général de tout le comté ou de tout le duché. Les vicaires s'y réunissaient avec leurs comtes, et les comtes avec leur duc.

Par suite de ces réunions générales, chaque personne, selon sa qualité, pouvait être jugée par ses pairs, et même conformément à la loi de laquelle elle relevait ; car ce qu'il ne faut pas perdre de vue, c'est que les Gaulois, longtemps après la conquête, continuèrent à être jugés selon leurs lois, tandis que les Francs s'appliquaient les leurs ; enfin, pour faire comprendre comment on procédait, s'il s'agissait de la cause du vicaire d'un comte, elle était jugée par les autres vicaires du comte, ses pairs, assemblés dans le placite général. S'il était question de l'affaire d'un comte mineur, c'est-à-dire gouverneur seulement d'une ville, elle était jugée par les autres comtes réunis sous la présidence du comte ou gouverneur de la province. Pour les affaires des ducs et des comtes qui n'avaient ni comtes ni ducs sur eux, elles étaient portées à la cour du roi, qui était la seule cour des pairs relativement à eux.

La plupart des tribunaux des ducs et comtes n'avaient pas, on le pense bien, un extérieur bien imposant : on s'assemblait en plein air devant les portes des églises ou des villes, dans un cimetière, dans un champ, dans une rue , sur un rempart, toujours en un lieu public, où chacun pût avoir un accès facile. (Legendre, Mœurs des Français.) Quelquefois, l'incommodité des pluies ou de la chaleur obligeait les juges de se réfugier dans les églises, ce qui interrompait le service divin. Pour prévenir ces inconvénients, Charlemagne ordonna de bâtir des auditoires de justice; mais son ordonnance n'était pas encore exécutée sous le règne de Charles le Chauve.

Les juges, dépourvus de lumières, ne suivaient guère d'autre loi que leur volonté propre ; et la plus grande partie des contestations étaient abandonnées soit au sort des épreuves, soit au sort du combat judiciaire. Fallait-il juger un procès civil, un procès criminel, souvent on ordonnait le combat quand les preuves manquaient.

Un incident, un interlocutoire donnaient lieu également au combat. La victoire était considérée comme *le jugement de Dieu.*

Les combats judiciaires n'ensanglantaient pas seuls le territoire français ; il était aussi déchiré par d'autres combats plus rudes et plus redoutables que se livraient entre eux les seigneurs rivaux, ou les communes voisines.

Ces combats, qui n'étaient en réalité qu'une forme judiciaire employée pour vider des différends nés sous le régime féodal, se nommaient *guerres privées.*

Leur origine se perd dans la nuit des temps. La royauté, réduite à n'être plus qu'une autorité méconnue, ne pouvait pas empêcher ces guerres désastreuses; mais ce que l'autorité royale ne put pas faire, fut tenté avec un peu plus de succès par l'autorité religieuse, et en l'année 1041, *la trêve de Dieu* fut proclamée. — Henri Ier régnait alors à **Paris.**

La trêve de Dieu sera corroborée plus tard par des édits royaux qu'on appellera *quarantaine du roi.*

Le droit de guerre privée se trouve consacré dans les lois des barbares, ainsi que le combat judiciaire : c'est le droit de vengeance, si vous voulez, ou de rachat du sang. Vous m'avez fait une offense, j'ai le droit de me venger de vous, d'appeler à mon aide ma famille, mes voisins ; dans l'intérêt de la paix publique, ce droit pouvait se résoudre en une somme d'argent ou de choses évaluées payables par l'offenseur, ou les siens, à l'offensé et à ses ayants droits. — Dès qu'une offense avait été commise, la vengeance, *ou feyda*, s'élevait entre l'offenseur et l'offensé : *feyda* vient, selon les glossaires, du mot saxon *fah* qui signifie ennemi.

La loi salique, qui autorisait les guerres privées, défendait d'une manière expresse d'ôter les têtes de dessus les pieux, sans le consentement du juge, ou sans l'agrément de ceux qui les avaient exposées.

La qualité des peines que prononçaient les lois barbares est remarquable ; pour la plupart des crimes, elles n'ordonnaient que des amendes pécuniaires, ou pour ceux qui n'avaient point de quoi payer, des coups de fouet, et il n'y en a presque point qui soient punis de mort, sinon les crimes d'Etat. Ces peines sont nommées *compositions* comme n'étant qu'une taxe de dommages et intérêts faite avec une exactitude surprenante. Il y en a 164 articles dans la seule loi des Frisons. C'est proprement un tarif de blessures avec l'énonciation de toutes les parties du corps humain, de toutes les manières dont chaque partie peut être offensée, et la mesure de chaque plaie.

Par exemple, on taxe en autant d'articles différents une main coupée, quatre doigts, trois doigts, un doigt, et on distingue si c'est le pouce, l'index, et ainsi des autres ; même à chaque doigt, on distingue les jointures. On observe si la partie a été tout à fait coupée, ou si elle traîne encore, et si c'est seulement une plaie, on en exprime la longueur, la largeur et la profondeur.

On taxe en particulier le coup qui a fait tomber un os de la tête ; mais cet os n'était pas une petite esquille du crâne, il fallait qu'il pût faire sonner un bouclier. dans lequel il serait jeté dans un chemin de douze pas. (*Ripuaires*, *titre* 70.)

Les injures de paroles sont taxées avec la même exactitude, et l'on peut voir celles qui passaient alors pour offenses.

Il y a des titres particuliers pour les larcins de toutes sortes de bêtes.

Sous les rois de la première race, les Francs observaient la loi salique, les Bourguignons la loi Gombette ; les Goths, restés en grand nombre dans les provinces d'outre-Loire, suivaient la loi gothique, et tous les autres la loi romaine.

Sous le règne de Chilpéric, il y avait de fréquentes guerres privées de ville à ville. Dans ces guerres, on mettait le feu aux maisons, on détruisait ce qu'on ne pouvait pas facilement transporter. Elles furent encore pratiquées pendant longtemps sous la troisième race. Des causes souvent futiles les faisaient naître : cependant l'usage voulait qu'elles n'eussent pas lieu hors certains cas prévus. — « Guerre se meut de plusieurs manières, dit Beaumanoir, si « comme par faits et par paroles quand l'un menace l'autre « à faire vilenie ou ennuy de son corps et quand il le défie « de lui ou des siens parfois, quand ces causes meslées « sourdent entre gentils-hommes d'une part et d'autre. »

Les paroles par lesquelles les guerres naissaient devaient être claires et ouvertes.

« Qui autry veut mettre en guerre, nous dit encore Beau-« manoir, par paroles, il ne lui doit pas dire troubles ni cou-« vertes, mais si claires et si apparentes que celui à qui les « paroles sont dites et envoyées, sache qu'il convient et qui « autrement feroit trahison. »

Nous trouvons dans Clément Vaillant, *Traité des guerres privées*, des détails fort curieux, tant sur la discipline qu'il fallait suivre dans les guerres, que sur la composition des forces qui y étaient employées. « Il y avoit, dit-il, liv. II, p. 52, en la France deux sortes de gens, lorsque ces guerres privées étoient licentiées, comme de présent il y en a encore : les unes représentoient certains corps, les autres estoient singulières : de celles-ci, les unes estoient ecclésiastiques, les autres estoient séculières; et des laïcs aucunes estoient libres, austres serfs : et de ces libres auscuns estoient gentilshommes, autres dicts aucunes fois gens de pote, qui est être en la puissance, aucunes fois dictes bourgeois; et de ces serfs il y en avoit de deux sortes, les uns en plus grande, les autres en moindre servitude. Ainsi qu'à présent il y ait des universités en corps représentées comme villes, nations, bailliages, colléges, gentilshommes et gens de pote. »

On voit par cette simple nomenclature quelles personnes pouvaient être engagées dans les guerres privées. Il n'y avait guère d'exemption, et à un titre ou à un autre il fallait y prendre part. Les gentilshommes seuls pouvaient être chefs des guerres privées. Elles ne pouvaient se faire entre frères germains, ni entre gentilshommes, et gens d pote ou bourgeois.

Le service dû par le vassal à son seigneur de fief, chef de guerre privée, n'était dû que pour la défense.

Le vassal, quand il s'agissait de porter la guerre au dehors, était libre de combattre, ou de se retirer.

« Si aucun, dit de Beaumanoir, est semond pour ayder « son seigneur contre ses ennemis, il n'est pas tenu, « s'il ne veut, issir hors du fief, ou de arrière-fief son « seigneur; car il seroit claire chose que son seigneur « assaudroit, ne il defendroit mye, puisqu'il isseroit hors « de sa seigneurie, et n'est pas tenu à autruy assaillir hors « de ses fiefs, si n'est pour l'ost du souverain. »

On pouvait s'exempter du service personnel par des prestations en argent; la durée de ce service était limitée à

quarante jours ; les dépenses suscitées par le service personnel était variable selon les coutumes : dans quelques-
unes, elles se faisaient en partie par le vassal pour certain
temps ; l'autre partie était aux dépens du seigneur.

Les guerres privées étaient souvent interrompues par des
trêves. La glose canonique définissait ainsi la trêve :
« sûreté donnée aux personnes et aux choses, la discorde
non finie. »

Il y avait des trêves de diverses sortes, les unes par justice, les autres légales : celles-ci étaient ordonnées par les
constitutions ecclésiastiques, tandis que celles par justice
résultaient d'ordonnances et d'arrêts.

Il y en avait aussi de coutumières.

Les guerres privées se multiplièrent d'une manière incroyable. Du neuvième au onzième siècle, on chercha
pourtant à y porter obstacle. « Depuis le règne de Louis le
« Débonnaire, nous dit l'abbé Fleury, l'autorité souveraine
« était peu respectée partout l'empire français. Chaque sei-
« gneur prétendait avoir droit de se faire justice à main
« armée ; et comme les seigneurs se multipliaient à l'infini,
« ce n'étaient que pillages et violences, elles avaient passé en
« coutume et n'étaient plus regardées comme des crimes.
« Ceux qui y étaient les plus exposés, étaient les marchands,
« les artisans, les laboureurs et le reste du menu peuple...
« et aussi les moines et les clercs. »

On cherchait depuis longtemps le remède à un mal si
contraire, non-seulement à la religion chrétienne, mais à
la société civile, dont il sapait les fondements. Ce remède,
on doit le reconnaître, n'était pas facile à découvrir ou à
appliquer dans une société abandonnée à l'anarchie féodale.

Nos féaux de ces temps malheureux ne ménageaient
guère plus les gens d'Eglise que les vilains, les moines que
les marchands ; tout était bon à dévaliser quand ils che-
vauchaient par les champs, soit pour se battre, soit sous

prétexte de se battre. Comme l'usage des guerres privées était enraciné dans les mœurs, il n'y avait pas possibilité de l'attaquer de front. Qui aurait d'ailleurs pu forcer les seigneurs à vivre en paix les uns avec les autres, alors qu'ils étaient de petits souverains chez eux? L'Église trouva une voie détournée pour adoucir le mal qui rongeait la société et qui l'atteignait elle-même, et elle prit l'initiative en cette occasion. Dès l'année 1027, nous voyons un premier règlement à ce sujet dans un synode tenu au diocèse d'Elue en Roussillon. Ce règlement défend, dans tout le comté, d'attaquer son ennemi, depuis none du samedi jusqu'à prime du lundi; d'attaquer moine ou clerc marchant sans armes, ni un homme allant à l'église ou en revenant, ou marchant avec des femmes, sous peine d'excommunication qui était convertie, au bout de trois avis, en anathème. Pareilles résolutions furent ensuite prises en Bourgogne.

L'évêque de Soissons et l'évêque de Beauvais, voyant que, par la faiblesse du roi Robert, le royaume se ruinait, les coutumes du pays étaient méprisées, et la justice abandonnée, crurent rendre service à l'État en établissant cette paix. Gérard, de Cambrai, sollicité par eux d'y consentir, le refusa, disant (et ceci est remarquable dans la bouche d'un évêque de ce temps-là) que c'était troubler l'Église en entreprenant sur l'autorité royale; car, ajoutait-il, « l'Église doit être gouvernée par deux sortes de personnes, par les rois et par les évêques. C'est au roi qu'il appartient de réprimer les séditions par la force, de terminer la guerre et faire la paix. »

Mais ce même évêque finit par donner son consentement, et, chose étrange, c'est qu'il arriva que plusieurs des évêques qui avaient proclamé cette paix, qu'on a appelée *Trêve de Dieu*, violèrent le serment qu'ils avaient fait de la respecter. Elle fut appelée Trêve de Dieu, parce qu'on croyait que Dieu l'avait approuvée par un grand nombre de punitions.

La menace des excommunications n'arrêta pas les guerres privées et particulières, et elles se continuèrent avec fureur. Alors on vit naître une nouvelle confédération, sous le nom de la Confrérie de Dieu, ou de l'Agneau de Dieu ; et dans cette confédération entrèrent des évêques, des prélats, des gens riches, pauvres, de conditions diverses, qui s'engagèrent par serment à poursuivre ceux qui troubleraient le repos de l'État et de l'Église. Ils y furent excités par un bûcheron qui disait « que la sainte Vierge lui était apparue, et lui avait donné une médaille, où elle était représentée aux genoux de son Fils, avec cette légende : *Agnus Dei, qui tollis peccata mundi, dona nobis pacem.* » (Voyez Histoire ecclésiastique de Fleury, livre XLIX et suivants. Voyez Velly, Histoire de France, tome II. Glossaire de Ducange.)

CHAPITRE III.

Combat judiciaire, ou jugement par *gages de bataille.* — Combat autorisé
par les juges. — En quels cas il avait lieu. — Appels. — Règles établies
dans les combats judiciaires. — Requête adressée au duc. — Sa teneur.
— Du champ clos. — Combat judiciaire en Normandie. — Formalités
qu'on y suivait. — Du serment. — Moyen de se purger d'une accusation.
— Les sorts, ou sortes. — Odalies, ou épreuves par le fer chaud, par
l'eau. — Jugement par la croix. — De l'épreuve en cas d'adultère chez les
Gaulois. — Procès fait aux animaux.

Dans tous les duchés ou comtés, il y avait trois sortes de
cours : l'une des ducs et comtes, avec les gens de leur hôtel ;
l'autre du bailli, avec gens de conseil ou sages ; et enfin
une cour des *pers,* ou pairs. La cour des *pers* se composait
des vassaux du duc ou du comte, hommes *ingénus,* c'est-à-
dire hommes libres, et de fidèles ou leudes. Leurs voix
étaient d'égale puissance. — Le comte présidait les pairs.

En qualité de président, il surveillait l'exécution des jugements. Pour pouvoir remplir les fonctions de pair ou
d'assesseur, il fallait s'être distingué par son mérite : le
jugement par les pairs prévalait dans les Gaules comme
étant sans doute le plus doux et le plus conforme à la
liberté.

Les ajournements devant la cour des pairs étaient faits
par l'un des pairs, et il y avait deux voies à suivre pour
obtenir une solution judiciaire.

L'une par *gages de bataille,* l'autre par *errements de
cour, témoins* et *titres.*

Quand on avait choisi l'une de ces voies, on ne pouvait pas revenir à l'autre.

La voie par gages de bataille était tout aussi bien pour les matières criminelles que pour les civiles, et tant en instance première et incidente que d'appel. En matière criminelle, quand on était défendeur, on était tenu de combattre, ou autrement on était réputé convaincu. « De tout cas de crime, dit Beaumanoir, on peut appeler et venir à gages de bataille, si l'accuseur veut faire l'accusation selon ce que l'appel se doit faire. Car il convient que celuy lequel est appelé se défende, ou qu'il demeure atteinct. »

On doit tenir pour certain qu'il n'y avait pas de combat, soit en matière civile, soit en matière criminelle, qui ne fût ordonné par le juge : et de là on peut conclure que le juge, avant de permettre le combat, épuisait tous les moyens de conciliation. Un capitulaire de Dagobert nous apprend certaines formalités relatives au combat judiciaire : « Si deux voisins, porte ce capitulaire, sont en dispute pour les bornes de leurs champs, qu'il soit levé un morceau de gazon dans l'endroit contesté ; que le juge le porte dans le *malle*, c'est-à-dire dans le lieu où il rend la justice, et que les deux parties, en le touchant avec la pointe de leur épée, prennent Dieu à témoin de la légitimité de leurs prétentions, qu'ils combattent après, et que la victoire décide du bon droit. »

Le combat judiciaire avait lieu dans les cas d'injures ou offenses, et paroles calomnieuses : les rois se réservaient ordinairement la connaissance de ces sortes d'affaires, et ils ne permettaient d'envoyer des cartels et des défis, de se donner champ et jour pour se battre que lorsqu'ils jugeaient l'offense assez grande pour mériter un combat. Les combats donnés sans tel octroi étaient punis comme crime de lèse-majesté. Il arrivait souvent que les rois les honoraient de leur présence.

Lorsque le plaideur qui avait succombé dans un procès par preuves testimoniales, était mécontent de la sentence, il avait deux moyens de la faire réformer : s'inscrire en faux contre elle (*blasphemare*), ou porter directement appel devant le roi. Dans le premier cas, le juge procédait à un supplément d'instruction, à moins que le condamné n'eût jeté le gant devant son juge, et alors c'était le combat judiciaire, jugement de Dieu lui-même qui décidait en dernier ressort. Si le plaideur succombait, il était condamné pour son fol appel, d'après la loi salique, à une amende de quinze sols au profit de chacun des premiers juges.

Les additions de Charlemagne lui offraient l'alternative de quinze coups de bâton. — Dans le second cas, l'affaire était portée au tribunal du roi.

L'usage de l'appel prouve clairement qu'on ne combattait pas toujours de prime abord pour vider un différend, et que certaines causes se décidaient *par droit :* du jugement de celles-là on pouvait appeler, puis l'appel se démenait par gages de bataille. C'était un défi aux juges ; la partie condamnée leur disait : « Vous avez fet jugement faux et mauvés, comme mauvés que vous estes. »

Un appel de cette sorte était une injure grave, un démenti formel ; on ne pouvait le faire directement au seigneur sans commettre félonie, ce qui aurait entraîné pour l'appelant l'obligation d'abandonner son fief avant d'offrir le combat.

La provocation s'adressait donc aux pairs : elle devait avoir lieu à l'instant même où le jugement venait d'être prononcé, car le moindre délai le faisait tenir pour bon.

Entrer en lice avec tous les membres d'un tribunal et n'avoir que cette alternative, ou de les vaincre tous l'un après l'autre, depuis le lever jusqu'au coucher du soleil, ou d'être pendu, c'était une manière d'appel horriblement chanceuse.

« Nul homme, disent les Assises de Jérusalem, chap. III, p. 88, qui aimoit son honor et sa vie, ne devoit emprendre à le faire, si Dieu ne faisoict opertes miracles pour lui : il moroit de vile mort et de honteuse et vergogneuse. » D'un autre côté, nous dit avec raison M. Boncenne (Théorie de la procédure civile, chap. XV, p. 427),« le combat judiciaire étant une sorte d'épreuve, dans laquelle nos pères admettaient l'intervention du ciel en faveur du bon droit, ils devaient être fort embarrassés pour expliquer comment cinq ou six juges, par exemple, étaient tombés sous les coups de l'appelant, avant que la victoire restât au septième, en manifestation de la justice et de la vérité d'une sentence qu'ils avaient rendue. »

On admit des modifications à cette dure loi, qui contraignait l'appelant à se mesurer avec tous ses juges, et on fit bien, car c'était frapper l'appel de forclusion et le rendre à peu près illusoire ; voici comment on s'y prit :

La partie à laquelle il ne convenait pas de se mesurer avec un tribunal tout entier obtint la faculté de demander que chaque juge fût tenu de dire son avis à haute voix ; quand le premier avait prononcé, si le second *s'ensuivait*, c'est-à-dire s'il opinait de même, c'était le moment d'appeler, en disant que le jugement auquel *l'ensuivant* s'accordait était faux, mauvais et déloyal, et que tel le ferait contre lui. Alors les gages de bataille étaient reçus ; de telle façon, l'appelant n'eut plus qu'un combat à soutenir.

Toutefois, il n'en restait pas moins exposé à être *pendu par son col* en cas de défaite, ou à avoir le *cheef cope*, — s'il refusait de se battre après avoir faussé le jugement.

A cette rigueur extrême on substitua de fortes amendes. « Et pour che, il fut résou que l'appelant fist bonne seurté de poursuivre son appel. » (Beaumanoir, chap. LXI, p. 314.)

Lorsqu'il y avait déni de justice, défaute de droit, il était permis d'attaquer directement le seigneur, de lui déclarer la guerre ou de le traduire par appel à la cour. « Cet appel se démenoit par raisons et faits tendant à prouver la *défaute*; » mais si des témoins étaient produits, celui contre lequel ils venaient déposer « leur mettoit sûr qu'ils étoient faux et parjures. » Beaumanoir. — Et il ajoute : « Ainsi peuvent bien naistre gages de l'appel, qui est faict sur défaut de droit. »

Les jugements par gages de bataille avaient leur procédure, qui est très-peu connue de nos jours, quoique bien faite pour piquer la curiosité. Ils n'étaient permis, en principe, qu'entre personnes de même condition. Cependant, il était accordé à un gentilhomme contre un roturier qui accusait celui-ci de vol, de meurtre, ou de quelque autre crime qui entraînait la mort du coupable. Dans ce cas, le gentilhomme pouvait combattre à cheval ; mais si un gentilhomme se portait accusateur contre un roturier, pour un crime de même nature, il était tenu de combattre à pied. Dans les deux cas, la mort était infligée au vaincu.

Les bataillants, quand ils voulaient soutenir leur démêlé par gages de bataille ou bien faire appel par la voie des armes, d'un jugement rendu par la cour des pairs ou *pers*, adressaient une requête au duc ou au comte qui était ainsi conçue : « Sire, le jugement prononcé contre moi, et auquel Pierre s'accorda, est faux, et mauvais, et déloyal, et pour tel, je le feray contre ledit Pierre, qui s'est accordé au jugement, par moy ou par homme qui faire le peut, et doit pour moy, comme celui qui a essoine, laquelle je montrerai bien en lieu convenable à la cour ou en autre lieu où droit me menera par raison de cest appel. Le desfi de l'appellant est tel. » Quant au défié, il répondait par un acte dans lequel il soutenait que le jugement rendu en sa faveur était bon et loyal et qu'il était prêt à le soutenir, soit en la cour, soit où le droit mènerait.

Les défis des appelants et appelés étaient tels et s'adressaient au juge, qui recevait les gages de bataille et pouvait prendre bonne sûreté de celui qui appelait. — On n'arrivait pas, comme on voit, au champ de bataille sans remplir des formalités.

Quand elles avaient été remplies, commençait le devoir du juge : on faisait d'abord les serments ; après qu'ils étaient faits, le juge devait regarder si le combat avait lieu par avoués, pour quelle cause on se battait, et si la partie vaincue devait recevoir la mort ; quand la bataille se faisait par avoués, il faisait mettre en prison l'appelant et l'appelé en tel lieu qu'ils ne pouvaient voir la bataille et la corde à l'entour d'eux, corde avec laquelle on mettait à mort celui dont le tenant était vaincu : on leur mettait en outre entre les mains la bêche qui devait servir à creuser la fosse du supplice.

Ceci fait, les combattants étaient mis au champ de bataille et le juge faisait crier trois bans.

Le premier, afin qu'il ne restât personne autour du champ de bataille qui fût de la parenté des combattants ; le second ban donnait avis que nul ne dît mot et que tous eussent à se taire et à se tenir paisibles ; et enfin le troisième ban annonçait que nul ne devait en aucune manière donner aide à l'une ou à l'autre des parties par faits, gestes, signes ou paroles.

Ainsi que nous l'avons dit plus haut, les armes des combattants étaient les mêmes entre gentilshommes ; il n'en était pas ainsi quand un chevalier combattait contre un roturier : le chevalier combattait à cheval et le roturier à pied. Cependant, il n'en était pas partout de même, ainsi que nous le verrons en parlant des combats judiciaires en Normandie.

La paix pouvait survenir au milieu même du combat, et s'il advenait que ceux qui se combattaient voulussent en entendre parler, le juge devait regarder l'état de chacune des parties et les faire immédiatement tenir en repos en cet état, et cela afin que l'une ou l'autre ne pût gagner de terrain, si le juge décidait que le combat devait recommencer.

Pour achever de donner une idée exacte des jugements par gages de bataille, nous allons rapporter les conditions dans lesquelles il avait lieu en Normandie, pays où il était singulièrement pratiqué.

Les belliqueux Normands (Organisation judiciaire en Basse-Normandie, Pezet, p. 64) aimaient à décider leurs querelles par le duel ou combat judiciaire, dont nous allons décrire les formalités telles qu'elles sont consignées dans le vieux coutumier.

Un assassinat a été commis; le fils de la victime accuse le meurtrier, il l'appelle devant le bailli, et là, il déclare que celui qu'il désigne comme l'assassin a *féloneusement* meurtri son père en la paix de Dieu, qu'il est prêt à le prouver ou à le faire connaître en une heure de jour. L'accusé nie, et pour défi contre l'accusation, jette le gage de bataille. L'accusateur répond en jetant le sien. Les gages sont relevés et remis au juge, qui en devient le dépositaire. Aussitôt, l'accusateur et l'accusé fournissent caution de *mener la loi*, c'est-à-dire de s'y conformer, et sont conduits en prison par un sergent d'épée, s'ils ne peuvent fournir à l'instant des répondants ou gardes qui prennent l'engagement de les représenter morts ou vifs au jour de la bataille et qui, à défaut de cette représentation, consentent à supporter eux-mêmes la peine qui serait infligée au coupable.

Le bailli fixe le jour du combat. Au jour ainsi fixé, et avant que l'heure de midi soit sonnée, les champions se présentent au bailli. Ils doivent être revêtus de leurs armes. Si ce sont des chevaliers, leur armure doit être la même que celle dont ils sont couverts en suivant le duc à l'armée.

Si ce sont des non nobles, ils doivent avoir l'écu et le bâton
cornu garni de cuir, de laine, de drap ou d'étoupes. Sont-
ils de condition différente, le non noble combat avec une
armure semblable à celle du chevalier, *les parties doivent
être égales en justice.* Ils peuvent se frotter d'huile pour se
donner plus de souplesse et d'agilité. Les deux combattants
doivent avoir les cheveux coupés au-dessus des oreilles,
pour que la longueur de la chevelure ne leur porte aucun
obstacle.

Le bailli fait *recorder* ensuite les paroles de bataille, c'est-
à dire l'exposé du motif pour lequel elle a lieu. Les lances
ou les bâtons sont mesurés ; les champions sont conduits
au champ du combat, où ils trouvent quatre chevaliers, à
qui la garde du camp est confiée. L'assistance se place autour; le sergent d'épée proclame, au nom du duc, *qu'aucun de ceux qui sont présents ne soit si hardi qu'il fasse à
nul des champions aide ni assistance par fait, ni par dit.*

Il appelle ensuite à haute voix les combattants: ceux-ci
se mettent à genoux en signe *d'humilité et de dévotion*, l'accusateur à droite et l'accusé à gauche. Ils placent leurs
mains l'une dans l'autre en signe de la *feauté* qui doit être
en humaine créature. Sur la demande qui leur est faite,
tous deux déclarent leur nom de baptême, et affirment
qu'ils croient au Père, au Fils, au Saint-Esprit, et qu'ils
tiennent la foi que la sainte Eglise garde. Cette déclaration,
qui garantit leur respect pour la sainteté du serment, une
fois reçue, l'accusé prend la parole et dit : *A toi que je tiens
par la main gauche et qui te fais appeler en baptême N. Je
jure que je n'ai point meurtri ton père par félonie, ainsi m'aident Dieu et les saints.* L'accusateur à son tour répond : *A
toi que je tiens par la main droite et qui te fais appeler en
baptême N. Je jure que par les paroles que tu as jurées, tu
t'es fait parjure, ainsi m'aident Dieu et les saints.*

Tous deux ensuite et dans le même ordre jurent que par

chacun ni par autre, il ne sera fait aucunes sorperies en champ, qui lui puissent ni doivent aider ni à son adversaire aussi. Ces formes solennelles remplies, les champions se retirent à l'écart pour prier Dieu de les *appareiller* à bien faire leur devoir. Les armes leur sont remises, la lice est vidée. Les quatre chevaliers se retirent aux quatre coins du champ. Le banc du duc est crié derechef, le signal est donné par ces mots : *Champions, faites votre devoir.* Ceux-ci s'avancent et le combat commence.

Tant que l'accusé n'est pas mis hors de combat, il a le droit de le prolonger jusqu'au moment *où les étoiles paraissent au ciel* ; mais à ce moment, toute bataille doit cesser.

Si l'accusé a pu prolonger la lutte jusqu'à cet instant, la victoire est à lui ; l'accusateur est vaincu, *car il a failli à prouver* par son corps ce qu'il devait prouver en une heure de jour.

L'un des champions est-il blessé pendant le combat ou forcé de se rendre, il doit être réputé vaincu, *et puni comme atteint du cor.* Est-il blessé mortellement, il n'en subit pas moins la peine, car il doit être traîné, mort ou vif, au gibet. Voilà le duel judiciaire tel qu'il se pratiquait dans toute sa simplicité chez nos ancêtres, et les formes suivies en Normandie, que nous trouvons relatées dans l'*ancien coutumier* de cette province, étaient à peu près les mêmes dans les autres provinces de France.

En l'an 820, le placite général s'assembla à Aix-la-Chapelle ; plusieurs affaires importantes y furent mises en délibération, ce dont nous n'avons pas à nous occuper ; mais il en est une qui nous a frappé. Un gouverneur d'une province de l'empire, Bera, Goth, comte de Barcelone, et un autre seigneur goth, nommé Sunila ; ce dernier l'accusa, devant le *placite*, d'avoir comploté contre l'État. Bera nia fortement ce crime, et fut condamné à prouver son innocence en présence de l'empereur et de tout le *placite* par le duel; mais il y eut une grande difficulté. L'usage des Français dans le duel était de se battre à pied; l'usage, au contraire, des Goths était de se battre à cheval. Sunila consentait de se battre à la mode française, et l'empereur l'avait d'abord ordonné ainsi : mais le comte de Barcelone ayant protesté qu'on ne devait pas l'empêcher de suivre les lois de son pays, il fallut délibérer sur ce point, et il fut jugé que les champions, puisqu'ils étaient Goths tous les deux, se battraient à cheval. Ce duel se fit en grande cérémonie dans un champ voisin où se tenait le *placite*; l'empereur et toute sa cour y assistèrent. Avant que le combat commençât, l'empereur appela les deux champions, et exhorta celui des deux qui était coupable, ou de calomnie ou de félonie, d'avouer son crime; mais Sunila soutint son accusation, et Bera son innocence avec une égale fermeté. Ils retournèrent donc au lieu du combat, et Gondola les y suivit avec les gens qui portaient un brancard pour enlever celui qui serait renversé, et le délivrer de la mort s'il était possible. C'était ce qui se pratiquait alors pour adoucir la coutume barbare du duel.

Les deux combattants ayant attendu le signal du combat donné par l'empereur, se battirent avec acharnement. Bera fut vaincu. Selon les règles suivies en ces matières, le *placite* allait le condamner à mort comme convaincu du crime dont Sunila l'avait accusé, mais l'empereur s'y opposa. Il fut seulement condamné à perdre son comté et exilé à Rouen. Le comté de Barcelone fut donné à Bernard. Le récit de ce duel, que nous avons trouvé relaté dans un ancien manuscrit, nous prouve mieux que nous ne l'avons dit antérieurement, que l'on décidait les affaires les plus graves par les combats singuliers.

Tous les cas douteux pour le juge ne se décidaient pas par les armes et conjointement avec les combats; il y avait diverses *épreuves*, *sorts* ou *sortes*, au moyen desquels on les résolvait. Quand un crime avait été commis, et lorsque les preuves du crime ou de l'innocence se balançaient, on faisait usage des sorts et des épreuves.

Au dire de certains auteurs, il n'y avait pas de partie publique, en France, dans les premiers temps de la monarchie ; mais c'est là une grave erreur ; nous devons la rectifier dans l'intérêt de la science du droit.

Le duc, le comte, en acceptant un bénéfice, un duché, un comté, faisaient serment, suivant la huitième formule de Marculphe, liv. I , de protéger la veuve et l'orphelin, ainsi que de réprimer sévèrement les voleurs et les malfaiteurs ; et s'il manquait à son serment, en relâchant un voleur qui avait été mis entre ses mains, il était puni de mort, suivant un décret de Childebert, de l'année 696. Le moyen âge a bien assez de méfaits certains, sans qu'on nous le représente plus chargé qu'il ne doit l'être.

On ne laissait donc pas les crimes impunis, ou livrés seulement à la répression individuelle ; et c'est avec regret qu'on voit un professeur de droit, aussi éminent que l'était M. Poncelet, nous dire, dans son Précis de l'histoire du droit français, p. 41, « que la procédure de ce temps était très simple, qu'on ne connaissait pas l'institution d'une justice publique ; que nos ancêtres étaient tous juges, et qu'ils ne connaissaient pas l'art d'interpréter la volonté législative et de débrouiller les textes. » Non, nos ancêtres n'étaient pas tous juges, et chacun ne se battait pas à son gré, et on ne se battait que dans des cas déterminés par le juge.

Les preuves employées en justice étaient le serment, le témoignage des tiers, la co-juratio et les odalies, et sorts, ou sortes.

Les Francs n'avaient pas l'usage des procureurs, ils pensaient que chacun devait paraître lui-même en justice, et oser affirmer ou nier de sa propre bouche.

Le serment se prêtait devant le juge, mais d'une manière

plus solennelle, dans une église, la main sur l'autel, sur des reliques, sur l'Evangile. Le plaideur proposait le serment à son adversaire en lui présentant une paille. Si celui-ci prenait la paille, et acceptait le serment, on s'ajournait pour la prestation publiquement faite dans une église. La loi s'exprimait ainsi : « Qu'on ne permette pas facilement le serment ; que le juge examine d'abord la cause et tâche d'y découvrir la vérité ; qu'on ne permette le serment que dans les causes où la vérité est impénétrable. »

Les parjures devaient avoir la main coupée, mais ils pouvaient racheter leur main moyennant une amende. Quant aux témoins qui assistaient les parties en justice, ils devaient être pris dans le voisinage de ceux qui les faisaient paraître ; ils devaient être *ingénus*, c'est-à-dire *libres*, honnêtes, non souillés de parjure ou d'une condamnation infamante. Ils juraient de dire la vérité ; on faisait intervenir des *co-jureurs* dans maints procès ; leur nombre variait excessivement, selon l'importance des personnes et la gravité des accusations.

Enfin, on arrivait à se purger d'une accusation, ou à décider des cas criminels douteux par l'emploi des *sorts* et *odalies*.

Les *sortes*, d'où les Français ont fait le mot *sort*, se pratiquaient souvent par de petites baguettes ou branches d'arbre, auxquelles on mettait des marques distinctives. On les jetait au hasard sur une toile blanche, et, d'après leur position fortuite, le prêtre, ou le père de famille, prédisait l'avenir ou découvrait les secrets.

On tirait le sort sur l'autel (cas de crime), ou sur les reliques des saints, pour décider de l'innocence, qui dépendait de l'événement, laquelle des deux baguettes était touchée par le prêtre, ou l'enfant qui suppléait à son office ; celle marquée d'une croix était favorable à l'accusé.

Après le sort, les épreuves.

Il y avait plusieurs espèces d'odolies.

Les principales étaient celle du fer chaud, celle de l'eau bouillante et celle de l'eau froide. S'agissait-il du fer chaud, on faisait empoigner à l'accusé une barre de fer brûlante, du poids de deux ou trois livres, selon la nature du crime, ou bien, on lui ordonnait de marcher sur des lames de fer rouge, qui étaient souvent au nombre de neuf, et qu'on plaçait à différentes distances; ou bien on lui faisait mettre, quand il s'agissait de l'épreuve par l'eau, la main dans l'eau bouillante, ou bien on le jetait dans l'eau froide.

Si le fer ardent ou l'eau chaude ne brûlaient point l'accusé, on le tenait pour innocent. On le tenait aussi pour tel s'il enfonçait dans l'eau froide quand on l'y précipitait. Mais si, au contraire, le fer le brûlait, ou s'il surnageait au-dessus de l'eau, on regardait ces accidents comme des preuves de son crime, et on l'exécutait sans délai.

Outre ces espèces d'épreuves, qui étaient le plus en usage, il y en avait plusieurs autres, comme : la purgation canonique par l'eucharistie, par la *coupe judicielle,* par le pain d'orge et le fromage, qu'on mangeait après qu'ils avaient été consacrés par des prières et des cérémonies établies pour cela; enfin, par le jugement de la croix. En 775, sous le règne de Charlemagne, il s'éleva une contestation entre l'évêque de Paris et l'abbé de Saint-Denis sur la possession d'une petite abbaye. Au lieu de vérifier l'authenticité des titres que les parties produisaient, on renvoya la décision du procès au jugement de la croix.

Les champions des parties se tinrent devant l'autel pendant la célébration de la messe, les bras tendus; le champion de l'évêque s'étant lassé le premier et ayant quitté son attitude, la question fut décidée en faveur de l'abbé.

Les épreuves judiciaires se sont perpétuées longtemps en France. Un arrêt du parlement de Paris, du 1ᵉʳ décembre

1601, nous en fournit la preuve. Il fut rendu contre les officiers de la châtellenie de Dinteville en Champagne, qui avaient condamné et fait exécuter à mort une prétendue sorcière qu'on avait convaincue en la jetant dans l'eau froide. L'arrêt condamna les juges à des dommages et intérêts envers les parents de la défunte.

Voici comment on faisait usage des épreuves dans le cas d'adultère :

« Une femme est accusée d'adultère par son mari, dit Grégoire de Tours; elle nie longtemps le fait devant son mari, et comme on ne peut la convaincre par son aveu, l'ordre est donné de la plonger dans l'eau.

« Le peuple accourt, on la mène sur le pont de la Saône, on lui attache avec une corde une pierre au col, on la précipite et le mari l'accompagne des injures : Va te laver, lui crie-t-il, dans les eaux profondes des souillures et de la débauche dont tu as sali ma couche... Mais le Seigneur qui, dans sa bonté, ne laisse pas souffrir les innocents, permit qu'il se trouvât sous les eaux une pointe (*stilum*) qui accrocha la corde, soutint la femme et l'empêcha de descendre au fond du fleuve. » (Greg. Tur. de Glor. mort. cap. 68, 69.)

Les épreuves à l'eau froide avaient lieu généralement dans un bassin qui avait douze pieds de dimension en profondeur et vingt pieds de largeur dans tous les sens, et on le remplissait d'eau jusqu'au bord. On plaçait sur le tiers de cette fosse de forts bâtons et une forte charpente pour porter le prêtre, les juges qui l'assistaient, l'homme qui devait entrer dans l'eau et les deux ou trois autres qui devaient l'y faire descendre.

En général, l'épreuve de l'eau froide n'était en usage que pour le petit peuple; on jetait l'accusé dans la pièce d'eau après lui avoir lié la main droite au pied gauche, et la main gauche au pied droit ; s'il enfonçait, il était innocent, s'il surnageait, il était coupable.

En ce temps des odalies, où l'on était assez superstitieux pour croire que Dieu se déclarait toujours pour le bon droit et la vérité dans les épreuves de l'eau, du feu, du combat, il se trouvait quelquefois cependant des gens qui ne voulaient pas qu'on jugeât ainsi leur procès et qui n'étaient pas crédules sur le merveilleux des épreuves. Georges Lagothète parle d'un homme qui, dans le treizième siècle, refusa l'épreuve du feu, disant qu'il n'était point charlatan. L'archevêque ayant voulu lui faire quelques remontrances à ce sujet, il lui répondit qu'il prendrait le fer ardent, pourvu qu'il le reçût de sa main. Le prélat, trop prudent pour accepter la condition, convint qu'il ne fallait pas tenter Dieu.

M. Michelet nous assure que l'épreuve du feu et du fer rouge était connue des Grecs et qu'elle était aussi mise en pratique chez les Byzantins. A Cambrai, nous dit encore cet auteur, ville épiscopale, on a pris, en moins des cinq dernières années, plusieurs hérétiques qui, tous par la crainte de la mort, nièrent leur crime. Un clerc fut alors envoyé par l'évêque, lequel devait éprouver par le fer rouge ceux qui niaient ainsi et déclarer hérétiques ceux qui seraient brûlés ; ils furent tous éprouvés et tous brûlés. (Cæsar heisterb. III, 16, année 1200.)

Le jeûne était une épreuve ecclésiastique. Si quelqu'un avait été pris pour vol et niait le fait, il se rendait le mardi soir à l'église en habit de laine et nu-pieds, et là, il demeurait jusqu'au samedi sous une garde loyale. — Il observait un jeûne de trois jours, ne se nourrissait que de pain azyme fait d'orge pur, d'eau, de sel et de cresson d'eau.

Nous trouvons dans les Éphémérides géographiques, t. XLVI, p. 375, un usage remarquable qui existait dans le village de Mandeuse, près Montbelliard. Lorsqu'un vol avait été commis, tous les habitants étaient invités, le dimanche après les vêpres, au lieu du jugement. Un des maires sommait le voleur de restituer et d'éviter la société des honnêtes gens pour six mois. Si le coupable ne se montrait pas, on en venait à ce qu'on appelait la décision du bâton. Les deux maires tenaient un bâton assez haut pour qu'un homme pût passer dessous. Tous devaient y passer. Il n'y avait pas d'exemple que le coupable l'eût osé : il restait seul et se trouvait découvert. S'il eût passé et qu'ensuite on l'eût reconnu coupable, personne ne lui aurait jamais parlé, tous l'auraient fui comme une bête sauvage.

Ce serait évidemment nous engager trop en dehors de notre sujet, que de nous arrêter sur tous les éléments de la législation du moyen âge; nous citerons seulement quelques peines applicables à certains cas spéciaux : « Si une fille était prise par force en ville, ou en champ clos, ou en bois (vieux coutumier de Normandie), il convient qu'elle crie si elle peut et que les voisins prennent le malfaiteur; dès que la fille le pourra, elle doit aller à la première justice du duc qu'elle trouvera, et le bailli fera voir sa blessure par *prudes femmes* qui sachent connaître si elle a été prise par force. Si ce malfaiteur veut épouser la fille et que celle-ci et ses parents y consentent, il n'y aura point de poursuites; au contraire, l'auteur de la violence sera puni par ses membres. Mais si une fille, voulant avoir *son ami à mari*, venait dire qu'elle a été prise par force, et si les prudes femmes qui l'auront visitée déclarent qu'elle ne porte point de traces de violence, elle ne sera point entendue en jugement : elle sera battue et chassée hors pays, et voici pourquoi on agissait : c'est parce que, disait naïvement la coutume normande, il y a moult femmes si pleines de maling esprit, qu'elles voudroient bien mettre leur vie en aventure pour faire occire les garçons qu'elles haïssent.»

Si quelqu'un était accusé d'avoir pris par force la femme

de son voisin, le mari était tenu de le prouver par bataille, et s'il était victorieux, le coupable était puni par ses membres; mais si le mari était vaincu, il devait payer une amende de soixante francs et un denier, et la femme était battue et chassée hors du pays. Il perdait le droit d'être admis en témoignage, mais il pouvait défendre sa vie en cause criminelle. Lorsque le père tuait son fils par mésaventure (Etablissements et Coutumes, par Marnier, p. 34), il devait exécuter la pénitence que l'Eglise lui infligeait; si c'était par *félonie*, il était puni de l'exil; il n'y avait pas de peine de mort, *parce que le fils est du sang et de la chair du père*; s'il ne faisait que battre son fils, son neveu, sa fille ou quelqu'un de sa maison, il n'encourait aucune peine, parce qu'on supposait qu'il ne le faisait que pour les châtier.

Les mauvais traitements du mari sur la femme n'étaient punis que si elle était *mehaigne*, comme si, par exemple, il lui *avait crevé les yeux ou brisé le bras*. Le fils convaincu d'avoir tué son père était traîné sur une claie et pendu; si c'était une fille qui avait commis le crime, elle était brûlée.

Le frère qui tuait son frère était puni de mort.

Le vassal qui tuait son seigneur par mésaventure était puni de mort; si c'était par félonie, il était traîné sur la claie et était pendu; le seigneur qui tuait son vassal était puni de mort.

Les usuriers n'étaient pas punis pendant leur vie; mais s'il était prouvé après leur mort qu'ils *avaient maintenu usure dedans l'an et jour* avant leur mort, leurs maisons appartenaient au duc: leurs femmes et leurs enfants n'y pouvaient prétendre, ils n'avaient droit que sur les autres héritages.

Les seigneurs suzerains et hauts justiciers avaient le pouvoir d'amnistier certains crimes. Le vol, la trahison, l'incendie n'étaient point susceptibles d'être amnistiés. L'homicide pouvait l'être, mais il fallait auparavant que le meurtrier se fût réconcilié avec les amis de la victime. L'amnistié, s'il était de la *menue gent*, devait porter scellées à son cou pendant un an et un jour les lettres délivrées par le suzerain et revêtues de son scel, quand il allait aux assises, aux foires, aux marchés du pays, afin que le public fût averti de la grâce accordée ; on appelait cela porter la paix du duc.

S'il était baron ou de noble lignée, il était dispensé, mais il était obligé de les avoir sur lui secrètement.

Il fut un temps où, non-seulement en France, mais même en Europe, on faisait des procès aux animaux prévenus de certains méfaits. On pourrait s'étendre fort au long sur ces singuliers procès, mais cela ne servirait qu'à piquer une vaine curiosité ; non-seulement les tribunaux portaient des jugements contre les animaux malfaisants ayant commis des dégâts ou fait des blessures, mais l'autorité ecclésiastique venait en aide à la justice dans certains cas, par ses excommunications.

En 1120, l'évêque de Laon excommunie mulots et chenilles de son diocèse. En 1314, les juges du comté de Valois firent le procès à un taureau qui avait tué un homme d'un coup de corne et le condamnèrent, sur la déposition des témoins, à être pendu ; la sentence fut confirmée par arrêt du parlement, le 7 février 1314.

Nous voyons en 1497 qu'une truie fut condamnée à être assommée pour avoir mangé le menton d'un enfant du village de Charonne. La sentence ordonna en outre que les chairs seraient coupées et jetées aux chiens, que le propriétaire et sa femme feraient un pèlerinage à Notre-Dame-de-Pontoise, où étant, le jour de la Pentecôte, ils crieraient merci, de quoi ils rapportèrent certificat.

On faisait, comme on voit, des procès dans certains cas aux animaux, mais on trouve des traces de procès même faits à des objets inanimés. Ainsi en 1498, pendant l'assaut livré au couvent de Saint-Marc pour en arracher Jérôme, Savonavole, la cloche du prieuré fut accusée d'avoir sonné l'alarme et appelé au secours des assiégés ; par une sentence des magistrats, cette cloche séditieuse fut condamnée à être promenée sur un âne par toute la ville en signe d'ignominie. (Curiosités judiciaires, p. 442.)

CHAPITRE IV.

État des personnes sous Louis le Gros. — Serfs. — Vilains. — Serfs attachés à la glèbe. — *Marquette.* — Adoucissement au sort des serfs. — Les villes s'affranchissent. — Chartes concédées à prix d'argent. — Les grands, moyens et petits bourgeois. — Les cités ont le droit d'élire leurs magistrats. — Dernières paroles de Louis le Gros en mourant. — Le tribunal royal, ou plaid de la cour. — Sa composition. — Le grand sénéchal. — L'abbé Suger. — Belles qualités de ce grand ministre.

A l'avénement de Louis le Gros, quatrième successeur de Hugues Capet, le domaine de la couronne se trouvait réduit à Paris, à quelques villes et à trente seigneuries. Les habitants de la France étaient alors divisés en ingénus et en *vilains* et *serfs*.

Les vilains et les serfs languissaient dans une servitude à peu près identique; cependant le vilain avait quelques immunités qui le distinguaient du serf.

Les serfs étaient attachés à la *glèbe*, c'est-à-dire à l'héritage; on les vendait avec les fonds; ils ne pouvaient ni se marier, ni changer de profession sans la permission du seigneur; et, quoiqu'on ait cherché à le mettre en doute, il est certain que le seigneur, dans certaines contrées, s'était arrogé le droit de coucher avec la mariée la première nuit de ses noces. Ce droit finit par être converti en une redevance pécuniaire, mais il n'en a pas moins existé dans tout ce qu'il avait d'odieux et de dégradant.

« Les sieurs de Souloise, nous dit Laurière dans son *Glos-*
« *saire,* au mot *Culliage,* avoient autrefois le droit de *mar-*

4

« *quelle* ; l'ayant obmis en l'aveu rendu au seigneur de
« Montlévrier, seigneur suzerain, le défaut donna ouverture
« de débat comme de défectuosité, et par acte du 15 dé-
« cembre 1607, il y renonça précisément. »

Au livre IX, chap. xvi, p. 598 de l'Histoire de Châtillon,
on voit qu'un accord eut lieu entre Guy de Châtillon, seigneur de la Fère en Tardenois, et la communauté des habitants. Ceux-ci remontraient qu'ils étaient obligés à de
grandes servitudes et devoirs, entre autres, pour le droit
des mariages, et que chacun d'eux, en se mariant, était
dans l'obligation de payer *cent sols tournois*, ce qui en
empêchait bon nombre de se marier. Le seigneur les dé-
gagea de cette obligation; toutefois, ce ne fut pas sans les
astreindre à de nouvelles charges, mais moins honteuses.

Les *serfs* n'étaient en réalité que des esclaves, et leur
servitude était complète.

« Il s'en fallait beaucoup, dit l'abbé Legendre, que les
« hommes de *pote* dépendissent autant du seigneur : il
« n'était point le maître ni de leur vie, ni de leurs biens;
« leur servitude se bornait à lui payer de certains droits et
« à faire des corvées : ni les uns ni les autres n'avaient ni
« juges ni lois; le seigneur était tout à la fois leur juge
« et leur loi, cela dura jusqu'à Louis le Gros. »

Ce roi, à son grand honneur, travailla efficacement à
adoucir le sort des serfs.

A peine était-il monté sur le trône, nous dit Desfontaines
dans sa véridique histoire de la ville de Paris, tome I, page
82, que, touché des plaintes qui arrivaient jusqu'à lui, il
rendit un arrêt en faveur des serfs de l'Eglise de Paris,
c'est-à-dire des serviteurs ou sujets des ecclésiastiques. Ces
gens étaient entièrement soumis aux prêtres dont ils dépendaient, leur servitude était même un dur esclavage;
leurs maîtres les échangeaient, les envoyaient à la guerre,
se servaient d'eux pour les plus rudes travaux, et les met-

taient en prison lorsque la misère où ils étaient réduits les empêchait de payer les tributs qu'on exigeait d'eux.

Un homme libre ne pouvait épouser une fille de *corps* (c'est ainsi qu'on appelait ces serfs) sans devenir serf lui-même, et les enfants qui provenaient d'un mariage formé dans les fers étaient esclaves en naissant.

Telle était la condition des serfs à quelque personne qu'ils appartinssent. Ceux de l'Eglise étaient de plus obligés de faire serment en justice, quand le cas l'exigeait, à la place des clercs ou des moines dont ils dépendaient, et si la partie adverse les traitait de parjures, il fallait qu'ils soutinssent par le duel la vérité du serment qu'on leur avait fait faire.

Cependant les hommes libres, méprisant peu à peu ceux qui ne l'étaient pas, se refusaient d'admettre leur témoignage et de se battre contre eux, ce qui autorisa les usurpateurs des biens ecclésiastiques.

L'Eglise de Paris s'en plaignit à Louis le Gros, qui rendit une ordonnance qui fut une concession faite à l'esprit du temps, portant que le témoignage des serfs de l'Eglise serait reçu en justice.

Louis le Gros, non-seulement travailla à l'affranchissement des serfs et à l'amélioration de leur condition, mais il fit mieux encore, il aida plusieurs villes à s'affranchir du joug de leurs seigneurs. Scrupuleux observateur des usages reçus, il distingua trois classes de bourgeois dans les villes auxquelles il concédait des chartes municipales.

Les *ingénus*, qui étaient des hommes libres au moment de l'affranchissement, prirent le titre de *grands bourgeois*, formèrent les grands conseils et jouirent des charges les plus importantes dans la cité. Les *vilains*, avec les serfs qui se rachetaient, furent appelés *francs bourgeois*, et se contentèrent des charges subalternes. Enfin, on appela *petits bourgeois* les *vilains* ou *serfs* qui manquaient de ressources pour se créer quelque indépendance et languissaient dans la misère.

Voici comment, dans la coutume d'Auxerre, on définissait la qualité des bourgeois : « Ce sont, y était-il dit, personnes affranchies et de libre condition, non nobles, non clercs, non bâtards, mais *roturiers*. » Les bourgeois de diverses communes payaient au roi une redevance annuelle, et, par suite, ils pouvaient décliner la cour et juridiction de tout seigneur subalterne.

Les seigneurs suzerains, entraînés par l'exemple de Louis le Gros, concédèrent aussi des chartes d'affranchissement aux habitants des bourgs et villes de leurs domaines. On vit renaître alors, dans le royaume des Francs, les franchises des villes, si longtemps violées et méconnues, avec leur juridiction particulière, l'élection de leurs magistrats et les formes de l'administration municipale, qui constituaient jadis les priviléges des cités gauloises.

Toutes les communes n'eurent pas la même indépendance et la même liberté de juger les citoyens, d'élire leurs magistrats, et d'administrer les biens communs de la cité ; les unes obtinrent la haute juridiction, les autres n'obtinrent que la moyenne et basse justice ; dans quelques lieux on continua de juger avec les hommes de fief, tous les habitants étant assimilés aux hommes libres ; dans d'autres, on jugeait avec les notables et les officiers municipaux ; ici l'élection directe des magistrats appartenait aux habitants ; là, cette élection devait être approuvée par le roi ou le seigneur haut justicier ; mais, dans toutes les chartes qui contenaient et déterminaient les droits respectifs des seigneurs et des bourgeois, on trouvait écrit en première ligne ce privilége des habitants, de n'être jugés que par leurs pairs, même pour les délits commis hors de leur résidence. Les échevins ou jurés faisaient, comme les pairs des cours féodales, la double fonction de juges et de jurés, c'est-à-dire qu'ils étaient, comme eux, juges du fait et du droit, et juraient de rendre la justice selon l'inspiration de leur conscience. L'unanimité, en matière criminelle, était la règle de leurs décisions.

C'est à Louis le Gros, nous dit avec raison le président Hénault, que la couronne commença à reprendre l'autorité dont les vassaux s'étaient emparés. Il en vint à bout, soit par l'établissement des communes, soit par l'affranchissement des serfs, soit en diminuant la trop grande autorité des justices seigneuriales. Par rapport à la justice, on envoya des commissaires dans les provinces (*missi dominici*), pour recueillir les plaintes de ceux qui avaient été maltraités par les comtes ou les ducs; et, dans le cas où ils ne jugeaient pas eux-mêmes, ils renvoyaient aux assises du roi, c'est-à-dire à son plaid. C'est ainsi que s'introduisit l'usage des appels.

Les évêques et les abbés assistaient toujours aux plaids du roi; ils sont désignés avant tous les autres.

Louis le Gros mourut au Palais en l'année 1137. Voici les dernières paroles qu'il adressa à son fils en mourant : « Souvenez-vous que la royauté n'est qu'une charge publique dont vous rendrez un compte rigoureux à celui qui dispose des sceptres et des couronnes. »

Voyons maintenant quel était le tribunal du roi.

Le tribunal royal ou plaid de la cour était souvent présidé par le roi lui-même, ou, en son absence, par le comte du palais : il tenait sa séance toute l'année. Le comte du palais était le rapporteur né des causes qu'on y portait. Il surveillait aussi la rédaction des jugements et des lettres du roi qui les renfermaient. On voit ensuite les *opimates*, dont on ne connaît pas bien ni la dignité ni les fonctions. Ce n'était point, dit Bernardi (Histoire du droit public de la France, p. 45), un nom générique comme celui de *grands*, mais un titre spécial qu'on donnait aux grands d'un ordre supérieur. Après eux venaient les *graf-fions* et les *comtes*. Dans les *plaids* dont nous avons connaissance, il n'est pas fait mention des *ducs*.

Les grands qui portaient le nom de domestiques jouissaient de beaucoup de crédit et de considération. C'étaient eux qui prenaient soin des maisons royales et pourvoyaient aux dépenses de la cour. Ils assistaient aux plaids et y jugeaient. Il en était de même des référendaires, dont les fonctions étaient de désigner et de sceller le diplôme qui contenait le jugement. Le sceau dont on se servait n'était autre chose que l'anneau du roi qu'il remettait lui-même aux référendaires qu'il voulait charger du soin de l'apposer au jugement.

L'art d'écrire n'était pas fort répandu, et on scellait alors, au lieu de signer, les actes publics et privés.

Il y avait deux sénéchaux qui assistaient aux plaids. La charge de sénéchal répondait à celle de grand maître des derniers temps. Il y avait encore des espèces de conseillers appelés *scabins* du palais; dans une chronique citée par Ducange (Dissert. 14, sur Joinville), on leur donne le titre de *docteurs ès lois*.

Ils devaient connaître toutes les lois en usage dans le royaume.

Les comtes du palais ayant cessé, on ne sait trop à quelle époque, de présider la cour du roi, cet honneur fut confié au grand sénéchal, charge qui augmenta successivement en importance.

Le grand sénéchal est appelé dans les historiens et dans les chartes, tantôt *maire*, tantôt *dapifère* de la maison du roi, parce qu'il avait succédé aux maires et aux comtes du palais. Comme grand sénéchal, il prenait le principal étendard à la guerre ; comme maire, il rendait la justice dans la cour domaniale du roi, et comme dapifère, il présidait au service de table, au festin royal du sacre. — Il avait

inspection sur les prévôtés royales ou les juridictions inférieures des terres domaniales,

Sous le règne de Louis VI, dit le Gros, ainsi que sous
celui de Louis VII, dit le Jeune, son fils, nous avons vu de
grands progrès sociaux s'accomplir et d'importantes modifications légales se produire ; mais en les rappelant, on est
naturellement amené à songer à cette grande figure historique de cet abbé Suger, qui en fut en quelque sorte, sous
les deux règnes, le principal promoteur : — cet homme
qui était, au dire des historiens de son temps, d'une médiocre figure et d'une si basse naissance qu'on ne sait pas
même au juste où il est né, n'en fut pas moins le plus
grand homme d'Etat de son siècle ; on peut avec raison ,
ainsi que l'a fait remarquer le président Hénault, dans son
Abrégé chronologique, tome I, page 193 , lui appliquer le
mot de Tibère sur Curtius Rufus : « Curtius Rufus , *mihi
videtur, ex se natus* (Tacite.) Curtius Rufus me paraît être
né de lui-même. » Mais n'est-ce pas là un titre de plus à
la recommandation de l'histoire ? — celui-là qui est fils de
ses œuvres, n'est-il point de tous points recommandable ,
lorsque, pour s'avancer, il n'a commis ni bassesse ni lâcheté, et lorsque, arrivé au sommet des honneurs et de la
puissance, il ne songe qu'à la bonne gestion des affaires de
on pays?

On a dit de l'abbé Suger, les uns qu'il était né à Saint-
Denis, les autres à Saint-Omer. — Ce qu'il y a de certain
c'est qu'il fut mis à l'âge de dix ans à l'abbaye de Saint-
Denis, où Louis, fils de France, depuis Louis le Gros, était
élevé.

C'est là sans doute qu'il se lia avec Louis, fils de France,
et cette liaison devint la source de sa grandeur, car lorsque
Louis fut devenu roi de France, il appela auprès de lui
l'abbé Suger, qui fit partie de son conseil. L'abbé Adam
étant mort en 1522, Suger le remplaça dans les fonctions

d'intendant de la justice; les affaires de la guerre et les négociations étrangères lui furent en outre confiées : son esprit actif et laborieux suffisait à tout.

Louis VII, en partant pour la Palestine, le nomma régent du royaume.

Ses soins s'étendirent alors sur toutes les parties du gouvernement : il ménagea le trésor public avec tant d'économie que, sans charger les peuples, il trouva le moyen d'envoyer au roi de l'argent toutes les fois qu'il en demanda. Il mourut à Saint-Denis en 1152, entre les bras des évêques de Noyon, de Senlis et de Soissons. Le roi honora ses funérailles de sa présence et de ses larmes. C'est Suger qui, sans doute par reconnaissance pour ceux qui l'avaient élevé et par souvenir de son enfance, fit bâtir l'église de Saint-Denis; et ce qui honore encore sa mémoire, c'est qu'on croit, avec beaucoup de vraisemblance, que le projet de la compilation des grandes chroniques connues sous le nom de Chroniques de Saint-Denis, fut son ouvrage. (Mémoires de l'Académie des belles-lettres, tome XV, p. 591.)

CHAPITRE V.

Philippe Auguste habite le Palais. — Jean-*sans-Terre*. — Jugement rendu contre lui par la cour royale. — Chambres du Palais garnies de paille. — Création de quatre grands baillis. — Archives du roi. — Le sceau royal pillé par les Anglais. — La reine Blanche. — Elle est régente du royaume. — Les cours plénières. — Origine de *la baillée aux roses*. — Arrêt du parlement de 1541 concernant cet usage.

Le vainqueur de Bouvines, Philippe Auguste, fit du Palais sa résidence habituelle et il y épousa en secondes noces la reine Augelberg, sœur de Canut, roi de Danemark. En l'année 1201, il prit en main la cause du jeune Arthur, fils de Geoffroy, contre Jean dit *sans Terre*, de Bretagne, son oncle, qui l'avait violemment dépossédé de son duché. Jean-sans-Terre, dans un combat qui eut lieu dans le Poitou, fait Arthur son neveu prisonnier et le met à mort. Après cet odieux attentat, Philippe Auguste le cita à comparaître devant sa cour royale. Cette cour s'assembla au Palais, mais Jean ne comparut pas; un arrêt le déclare rebelle pour n'avoir pas comparu : en conséquence ses terres sont confisquées, et il est condamné à mort comme coupable du meurtre de son neveu, commis dans le ressort du royaume de France.

Philippe Auguste, aussitôt cette sentence rendue, se mit en devoir de l'exécuter; il s'empara incontinent de la Normandie et la réunit à la couronne; il en fit autant de la

Touraine, de l'Anjou et du Maine, en sorte qu'il ne resta plus rien en France au roi Jean que la Guyenne.

La cour royale, ou, si l'on veut, la cour des pairs, sous le règne de Philippe Auguste, étendait sa juridiction sur tous les crimes qui pouvaient se commettre sur le territoire de France; et déjà les grands vassaux ne jouissaient plus de cette indépendance complète et absolue qui en faisait de petits souverains dans leurs duchés ou comtés.

Philippe Auguste, pour donner à sa cour royale une autorité incontestée, y introduisit autant de pairs ecclésiastiques qu'il y avait de pairs du roi, c'est-à-dire de grands vassaux, et quoique les pairs ecclésiastiques, relevant eux-mêmes de seigneurs laïques, eussent été choisis dans le duché de France, ils furent dès lors considérés comme grands vassaux, et leur compétence ne fut point déclinée.

On fait remonter au règne de Philippe Auguste l'institution des douze pairs de France; il paraît que dans le procès intenté au roi Jean, ils se formèrent en cour féodale pour le juger.

Les archevêques et évêques faisaient partie de la cour du roi, selon sa volonté; on y voyait même siéger de simples chevaliers, *miles*, et des clercs ou simples ecclésiastiques : ceux-ci y étaient sans doute appelés par leurs lumières.

Sous Philippe Auguste, la cour du roi reçut une organisation, sinon nouvelle, du moins mieux appropriée aux besoins du temps et au service de la justice, et on commença à donner à la cour du roi le nom de *parlement;* on vit dès lors ce parlement s'appliquer à soutenir avec fermeté la politique royale.

Plus heureux que Louis le Gros, qui avait tenté vainement de renouveler les *missi dominici* de Charlemagne sous le nom de juges exempts, Philippe Auguste parvint à instituer et à maintenir des baillis dans les provinces, et y établit en même temps des *sénéchaussées.*

Ces justices, présidées par des officiers munis d'instructions royales et choisis parmi des jurisconsultes habiles, devinrent bientôt des centres de domination royale, qui absorbèrent les juridictions féodales. Dès le principe de cette institution, les baillis et sénéchaux ne jugèrent que les causes portées à la cour royale, et n'exerçaient leurs fonctions que dans le domaine du roi, mais bientôt ils étendirent à toutes les causes leur juridiction.

Il n'y eut dans l'origine que quatre baillis, ceux de Vermandois, de Sens, de Mâcon et de Saint-Pierre-le-Moustier; on les multiplia dans la suite à mesure que l'autorité royale gagnait du terrain.

Ils se prévalurent des *défauctes de droit* et des mauvais jugements rendus dans les cours des barons pour évoquer les causes et les juger eux-mêmes.

Les cas royaux réservés aux baillis s'étendirent peu à peu, et finirent avec le temps par resserrer beaucoup la juridiction des seigneurs.

Lorsque les barons de Champagne vinrent demander à Louis X quels étaient les *cas royaux*, il leur fit une réponse tant soit peu évasive et fort élastique; « c'est à savoir que « la royale majesté est étendue *ès cas* qui de droit ou de « ancienne coutume peant et doient appartenir à souve- « rain prince et à nul autre. » *Ordonn. des rois, tome I, p. 606.*

C'est à partir du règne de Philippe Auguste qu'on fait aussi remonter l'usage des archives: c'est encore là un point historique qui pourrait soulever plus d'une objection, mais, comme nous l'avons déjà dit, nous évitons toute controverse sans utilité, et nous acceptons cette indication.

A en croire nos chroniqueurs, nos ancêtres tenaient peu de notes des actes les plus importants; ainsi faisait la cour du roi, et on assure, sans en fournir la preuve, que le jugement solennel rendu par cette cour contre le roi Jean-sans-Terre ne fut pas même rédigé. Cependant le roi avait des chartes écrites, des pièces, des titres, des contrats, et par un usage imprudent qui était pratiqué alors, on faisait marcher à la suite de nos rois tous les titres de leur couronne et toutes les chartes de leurs archives.

En 1194, Philippe Auguste ayant été surpris par les Anglais dans une marche près du village de Bellefoge dans le Blaisois, le chartier, le sceau royal, beaucoup d'autres effets devinrent la proie du soldat. La perte du chartier fut sans retour. Les titres se trouvèrent tellement anéantis qu'il n'a plus été possible de les recouvrer.

La Tour de Londres même ne les a point, ou du moins on n'en trouve aucune trace dans la belle collection de Wimer. Ce malheur donna naissance au dépôt des titres dans ce qu'on appelle le *trésor des chartes* et autres registres qu'on commença de faire en 1220. Quant aux jugements du parlement, on ne peut plus douter qu'il ne s'en soit trouvé dans les chartes qui périrent en 1194. Ils ne devaient pas cependant s'y trouver en grand nombre, puisqu'il arrivait souvent qu'on ne les écrivait pas.

Après cet événement, on commença à mettre quelque ordre dans les chartes de la couronne et dans les arrêts émanés de la cour des pairs, ainsi que nous aurons l'occasion de le constater ultérieurement.

Les chambres du Palais, sous Philippe Auguste, étaient garnies avec de la paille. Ce fait nous indique qu'on n'avait pas encore un grand luxe dans les appartements royaux. C'est dans une lettre, émanée de Philippe Auguste lui-même, que nous le trouvons mentionné. « Nous donnons, dit-il dans cette lettre, à la Maison de Dieu de Paris (aujourd'hui l'Hôtel-Dieu), située devant la grande église de la bienheureuse Marie, pour les pauvres qui s'y trouvent, *toute la paille de notre chambre* de notre maison de Paris, chaque fois que nous partirons de cette ville. »

— Le règne de Louis VIII (1223-1226) ne nous présente aucun fait notoire touchant l'administration de la justice.

A sa mort, son fils aîné n'était âgé que de douze ans ; il fut placé sous la tutelle de sa mère, Blanche de Castille. Son père n'avait pas songé à former un conseil de régence. D'après les lois féodales, la régence et la tutelle du jeune prince revenaient à son oncle, Philippe le Hurepel, comte de Bourgogne. Mais cette régence n'était pas rassurante au point de vue de la nationalité ; le clergé ne la voyait pas de bon œil, et le cardinal Saint-Ange, légat du pape, l'archevêque de Sens et l'évêque de Beauvais attestèrent que le roi Louis VIII avait, sur son lit de mort, nommé régente Blanche de Castille, sa veuve.

C'était, depuis l'avénement des Capétiens, la première fois qu'une femme gouvernait le monde féodal. Cette femme aborda cette tâche avec fermeté ; elle était jeune et belle, et d'une grande piété. Cependant on la trouve mêlée aux épisodes de galanterie du temps ; mais ceci n'est pas notre affaire, et ce qui nous importe à nous, c'est de constater le fait d'une régence déférée à une femme en dehors du droit féodal.

Une coalition redoutable de grands vassaux se forme contre elle ; elle détache de cette coalition Thibaut, comte de Champagne, qui met son épée à son service avec un dévouement tout chevaleresque, et elle finit par triompher du mauvais vouloir de tous les barons français.

La régente assistait souvent aux cours plénières ; elle les embellissait de sa présence et en faisait le plus bel ornement.

Les cours plénières ont tenu une grande place dans les mœurs féodales, et, à ce titre, elles doivent fixer notre attention.

On appelait *cours plénières* de magnifiques assemblées, présidées par les rois, qui se tenaient à Noël, ou à Pâques, ou à l'occasion d'un mariage, ou autre sujet de joie extra-ordinaire, tantôt dans un de leurs palais, tantôt dans quelque grande ville, quelquefois en pleine campagne, toujours en un lieu commode pour y loger les grands seigneurs. Ducange (Dissertation IV sur l'histoire de saint Louis) nous apprend que tous étaient invités à cette assemblée et obligés de s'y trouver ; la plupart n'y assistaient qu'à regret, tant à cause de la dépense où le voyage les engageait, que parce que, plus ilś affectaient de vivre chez eux en souverains, plus on s'étudiait à la cour à les humilier et à les tenir dans le respect.

La fête commençait par une messe solennelle pendant laquelle le célébrant, qui était toujours un évêque, assisté d'autres prélats, mettait au roi, avant l'épître, une couronne sur la tête. Le roi ne quittait cette couronne qu'en se couchant ; il l'avait à table et au bal. Pendant la durée des cours plénières, le roi faisait des largesses au peuple, et pendant les entremets, des hérauts d'armes semaient de l'argent. Il y avait, l'après-dîner, pêche, jeu, chasse, danseurs de corde, *plaisantins*, jongleurs et pantomimes. Les plaisantins faisaient des contes, les jongleurs jouaient de la vielle et faisaient leurs tours d'adresse. C'était, dans ce temps-là, l'instrument le plus estimé ; les pantomimes, par leurs gestes, représentaient les comédies ; la fête n'était bonne qu'autant qu'il y avait force jongleurs et baladins ; c'était tellement l'usage que Louis *le Débonnaire*, quelque aversion qu'il eût pour les plaisirs ou les spectacles, n'était pas seulement obligé d'appeler à ces fêtes des acteurs de toutes sortes, mais encore de se trouver, par complaisance pour le peuple, aux pièces qu'ils représentaient.

« Pendant sept ou huit jours, dit Ducange, que durait une cour plénière, on n'y était pas si occupé de bonne chère qu'on n'y parlât aussi d'affaires, et le prince y rendait la justice au peuple ; on ne savait, sous Clovis, sous Pepin, sous Hugues Capet, ni plus de trois cents ans après, ce que c'était que gens de justice. Chacun était jugé selon les lois de son état. A l'égard du peuple, il était jugé dans les bourgs et dans les villages, par des juges appelés *centeniers*, et par les comtes dans la ville. Les juges étaient tous d'épée ; ils n'étaient juges que pour un temps ; ils tenaient leurs assises dans un champ, dans un cimetière, aux portes des villes ou des églises, dans une rue, sur un rempart, toujours en un lieu public, où les parties pussent avoir un accès libre et facile. On conçoit, ajoute ensuite le même auteur, après avoir rappelé le désordre du temps, prouvé suffisamment par la *trêve du Seigneur*, stipulée depuis le mercredi jusqu'au lundi de chaque semaine, à quel degré les guerres de seigneurs à seigneurs étaient parvenues, et qu'au milieu de ce désordre, il devenait souvent impossible à nos barons de France de se réunir en parlement. »

Ce fut dans la tenue d'une de ces cours plénières que prit naissance un usage appelé la *baillée aux roses*, qui consistait à présenter, chaque année, le 6 mai, des bouquets de roses à chacun des membres du parlement.

Le 6 mai de l'année 1227, la reine Blanche se rendit à Poitiers, accompagnée du jeune roi, son fils, pour y tenir cour plénière.

Elle avait pour cortège plusieurs grands vassaux, des pairs de France et des conseillers de sa cour, car, tout en tenant cour plénière, elle se proposait d'expédier les affaires de justice, ainsi d'ailleurs que cela se pratiquait.

Son entrée à Poitiers fut pompeuse et magnifique, et l'on vit la régente s'avancer, pleine de grâces et souriante, au milieu des échevins et des bourgeois, couverts de leurs habits de cérémonie, sur un magnifique cheval, richement caparaçonné. A sa droite, était son jeune fils, et à sa gauche, Thibaut, comte de Champagne. Après les grands seigneurs et les pairs, venaient, montés sur des mules pacifiques, messieurs les conseillers de la cour, parmi lesquels on remarquait leur premier président, Pierre Dubuisson, âgé alors de 89 ans. Son grand âge ne l'empêchait pas de remplir les graves et austères fonctions de sa charge.

Le premier président, nous dit M. de Bast dans ses intéressantes *Galeries du Palais de justice*, et auquel nous empruntons une partie de ces détails, était accompagné de sa fille, jeune personne pleine de grâces et d'esprit, élevée dans les principes les plus purs.

Aussitôt après l'entrée solennelle, il y eut cérémonie religieuse. Quand elle fut terminée, la reine régente et le jeune roi se rendirent dans la maison du grand argentier de la couronne.

Cette maison touchait aux remparts de la ville et se trouvait entourée de tous côtés par des champs couverts de rosiers en fleurs.

La reine Blanche, en s'installant dans cette maison, voulut que ses conseillers fussent logés commodément auprès d'elle.

La jeune Marie, la fille du premier président, fit l'admiration de la cour plénière et fut grandement remarquée au milieu des fêtes et réjouissances qui se firent; mais elle, tout entière consacrée aux soins qu'elle prodiguait à son vieux père, ne songeait guère aux sentiments qu'elle avait pu inspirer à quelques jeunes seigneurs.

L'un d'eux, le comte de la Marche, jeune pair de France, était vivement épris d'elle; en sa qualité de pair de France, il siégeait avec les parlementaires.

Il fit, pour plaire à Marie, maintes démarches, et un soir il vint même jusque sous ses fenêtres chanter quelques romances.

Alors cette fenêtre s'entr'ouvrit, le comte de la Marche s'approcha, mais pour recevoir une verte remontrance. — La jeune Marie lui demanda si c'était ainsi qu'il se préparait à prononcer sur les affaires qui allaient être soumises à la cour.

Le comte de la Marche la comprit et se retira tout aussitôt.

Il avait à faire un rapport dès le lendemain devant la cour : il consacra les heures qui lui restaient à le préparer, et ce jour-là même, la reine vint en personne présider l'audience.

Le comte de la Marche, quand arriva son tour de faire le rapport de l'affaire dont il avait été chargé, prit la parole avec une admirable netteté, et exposa tous les faits d'une manière si claire et si lucide, que la cour et les assistants en furent frappés.

Les conclusions de son rapport furent adoptées. La reine, l'affaire jugée, le manda tout aussitôt: Comte de la Marche, lui dit-elle, vous venez de nous donner une belle preuve de votre éloquence, mais persisterez vous dans la voie dans laquelle vous venez d'entrer ?

— Je ferai tous mes efforts pour persister, répondit-il.

—Très-bien, mais soyez sincère: a qui devons-nous ce changement?

Le comte de la Marche, tout ému, jette un regard vers Marie, qui se trouvait à côté de la reine; la jeune fille se mit à rougir.

Blanche de Castille se penche alors vers le jeune comte et lui dit à voix basse: « Je me promenais avec le comte Thibaut aux champs des rosiers, lorsque la parole céleste vous est venue. » Se tournant ensuite vers le premier président Dubuisson : « Messire, lui dit-elle, vous êtes dès ce moment chancelier de France; et vous, ma belle amie, ajouta-t-elle en tendant la main à Marie, demain, la cour vous saluera du nom de comtesse de la Marche. » Le premier président, la jeune Marie et le comte de la Marche s'inclinèrent avec respect. Puis la reine se levant et s'adres-

5

sant aux jeunes pairs qui l'entouraient : « Messeigneurs ,
leur dit-elle, imitez l'exemple du comte de la Marche ;
quant à moi, afin de perpétuer à jamais le souvenir de
Marie, je veux qu'en mémoire de l'union qui va se contracter, les jeunes pairs présentent à mon parlement un tribut
annuel le 1er mai. — Et de quoi se composera ce tribut ?
dit le comte de Champagne. — De roses, répliqua la reine,
et ce tribut sera certes payé exactement. Et c'est vous,
comte de la Marche, qui rendrez le premier cet hommage à
mon parlement. » Le comte de la Marche fit aussitôt cueillir
des roses dans les champs voisins par les pages, qui les
placèrent dans des corbeilles de jonc, et s'empressa de les
offrir aux membres de la cour.

Depuis cette époque, chaque année, au 1er mai, le plus
jeune des pairs de France présentait au nom de ses collègues des paniers de roses à messieurs du parlement : c'était
là une naïve et touchante cérémonie, ayant tout à la fois
un caractère sérieux et chevaleresque.

Cet usage était encore dans toute sa vigueur au seizième siècle.

Il donna lieu à un débat de préséance, en 1541, entre le
jeune duc de Bourbon-Montpensier et le duc de Nevers,
tous deux pairs de France. L'arrêt qui intervint sur cette
contestation rapporte ainsi le sujet qui la provoqua. M° Ma-
rillac, pour le duc de Montpensier, a dit qu'il était question
de bailler les roses à la cour, ainsi que les anciens pairs ont
accoutumé de le faire, et que le duc de Montpensier se
proposait de les bailler, attendu que par le roi, Montpensier
avait été érigé en duché-pairie ; mais que le duc de Nevers,
tenant en pairie ledit duché, voulait, *au bail* des dites
roses, précéder le duc de Montpensier et se référait à la cour
pour décider qui premier les donnerait. Le vendredi 17 juin,
intervint un arrêt du parlement portant que, ayant égard
à la qualité de prince du sang jointe à la qualité de pairie,

la cour ordonnait que le duc de Montpensier pourrait, le premier, *bailler les roses*. (Journal du parlement.)

C'est vers l'année 1589 qu'on cessa de pratiquer cet usage de la *baillee aux roses*. Alors le parlement de Paris, tout entier sous la domination des ligueurs, n'était plus considéré comme la véritable *cour des pairs*.

Sauval (tome II, p. 446) nous donne quelques détails sur la *baillée aux roses*, sans en préciser l'origine. « Le roi, dit-il, paie tous les ans un droit de roses au parlement et à toutes les cours souveraines de Paris. » Puis il ajoute « que les pairs de France des derniers temps devoient et présentoient eux-mêmes des roses au parlement en avril, mai et juin, lorsqu'on appeloit leurs rôles, et que les princes étrangers, les cardinaux, les princes du sang, les enfants de France, même les rois et les reines de Navarre en faisoient autant. »

Voici en quels termes il raconte l'incident qui s'éleva entre le jeune duc de Bourbon Montpensier et le duc de Nevers, incident dont nous venons de parler ci dessus :

« En 1541, dit-il, le parlement de Paris, au mois de juin, ordonna que Louis de Bourbon, prince du sang, duc de Montpensier, créé duc et pair en 1556, lui présenteroit des roses avant François de Clèves, duc de Nevers, pair de France vers l'an 1503, et n'eut point égard qu'a cette redevance il s'agissoit de pairie, non de sang et de naissance. Quarante-cinq ans après, son fils le porta bien plus haut, car il disputa le pas, en pareille occasion, au roi de Navarre, créé duc de Vendôme en 1534, et de Beaumont.

« En 1575, Charles de Lorraine, duc de Guise et comte d'Eu, le disputa aussi au duc de Nevers, plus ancien pair que lui, et le 23 juin, ne laissa pas que d'emporter par arrêt ; mais comme ils plaidoient en conseil pour la préséance, ce fut à condition que ce seroit sans préjudice. »

Sauval nous dit ensuite qu'on ne sait point ni la cause ni le temps où cet usage commença ; mais Sauval prouve sur ce point qu'il n'a pas suffisamment scruté nos annales judiciaires ; on voit également qu'il ne s'est pas suffisamment renseigné, quand il avance qu'on ne sait pas davantage à quelle époque il a cessé.

CHAPITRE VI.

Saint Louis embellit le Palais. — Les appartements de la reine. — Le parlement ou cour royale siége au Palais. — La sainte Chapelle construite par Pierre de Montereau. — Quelles reliques y sont déposées. — On remarque la couronne d'épines. — Vénalité des charges de judicature abolie par saint Louis. — Étienne Boileau, prévôt de Paris. — Prerogatives du prévôt. — *La quarantaine* du roi. — Création des tabellions ou *notaires.* — La reine Blanche et le chapitre de Paris. — Ses gardes brisent à coups de hache la prison du chapitre. — Serfs mis en liberté. — Bibliothèque publique fondée par saint Louis. — Procès de Pierre de Brosse, chirurgien de Philippe le Hardi. — Ordonnance concernant la profession d'avocat.

« Louis IX, nous dit le sire de Joinville dans sa chroni-
« que, chap. 94, estoit si curieux de rendre le droict à chas-
« cun, que tous les jours ayant tousché des escrouelles,
« il alloit juger ses sujets, et s'il estoit au bois de Vincennes,
« il faisoit dresser une table et mettre un tapis, et par ses
« huissiers faisoit appeler s'il y avoit quelqu'un. » Ces seules
paroles nous prouvent que chez saint Louis, il y avait un
sentiment profond de justice uni à une grande piété.

Louis IX opéra de grandes réformes dans l'administration
de la justice, et porta remède à des abus criants; mais
avant de traiter de ces réformes, nous avons à parler du
palais qu'il habita et auquel il fit faire de grands embellissements : c'est lui qui fit exécuter en 1258 par l'architecte
Pierre de Montereau les constructions qui le rendirent une
habitation toute royale : quelles furent ces constructions,
c'est ce qu'il n'est pas possible de préciser, aucun historien

n'étant entré à ce sujet dans des détails précis. Néanmoins, on sait quelles étaient les dispositions générales du Palais.

Les salles basses, destinées au service, étaient vastes, mais humides et sombres. Elles contenaient la maréchaussée, la conciergerie, la fourille, la lingerie, la pelleterie, la bouteillerie, la lavanderie, la fruiterie, la pannetterie, l'épicerie, le charbonnier, le lieu où l'on faisait l'hypocras, la pâtisserie, le bûcher, la toilerie, la cave où se mettait le vin des maisons du roi, plus les cuisines, jeux de paume, celliers, colombiers et glacières.

Les rois recevaient alors de leurs fermiers des poulets, chapons, pigeons, vin, charbon et légumes. Il y avait de plus dans le Palais une fonderie sous la grande salle.

Nous ne pouvons plus aujourd'hui nous faire une idée exacte de ce qu'étaient les maisons royales de ce temps; on y faisait le pain, le linge, les vêtements; on y travaillait les peaux, on y fabriquait des toiles, des armes; le pâtissier y coudoyait le soldat de la maréchaussée, et les conseillers du roi résidaient en son palais.

A l'étage supérieur se trouvaient les chambres occupées par le roi, par ses officiers et par sa cour de justice; c'est pour la première fois qu'il est question dans nos annales de la résidence de la cour royale ou cour de justice dans le Palais.

Il y avait au Palais une salle destinée aux audiences du parlement; car c'est ainsi que nous appellerons désormais a cour royale.

Sous saint Louis, le parlement ne siégeait plus guère qu'à Paris, et sur ce point on lit ce qui suit au mot *Parlement*, dans l'*Encyclopédie nouvelle*. « Les grands du royaume « s'assemblaient ordinairement à Paris, dès Louis le Jeune, « pour juger, tellement que le roi d'Angleterre offrit de « s'en rapporter à leur décision. » L'auteur de cet ar-

ticle *Parlement* ajoute ensuite que « dès saint Louis, le
« parlement ne se tenait plus qu'à Paris.

« Ce fut ce prince qui donna son palais à perpétuité pour
« la séance du parlement.

« En effet, la chambre où se tint la *tournelle criminelle*,
« conserve encore le nom de salle de Saint-Louis, comme
« étant le dernier prince qui l'a occupée, et la chambre du
« conseil de MM. des requêtes du Palais, qui était celle de
« MM. de la seconde, dans le temps qu'il existait deux cham-
« bres, celui de *l'oratoire* de saint Louis. »

Saint Louis habita la chancellerie.

La reine était magnifiquement logée dans le palais embelli par saint Louis; elle avait, outre les appartements
accessoires, une chambre aux eaux de roses, une de parade,
une autre chambre blanche, deux chapelles, des bains et
des étuves.

Les appartements étaient couverts en tuiles, et peu en
ardoises; quelques uns en tuiles plombées. Quant aux celliers, cuisines, écuries et autres pièces de basse-cour, elles
étaient couvertes de chaume.

Il y avait en outre, dans le Palais, des volières de fil
d'archal, et dans tous les appartements, même dans ceux
de la reine, se trouvaient des cages peintes et treillissées de
fil d'archal pour mettre des oiseaux de toute sorte.

Il y avait au Palais, aussi bien que dans toutes les maisons royales, une ménagerie et une cour pour les joutes.

A la droite de la cour se trouvait, comme aujourd'hui, la
grand'salle, qui était fort spacieuse; les voûtes, construites
en bois, étaient peintes en couleur d'azur et enrichies de
dorures. Le pavé était une mosaïque de marbre blanc et
noir.

Il paraît qu'il y avait déjà, du temps de saint Louis, une
grand'chambre qui servait de salle d'audience, et c'était

dans la grand'chambre ou la chambre dorée que s'assemblait le parlement.

Cette chambre est aujourd'hui la salle d'audience de la cour de cassation.

La chambre dite de la chancellerie remonte aussi au règne de saint Louis; c'est, dit-on, dans cette chambre qu'il passa la première nuit de ses noces.

Deux incendies et la main du temps ont détruit en grande partie les constructions du Palais, tel que saint Louis l'avait fait ordonner; néanmoins, il reste encore des parties précieuses de ces constructions.

Mais de ce palais, augmenté et embelli par saint Louis, ce qui nous reste de plus éclatant, ce qui nous donne l'idée la plus exacte de l'art architectural de son temps, c'est évidemment la *sainte Chapelle*.

Elle est une véritable dépendance du Palais, et à ce titre, elle doit avoir place dans cet ouvrage : nous nous en occuperons brièvement, par cette raison qu'elle a été l'objet de diverses publications particulières.

Aujourd'hui, la sainte Chapelle, bâtie par les soins de saint Louis, nous apparaît dans tout son éclat; elle est complétement restaurée : l'art moderne a su réparer les injures que le temps et la main des hommes lui avaient fait subir.

Le roi Louis IX la fit bâtir afin de recevoir des reliques précieuses qu'il avait achetées de Baudouin II, de Courtenay, empereur de Constantinople; parmi ces reliques se trouvait la véritable couronne d'épines de Jésus-Christ. Baudouin l'affirma du moins, et sans nul doute le roi de France ajouta foi à son affirmation. Cependant, dans le moment même où il en faisait l'acquisition, il existait déjà dans l'abbaye même de Saint-Denis une couronne qu'on disait être la vraie couronne d'épines du Christ.

Saint Louis fit commencer la construction de la sainte

Chapelle en l'année 1245. Il chargea de ce travail l'architecte Pierre de Montereau, qu'il honorait avec raison de toute sa confiance, et dans cette année même de 1245, le roi posa lui-même la première pierre du monument; il fut achevé en 1248, — en moins de trois ans. On voit que l'architecte ne perdit pas de temps et qu'il mena rapidement son œuvre.

La sainte Chapelle est le type le plus pur, et en même temps l'œuvre la plus achevée, à Paris, de cette architecture dont nos pères surprirent le secret chez les Sarrasins.

Nulle part on ne trouve plus de légèreté hardie, une plus grande abondance de traits délicats, d'ornements riches, variés, minutieux, qui sont le charme du genre gothique, comme ils en sont le caractère. En imitant les constructions sarrasines, les architectes chrétiens les exhaussèrent et les dilatèrent. Ils plantèrent mosquées sur mosquées, colonnes sur colonnes, galeries sur galeries; ils attachèrent des ailes aux deux côtés du chœur, et des chapelles aux ailes. Partout la ligne spirale remplaça la ligne droite; au lieu du toit plat, se creusa une voûte formée en cercueil ou en carène de vaisseau. La sainte Chapelle a un caractère religieux qui frappe et saisit, et qui reflète les sentiments qui animaient alors les artistes chrétiens.

Louis IX n'épargna aucune dépense pour rendre cette chapelle digne de renfermer les reliques qu'il avait pu réunir. Il paraît que son conseil ne fut pas toujours porté à applaudir à tant de magnificence, car l'un de ses membres lui soumit un jour à ce sujet de respectueuses remontrances. « Dieu, répondit le roi, Dieu m'a donné tout ce que je possède... ce que despenseray pour lui et les nécessiteux sera toujours le mieulx placé. »

Louis IX voulut qu'on employât, pour la sainte Chapelle, l'or, l'argent, l'émail et les pierres précieuses.

Piganiol de la Force nous apprend que le bâtiment de la

sainte Chapelle et les reliques qu'il renfermait coûtèrent deux millions huit cent mille livres de la monnaie de France. (Tome II. p. 19.)

« Le bâton du chantre, nous dit-il dans l'énumération qu'il fait des choses précieuses qui se trouvaient de son temps encore dans la sainte Chapelle, mérite l'attention à cause de l'agate qui est en haut et qui est censée représenter saint Louis à demi-corps, tenant d'une main une petite croix, et de l'autre une couronne d'épines. La tête est antique et représente l'empereur Titus, mais quelques traits de ressemblance ont fait qu'on l'a décorée des attributs qu'on donne à saint Louis et qu'on a dit qu'elle représentoit ce saint roi. »

Il ajoute ensuite qu'on y voyait des livres d'église d'une grande ancienneté et d'une grande richesse, car les couvertures étaient enrichies d'or, de perles et de pierreries de plusieurs espèces, entre lesquelles était une grosse améthyste gravée en creux qui représentait un empereur romain.

Parmi ces volumes se trouvait un manuscrit contenant les Evangiles, qu'on croyait être du temps de Charlemagne. L'écriture, les vignettes et les autres ornements en étaient admirables.

Enfin, on remarquait au nombre de bien des choses curieuses, une agate-onyx d'une beauté si parfaite, qu'on n'avait jamais rien vu en ce genre qui en approchât. Les figures qui y étaient gravées étaient telles, que les antiquaires prétendaient que Rome, dans ses plus beaux jours, n'avait rien produit de plus beau.

Dès que la sainte Chapelle fut construite, on la consacra solennellement (25 avril 1248) en présence du roi, qui y établit un collége d'ecclésiastiques pour la servir; et sur sa demande, le pape Innocent IV lui accorda quatre bulles en l'an 1243.

La première défend à toute personne d'interdire la sainte

Chapelle, ou de lancer contre elle ou ceux qui la desservent, présents et à venir, aucune sentence d'excommunication, de suspense ou d'interdit sans un ordre exprès du saint-siége. Les trois autres accordaient des indulgences à ceux qui la visiteraient à des jours indiqués.

Au mois de janvier 1245, saint Louis fit expédier les lettres de fondation d'après lesquelles il devait y avoir cinq principaux prêtres ou maîtres chapelains, y compris le titulaire de l'ancienne chapelle, et des marguilliers, qui devaient être diacres ou sous-diacres.

L'église de la sainte Chapelle offre toute la régularité, toute l'élégance qui distinguent l'architecture sarrasine, la plus correcte et la mieux entendue. Elle ne paraît supportée que par de simples colonnes. Les voûtes, d'une hardiesse surprenante, ne sont soutenues par aucun pilier dans œuvre, quoique le vaisseau soit très-exhaussé et qu'il y ait deux églises l'une sur l'autre.

La chapelle inférieure servait aux habitants de la cour du Palais; la chapelle supérieure, destinée au roi, à la reine et à leurs officiers, a cent dix pieds de longueur, vingt-sept pieds de largeur; et la hauteur des deux étages, qui est de cent dix pieds, égale la longueur totale de l'édifice. La chapelle est belle et hardie ; le clocher, l'un des plus élevés de Paris, était remarquable par sa légèreté. Il souffrit beaucoup des suites de l'incendie de 1618; plus tard, on fut obligé de le démolir.

Les vitraux, d'un ton clair obscur, ont toujours été remarqués par leur prodigieuse élévation et la vivacité des couleurs.

Avant la révolution de 1789, on admirait, dans la nef, une Notre-Dame de Pitié, considérée comme le chef-d'œuvre de Germain Pilon. Aux deux côtés de l'entrée du chœur se trouvaient deux tableaux en émail, représentant la Passion; les émaux avaient été exécutés, en 1553, sur les dessins du Primatice par Léonard le Limousin.

Du côté de l'épître se trouvait l'oratoire de saint Louis : c'était une petite chapelle où ce monarque se retirait pour entendre l'office. Sur l'autel on remarquait un tableau représentant l'intérieur de la grande châsse avec toutes les reliques, telles qu'elles y étaient rangées, et saint Louis agenouillé devant elles.

Au fond du chœur était le maître autel, construit à la romaine, dans un carré marqué par quatre colonnes de marbre noir et revêtues de chapiteaux surmontés d'anges en bronze. Les reliques vendues à saint Louis par l'empereur Baudouin étaient enfermées dans une arche de bronze doré; on y remarquait les instruments de la Passion, la couronne d'épines, le roseau, un morceau considérable de la croix et un fragment de pierre du saint sépulcre. Le trésor de la sainte Chapelle consistait en deux grandes armoires placées dans la sacristie, et qui contenaient une quantité considérable d'objets précieux.

Louis IX, ainsi que nous l'avons dit plus haut, s'appliqua, dès qu'il fut monté sur le trône, à porter remède aux abus qui existaient dans le royaume.

Un des plus grands était la vénalité des charges de judicature. « La prévôté de Paris, nous dit Défontaines dans son Histoire de la ville de Paris, qui autrefois n'était accordée qu'à la naissance et au mérite, se trouvait, sous son règne, entre les mains de simples marchands qui l'avaient prise à ferme; aussi n'était-ce plus qu'un tribunal d'iniquité où l'innocence pauvre était la victime du riche coupable. »

Saint Louis, pour faire cesser ce désordre, défendit désormais de vendre la charge de prévôt, rétribua ceux qui l'exerçaient et anéantit tous les usages que la vénalité avait introduits contre les pauvres habitants.

Il envoya aussi des commissaires roy aux dans les provinces pour remédier aux abus qui s'y étaient introduits. Il imita ainsi Louis le Gros et Philippe Auguste, et lui-même les parcourait souvent pour connaître les plain tes du peuple et soulager ses souffrances. En 1261, il donna la charge de prévôt de Paris à Étienne Boileau, dont il connaissait les lumières et l'intégrité. Ce nouveau prévôt, suivant une route opposée à celle de ses prédécesseurs, rendit à la prévôté de Paris tout son premier éclat. Il rappela la justice dans son tribunal, réprima la licence et donna l'exemple à tous les autres juges du royaume.

Saint Louis, satisfait de sa conduite, faisait asseoir ce prévôt à côté de lui, lorsqu'il était au Châtelet, pour l'encourager et faire connaître qu'il prenait fort à cœur le rétablissement de la bonne justice dans ses États.

Ce fut cet Étienne Boileau qui donna aussi une impulsion sérieuse au commerce et aux arts, qui étaient alors fort négligés à Paris. Il rangea tous les marchands et les artisans en différents corps de communautés, auxquels il donna le nom de confréries ; ce fut lui, toujours agissant sous les inspirations de saint Louis, qui fut l'auteur de leurs premiers statuts, qu'il fit approuver par les principaux bourgeois de Paris assemblés.

L'origine de la charge de prévôt de Paris est clairement caractérisée par les écrivains historiques du temps.

Ainsi que nous l'avons indiqué précédemment, les comtes, sous les rois de la seconde race, rendaient la justice dans tout le royaume. Le comté de Paris ayant été réuni à la couronne, on y établit un prévôt, c'est-à-dire un lieutenant préposé par le roi pour administrer la justice en son nom. On ne sait pas au juste en quelle année se fit cet établissement, mais il est certain qu'il subsistait en 1060 et 1067. Deux chartes, datées de ces mêmes années, et données en faveur de Saint-Martin-des-Champs, par les rois Henri Ier et Philippe Ier, sont souscrites par *Etienne*, prévôt de Paris. Le prévôt de Paris avait trois juridictions : une ordinaire, qui était la connaissance du siége du Châtelet, et deux déléguées, qui étaient la conservation des priviléges royaux, de l'Université, et la criée des maisons.

Le prévôt de Paris était le chef du Châtelet et y représentait le roi *au fait de la justice.*

Les prérogatives du prévôt étaient nombreuses; il avait des gardes avec hoquetons et hallebardes, une place marquée aux lits de justice, au-dessous du grand chambellin, et le droit d'assister aux états généraux, comme premier juge ordinaire et politique de la capitale du royaume.

En l'année 1245, saint Louis rendit une ordonnance touchant les guerres privées : elle défendait, avant les quarante jours expirés, d'attaquer les parents de ceux qui avaient droit de déclarer la guerre, ou qui la déclaraient réellement, pour quelque cause que ce fût. Quiconque contrevenait à cet édit, devenait coupable de haute trahison et était puni de mort. C'est ce qu'on appelait la *quarantaine le roi.* Si quelqu'un était tué dans ces querelles, *de chacun noveal mort , on commandoit quatre quarantaines, lesquelles quarantaines furent toujours bien tenues, quelconques haisnes il avinst entre les parties.*

Dès lors on ne vit plus que des guerres ayant des motifs sérieux, où l'on se trouvait préparé de part et d'autre. Les campagnes purent être cultivées et habitées sans crainte ; la vie des particuliers cessa d'être exposée à mille accidents imprévus. (Velly, Histoire de France, t. II, p. 365)

Saint Louis défendit en outre, dans ses domaines, le duel judiciaire, n'osant pas l'attaquer de front dans tout le royaume.

« Nous défendons, dit-il dans ses *Etablissements*, les batailles partout notre domaine, en toutes querelles, et en lieu de bataille, nous mettons preuves de témoins et de chartes, selon droict écrit en code el titre *de Pactis.* » (Liv. I , chap. 2.)

Les barons luttèrent longtemps contre un exemple si dangereux pour ce qu'ils appelaient leurs priviléges. L'appel des jugements à la cour du souverain était une conséquence inévitable de l'abolition des combats, et leur orgueil se trouvait blessé à la pensée seule de se soumettre à l'autorité de la couronne; mais une nouvelle puissance s'était formée depuis l'affranchissement des communes, et des règles justes et fixes allaient bientôt l'emporter sur la force des armes et le hasard des odalies.

Dès le moment où saint Louis abolissait le combat judiciaire dans ses domaines, et substituait des preuves écrites ou orales aux épreuves, il dut naturellement songer à créer des officiers chargés de fournir, par actes écrits, les bases des décisions judiciaires. C'est à lui qu'on doit la création des premiers notaires. Les actes authentiques, avant saint Louis, se faisaient devant les juges et les évêques; les doubles étaient renfermés dans un dépôt public. Il y avait dans la justice de Paris soixante greffiers, ou clercs, occupés à écrire les actes; les magistrats, ne pouvant plus suffire aux détails immenses dont ils étaient surchargés, finirent par laisser à leurs clercs le soin de rédiger les conventions. Ces clercs, dont la science consistait uniquement dans la pratique des formes, faisaient les actes comme ils le pouvaient, et leur ignorance était une source de procès. Saint Louis sentit la nécessité de mettre un terme à ce désordre. Il ôta aux juges le droit de recevoir les contrats volontaires, et conféra ce pouvoir à des officiers qui furent nommés *notaires ou tab lions.* C'était dans les salles du Châtelet qu'ils exerçaient leur ministère. Les ordonnances des règnes suivants dégrossirent et perfectionnèrent cette ébauche.

La maxime : *Témoins par voix vive passent lettres* perdit sa puissance destructive à l'égard des actes marqués d'un

scel authentique. Plus tard, ce vieil adage disparut tout
à fait dans les ténèbres du moyen âge ; les écritures privées
et *reconnues* partagèrent la faveur d'être mises hors des
atteintes de la preuve testimoniale. Ainsi avaient fait les
Romains. Cependant aucune loi ne prescrivait d'écrire les
actes, aucune loi ne distinguait leur nature et leur importance. La preuve des naissances, des mariages, des décès,
des degrés de parenté, était abandonnée aux souvenirs
trompeurs et à la vive voix des hommes.

Sous le règne de saint Louis, la ville de Paris fut très-
fréquentée par les prélats et la noblesse, parce qu'il y tenait
tous les ans deux ou trois parlements. Celui qu'il y tint à
la Pentecôte, en 1267, fut l'un des plus célèbres ; il s'y
trouva beaucoup d'évêques et de seigneurs à cause de la
cérémonie qui s'y fit au Palais.

Philippe, fils aîné du roi, Robert, comte d'Artois, son neveu, un fils du roi d'Aragon, Edmond d'Angleterre, et
plusieurs autres seigneurs, jusqu'au nombre de soixante-
sept, y furent faits chevaliers. Le roi fit seul toute la dépense, qui monta à trente mille livres.

Les assemblées ou parlements tenus par Louis IX ont
cela de particulier qu'on y vit figurer, pour la première
fois, des députés des communes ou des bonnes villes. C'est
donc à son règne qu'il faut faire remonter l'intervention
de la bourgeoisie, sous un titre ou sous un autre. Et
c'est là un point d'histoire qu'il est bon d'établir, parce
qu'il prouve que, dès le moment où la nation régularise
son activité et tend à se coordonner, on voit apparaître,
comme élément constitutif du pouvoir législatif et parle-
mentaire, des délégués des villes libres et communes.

Nous devons dire encore, en l'honneur de la mémoire
de saint Louis, que, sous son règne, il se fit de nombreux
affranchissements et qu'il continua avec fermeté l'œuvre
commencée par Louis le Gros.

La reine Blanche, sa mère, le suivit dans cette voie; en voici une preuve convaincante :

Le chapitre de Paris s'arrogeait une autorité absolue sur ceux qui dépendaient de lui, comme serfs et autres. La reine Blanche, ayant appris que ce chapitre retenait prisonniers plusieurs habitants de Châtenay, coupables envers lui de certaines choses interdites aux serfs, et que ces prisonniers étaient si mal traités, que l'on craignait beaucoup pour la vie de plusieurs d'entre eux, la reine, voulant d'abord user des voies de douceur, envoya prier le chapitre de relâcher les prisonniers sous caution. Il fit à cette princesse une réponse qui la choqua ; et en même temps il augmenta les violences qu'il exerçait contre les prisonniers dont elle avait demandé la liberté. La reine, piquée jusqu'au vif d'un mépris qui portait atteinte à son autorité, prit de suite une résolution courageuse. Elle se rendit elle-même à la prison où les prisonniers étaient détenus, et dès qu'elle y fut arrivée, elle frappa la porte d'un bâton qu'elle tenait à la main. Au même instant, les gardes et ceux qui l'avaient suivie brisèrent cette porte et procurèrent ainsi la liberté à une foule de femmes et d'enfants, qui vinrent tous se jeter à ses pieds en lui demandant sa protection.

Les chanoines, irrités de ce coup d'autorité, murmurèrent hautement et perdirent le respect dû à la majesté royale. La reine, pour les mettre à la raison, fit saisir leur temporel. Le chapitre se vit enfin contraint d'affranchir les habitants de Châtenay pour une somme qu'elle fixa.

Ceci se passa vers l'année 1251, alors que le roi saint Louis, qui s'était absenté de son royaume pour aller guerroyer en terre sainte, se trouvait obligé de demander à sa mère de grosses sommes pour sa rançon, car il était tombé entre les mains des infidèles. La reine Blanche, pendant son absence, avait été chargée de l'administration du royaume.

Le fait que nous venons de citer et d'autres prouvent la

6

persistance que mit le clergé à désobéir aux édits et ordonnances qui voulaient que tous les serfs du royaume fussent affranchis. La reine Blanche, qui procura la liberté à bon nombre de serfs par sa généreuse intervention, mourut en 1252.

Saint Louis, de retour en France après sa première expédition en Orient, promulgua ses *Etablissements*, ainsi que la *pragmatique sanction*, fondement des libertés de l'Eglise gallicane.

En terminant nos recherches et observations, tant sur les constructions importantes faites au Palais par Louis IX que sur les réformes les plus importantes qui eurent lieu sous son règne touchant l'administration de la justice, nous croyons utile de constater qu'il fonda dans Paris un grand nombre d'édifices, et que c'est lui, en réalité, qui créa la première bibliothèque publique de France.

Il la plaça dans une salle voisine de la sainte Chapelle; il y rassembla avec zèle les copies qu'il avait faire de tous les manuscrits précieux qui avaient pu être mis à sa disposition. Il venait souvent lui-même dans la salle de sa bibliothèque lire et travailler, se mêlant à ceux que l'amour de l'étude y amenait, s'entretenant avec les lettrés, qu'il estimait beaucoup, et expliquant aux personnes moins instruites les plus beaux passages de l'Écriture sainte et des pères de l'Eglise.

Philippe III, dit le Hardi, était encore en Afrique au moment de la mort de son père : il en partit immédiatement, après avoir conclu une paix de dix ans avec le roi de Tunis.

Ce fut sous ce règne que des lettres d'anoblissement furent données à Raoul, l'orfévre ou l'argentier du roi, — homme de roture. — « Cette introduction nouvelle, dit le président Hénault, par laquelle on rapprochait les roturiers des nobles, et qui fut appelée *anoblissement*, ne faisait que rétablir les choses dans le premier état. Les citoyens de la France, même depuis Clovis, sous la première et longtemps sous la deuxième race, étaient tous d'une condition égale, soit Francs, soit Gaulois, et cette égalité dura jusqu'au moment où il y eut usurpation des seigneuries. »

Nous avons, sous ce règne, un procès célèbre à enregistrer : ce fut celui de Pierre de la Brosse, qui avait été barbier de saint Louis, puis qui était devenu favori et ministre de Philippe III.

En l'année 1275, le roi épousa en secondes noces la princesse Marie, fille de Henri, duc de Brabant. Le mariage se fit dans le château de Vincennes. Le roi fit couronner sa nouvelle épouse dans la chapelle du palais par l'archevêque de Reims, malgré l'opposition de l'archevêque de Sens, qui prétendait que celui de Reims n'avait aucun droit de faire cette cérémonie dans Paris; mais on lui répondit que la sainte Chapelle ne dépendait pas de Sens.

Les réjouissances qui eurent lieu à l'occasion de ce nouveau mariage de Philippe III firent bientôt place à la tristesse que causa la mort de Louis, son fils aîné.

On dit d'abord dans le public que la jeune reine, sa belle-mère, l'avait empoisonné : Pierre de Brosse, chirurgien du roi, était l'auteur de ces bruits fâcheux. Cet homme, né à Tours, s'était rendu à la cour sous le règne de saint Louis qui faisait un grand cas de la chirurgie, et il l'attacha ensuite à la personne de son fils ; ce jeune prince étant monté sur le trône le fit son chambellan. Il l'aimait beaucoup, ne voyait en quelque sorte que par ses yeux, et ne répandait ses faveurs que sur ceux que son favori lui indiquait.

La mort de son fils lui causa une vive douleur, et il se montra visiblement porté à croire les bruits que de Brosse répandait sur sa mort.

Ses soupçons se portaient donc sur la reine, sa jeune femme, puis il lui prenait un remords et ne pouvait croire

qu'une princesse si jeune, si remplie de grâces, d'un naturel parfait, se fût rendue coupable de l'empoisonnement
de son jeune fils.

Il y avait en ce temps-là en France, nous dit un historien judicieux, de ces gens comme nous en avons eu en
d'autres temps, qui se mêlent de prédire l'avenir, de révéler les choses cachées, qui, pour paraître prophètes aux
yeux des simples, s'embarrassent peu d'accuser un innocent,
et qui plongent souvent les personnes crédules qui les con-
sultent dans les malheurs qu'elles croyaient pouvoir éviter
en les consultant.

Le vidame de l'église de Laon, un moine vagabond et
une béguine de Nivelles en Flandre, passaient alors pour
trois devins infaillibles, mais la religieuse avait encore plus
de réputation que les deux autres; le roi, qui en avait entendu parler, eut le désir de la consulter ou peut-être fit
naître habilement en lui ce désir; il envoya auprès d'elle
Mathieu de Vendôme, abbé de Saint-Denis, et l'évêque de
Bayeux, parent de la femme de Brosse. Ce prélat parla à
la béguine avant Mathieu de Vendôme, aussi crédule que
le roi; il s'imaginait que cette religieuse pouvait découvrir
la vérité d'un fait passé à cinquante lieues d'elle; elle lui
parla longtemps, dit un historien, mais on n'a jamais su ce
qu'elle lui dit, et lorsque l'abbé de Saint-Denis fut à son tour
pour l'interroger, elle ne fit d'autre réponse sinon qu'elle
avait tout dit à l'évêque.

Quand l'évêque fut de retour, le roi l'interrogea, mais
celui-ci répondit vaguement, ce qui le plongea dans une
plus grande incertitude que celle dans laquelle il se trouvait déjà. Il crut devoir envoyer de nouveaux émissaires
à la religieuse, et la fit consulter par Thibaud, l'évêque,
et Arnoult, chevalier de l'ordre du Temple; la devineresse
leur dit qu'ils pouvaient assurer leur maître de l'innocence de la reine.

Aussitôt les soupçons du roi cessèrent, et il attendit du temps la découverte de la mort de son fils, puis on finit par lui persuader que son favori de Brosse, le calomniateur de la reine, était lui-même l'auteur du crime dont il l'avait accusée. Les choses étant arrivées à ce point, le ministre fut arrêté, jugé et condamné à être pendu par une commission de trois juges.

Ce jugement fut exécuté à Montfaucon en l'année 1275.

Après la mort de de Brosse, il se trouva des gens notables qui disaient hautement que l'inimitié des grands était son crime, et le seul qui lui avait fait perdre la vie. Philippe le Hardi manquait d'instruction et avait l'esprit fort peu étendu ; aussi sous son règne la législation resta stationnaire, néanmoins il rendit une ordonnance assez remarquable sur la profession d'avocat.

CHAPITRE VII.

Le règne de Philippe le Bel est un des plus importants
de l'histoire de France : c'est le bon temps des légistes.
Enguerrand de Marigny, Nogaret, Plasian et autres détrui-
sent les maximes féodales au moyen de maximes tirées du
droit romain, et en même temps ils repoussent les prétentions du pape et du clergé en donnant une base solide aux
principes de l'Eglise gallicane; ils les résument dans un
ouvrage fameux qui parut sous ce titre : *le Songe du viguier*
ou *Disputation du clergé et du chevalier*.

Depuis Louis le Gros, le gouvernement tendait à une
meilleure forme ; des intérêts nouveaux s'étaient constitués,
les lumières avaient fait quelques progrès et une nouvelle
organisation judiciaire devenait de plus en plus nécessaire;
— mais il fallait une main vigoureuse et hardie pour faire

entrer dans le fait légal et organique le fait du progrès social; cette main se trouva, ce fut celle de Philippe le Bel. — Il comprend que la justice a besoin de se fixer dans certaines résidences, et en 1302, il rend une ordonnance portant que désormais le parlement sera sédentaire, tant à Paris qu'à Toulouse.

Duchêne, dans ses *Antiquités,* nous apprend dans quelles circonstances cette ordonnance mémorable fut rendue :

« Lorsque Philippe le Bel, dit-il, se délibérant d'aller en Flandres pour y demeurer un long espace de temps, et que se voulant décharger de l'importunité des poursuivants, par mesme moyen son peuple, de la dépense qu'il feroit à sa suite, il fut trouvé bon de dresser deux chambres de juges dans Paris, et y ordonner deux sortes de conseillers, les uns pour juger, les autres pour rapporter. Je dis dans Paris, pource que c'étoit la capitale du royaume, et qui seule eut une si grande multitude de citoyens, avoit dès lors de quoy empêcher un parlement tout entier : en cette grande ville, dis-je, laquelle, pour estre le centre de l'Etat, fut jugée capable de voir ce parlement posé et asservi dans ses fortes murailles, pour ne bouger de ce lieu et estre comme la fontaine de justice, où tous les peuples viendroient puiser de toute la circonférence du royaume. »

Le parlement, rendu sédentaire, et le nombre des membres qui le composaient ayant été augmenté, on dut naturellement songer à lui donner une résidence convenable, et on s'arrêta à le fixer au Palais.

On suivait d'ailleurs, en agissant ainsi, les errements établis, car nous avons vu que la cour du roi, sous le règne de saint Louis, y tenait habituellement ses audiences, et qu'une partie des officiers de la maison royale y logeait.

Le parlement de Philippe le Bel n'aura plus le caractère de la cour féodale du temps de saint Louis : ce sont des légistes, bien plus que des nobles et des prêtres, qui vont le composer; la science du droit et le mérite personnel y feront siéger des hommes de roture, et on les verra s'asseoir sur les bancs du parlement presque exclusivement occupés, jusque-là, en vertu de la naissance.

Enguerrand de Marigny était alors le principal ministre du roi; il avait été le promoteur zélé de l'ordonnance de 1302; c'est à lui aussi qu'on devait en partie une ordonnance rendue en 1287, relative à l'organisation des communes.

Philippe, qui avait toute confiance dans Enguerrand de Marigny, le chargea d'embellir et agrandir son palais et de le mettre en état de loger tous les membres de son parlement, et de préparer les salles nécessaires pour les audiences; Enguerrand de Marigny se mit à l'œuvre avec ardeur, et par ses soins, le Palais fut bientôt ordonné, embelli et mis à peu près en l'état où nous le voyons de nos jours. — Depuis ce temps, on n'y a pas fait de changements considérables. Il fut terminé en 1313, et aussitôt que les travaux eurent cessé, les membres du parlement vinrent l'habiter; on les logea dans le lieu où sont encore les prisons de la Conciergerie. Le roi avait sa chambre là où est la *grand'chambre*, dont nous parlerons plus loin avec détail. Cette chambre était appelée, du temps de la captivité du roi Jean, la chambre de monseigneur le Dauphin.

Du Haillan, parlant des constructions faites au Palais sous le règne de Philippe le Bel, s'exprime ainsi:

« Philippe le Bel fit bâtir dedans l'île de Paris, au lieu même où étoit l'ancien château de la demeure de nos rois, le *palais* tel qu'il est aujourd'hui: étant conducteur de cette œuvre, Enguerrand de Marigny, comte de Longueville et surintendant des finances. »

Mais Du Haillan a grand tort de dire que le Palais fut entièrement reconstruit, car cela n'est pas; l'historien Belleforêt a partagé aussi cette erreur de Du Haillan. « Il fut achevé, dit cet auteur, en 1313, le 28 et dernier an du règne *de ce bon roi Philippe le Bel.* »

Le Palais, après les embellissements opérés par les soins de Marigny, faisait l'admiration des Parisiens, et il en fut ainsi pendant longtemps. — Corrozet a été l'interprète naïf de cette admiration.

« Le roi Philippe le Bel, dit-il, fit édifier le grand Palais-Royal, près de la sainte Chapelle et du petit palais dit de la salle Saint-Louis et de la Petite-Salle; lequel palais, ajoute-t-il, pour la grandeur d'icelui, disposition des lieux, tours, salles, chambres, galeries, cours et jardins, est estimé le bâtiment le plus durable *et accompli de France.* »

Cet auteur, dans ce passage, nous fait voir clairement que le grand Palais ne fut pas complétement fait à neuf et qu'on le raccorda avec le palais de saint Louis, appelé *Petit-Palais.*

Le même Corrozet nous a donné l'inventaire du Palais tel qu'il fut édifié par les soins d'Enguerrand de Marigny :

« Les murs d'icelui, dit-il, garnis de tours et tourelles, contiennent depuis le pont des Merciers, ou en élevage, jusques au pont Sainct-Michel, environnant des deux côtés de la rivière tout ledit palais jusqu'à la pointe de l'isle de la Cité, où étoit la maison des estuves et jardin du roi ; à l'endroit duquel jardin passoit jadis un petit bras de la Seine, séparant une petite isle d'avec la grande, laquelle nous avons vue joindre, remplissant le canal de l'eau de vuidanges de la ville. Après que le Palais fut édifié, le roi Philippe, ajoute-t-il, y tint fête l'espace de huit jours, en laquelle il fit ses trois fils chevaliers, durant lesquels le peuple de Paris tint ses boutiques fermées pour s'accommoder à la joie du prince. » Ces fêtes eurent lieu dans la grande salle, aujourd'hui la salle dite des *Pas-Perdus.*

Duchêne, dans ses *Antiquités de Paris*, nous fournit aussi quelques détails curieux sur le Palais.

« Le Palais-Royal, nous dit-il (chap. XVI, p. 135), tel
que nous le voyons encore, fut basty et édifié sous Philippe
le Bel, par messire Enguerrand de Marigny, et tellement
basty, qu'en édifice et singularité d'architecture il est
encore aujourd'hui censé et réputé l'une des plus belles be-
songnes qui soient au monde. C'est Enguerrand, comte de
Longueville, qui y fit, dit-il plus loin, élever les effigies
des rois de la grande salle, et la sienne aux pieds de son
maître, et dresser des boutiques pour les marchands. Ce
magnifique palais a force boutiques qui dépendent du domaine du roi, comme il y en avoit en celui de Constantinople, dont le revenu appartenoit à l'empereur. »

Le palais de nos rois a eu, dès son origine, sa grande
salle, ainsi qu'il y en avait toujours une dans tous les châteaux forts. C'est là que le seigneur recevait les hom-
mages de ses vassaux ; là aussi se donnaient fêtes et
festins. Elle a dû être singulièrement agrandie, tant
par saint Louis que par Philippe le Bel; on attribue sa
construction à saint Louis. Elle était vaste et belle ; les
voûtes en bois, soutenues par des piliers également en bois,
étaient enrichies de dorures sur un fond couleur d'azur; son
pavé de marbre blanc et noir; ses fenêtres gothiques recevaient la lumière par de beaux vitraux de couleur, et sur
les colonnes, le long des murs, on avait placé les statues
des rois de France, depuis Pharamond, avec une inscription portant le nom de chaque roi et l'année de sa mort.

L'inscription placée sous la statue de Pharamond était
ainsi conçue :

« *Pharamond*, premier roy des François, régna onze ans,
et trespassa l'an quatre cent trente.» — Celle de Pepin portait : « Pepin, fils de Charles Martel, de la lignée de Clo-
taire second, fut élu roy et régna dix-huit ans, et trespassa
l'an sept cent soixante-neuf. »

On ajouta plus tard quelques qualifications aux inscription : celle qui se trouvait sous la statue de Charles VIII était ainsi conçue : « *Charles VIII*, *auguste*, *libéral et aymé*, fils de Louys onzième, a régné quatorze ans, passa les Alpes et Naples conquesta, et trespassa l'an mil quatre cent quatre-vingt-dix-sept. Au rang des preux est raison que mis soit. »

Inscription de François Ier : « Françoys premier du nom, *restaurateur des bonnes lettres*, *arts et sciences*, régna trente et trois ans trois mois, et décéda le dernier jour de mars, l'an mil cinq cent quarante-six. »

Les statues des rois étaient placées sur des pilastres fort élevés et venaient aboutir aux cintres arqués formant la voûte du palais. Corrozet, auquel nous renvoyons ceux qui voudraient avoir le texte précis de toutes les inscriptions, nous dit que les rois fainéants ou malheureux avaient les bras croisés, tandis que ceux qui avaient été grands et victorieux les tenaient fort élevés.

Il paraît, d'après Sauval, qu'on voyait Pepin sur un lion.

Louis le Hutin tenait par la main Jean Ier du nom, son fils posthume. On remarquait aussi dans cette grande salle, à l'endroit où s'arrêtaient les députés du parlement qui allaient au-devant des princes, un cerf d'or, imité sous Charles VI du grand cerf de Charles V.

Enfin, au-dessus du perron de la galerie des merciers, était la statue d'Enguerrand de Marigny dans une pose très-respectueuse.

L'avocat Amar apostropha en ces termes ce malheureux ministre, au sujet de cette statue, en présence de Louis le Hutin, fils de Philippe le Bel, au moment de son procès : « Oserois-tu point entrer au Palais-Royal, en l'île de Paris ? Ouy, car tu es du tout téméraire, — et là toutefois sont les pierres qui t'accusent ; les effigies des rois crient contre toy, et te blasphèment de vol et de larcin ; et si elles pou-

voient, elles te mettroient la main dessus pour le punir de
tes crimes. C'est toy qui as fait bastir le Palais en icelui;
usurpant toute puissance et ne laissant trait de témérité à
effectuer, as fait eslever orgueilleusement effigie et as
chassé les possesseurs des maisons de l'île du Palais, sans
les payer de leur patrimoine; les boutiques qui dussent
être publiques, ont esté par toy prinses et appropriées et les
as données en louage en ton nom. »

Enguerrand ayant été condamné à mort, son effigie fut
jetée bas et roulée tout le long des degrés : on voyait encore
avant l'incendie de 1618, la niche où elle était placée.—On
n'a jamais su au juste ce qu'elle était devenue, mais il paraît
qu'après avoir été jetée bas, elle fut abandonnée à la populace, qui la brisa en mille morceaux. Duchêne nous. dit
qu'elle fut jetée bas et ajoute ce qui suit : « Néanmoins, on
voit une d'icelui, même en plâtre peinte, aboutissant à une
tour, ainsi qu'on monte le petit escalier allant à la grande
salle près laquelle sont engravés en pierre ces deux vers :

> « Chacun soit content de ses biens.
> « Qui n'a suffisance n'a rien. »

Henri V, roi d'Angleterre, qui avait si bien profité de nos
divisions intestines qu'il avait été proclamé roi à Paris,
avait fait. élever sa statue dans la grande salle du Palais.
Charles VII lui fit taillader le visage, et ce fut à ces muti-
lations qu'on le reconnut au milieu des ruines de cet édifice après l'incendie de 1618.

A l'une des extrémités de la grande salle, celle qui prend
jour sur le quai aux fleurs, se trouvait la table de marbre
qui a si vivement impressionné ceux qui nous en ont parlé.

Elle occupait presque toute la largeur de la salle, et elle
était si large et si épaisse, qu'on n'en avait jamais vu de
pareille.

Froissart, dans son Histoire, tome IV, s'exprime ainsi à son sujet : « La grande table de marbre qui continuellement « est au Palais, ni point ne bouge, a été faite avec *la plus belle tranche connue au monde.* »

C'est sur cette table que se faisaient les festins royaux ; on n'y admettait que des empereurs, des rois, des princes du sang, des pairs de France et leurs femmes. Les seigneurs d'un moindre rang mangeaient sur d'autres tables dressées aux alentours.

La grande salle du Palais était admirable par sa hauteur, longueur et largeur, nous dit Duchêne dans ses Antiquités de Paris ; elle a des piliers de libraires comme celle de Rome ; les quatre premiers piliers sont pour les marchands, et autour des trois autres, et de toute la salle, sont les bancs des procureurs qu'ils achètent ou louent des baillis du Palais, pour y assigner leurs parties. Puis, parlant de la table de marbre, il ajoute que dans cette salle se trouve la table de marbre, où les connétable, maréchaux et amiral ont leur juridiction, ainsi que messieurs les clercs de la Basoche.

Les maréchaux de France faisaient partie de la connétablie, mais n'assistaient qu'à de grandes affaires ; leur juridiction était exercée par un lieutenant général, un lieutenant particulier, un procureur du roi et un greffier. Il y avait en outre plusieurs autres officiers.

Elle connaissait en première instance, et avant tous autres juges, pour raison des faits de la guerre, seulement des actions personnelles entre les gens de guerre, des malversations, des crimes et délits commis dans les camps ou dans les garnisons. Les appels des jugements rendus par la connétablie étaient déférés au parlement.

Outre la grande table de marbre qui, selon Froissart, livre IV, chap. 2, *étoit continuellement au Palais et point ne se bougeoit,* il y en avait une autre qui était en bas dans la cour du Palais ; elle a disparu sans qu'on ait su à quelle occasion, ni pour quelle cause, ni positivement à quelle époque, et les historiographes que nous avons consultés sur ce point se sont contentés de dire qu'on ne savait pas ce qu'elle était devenue.

L'amirauté de France se tenait aussi dans la grande salle du Palais et siégeait à la table de marbre; elle connaissait des affaires de l'amirauté, comme échouements, naufrages, droits de bris des vaisseaux.

Il y avait, en outre, la juridiction du bailliage du Palais, qui siégeait dans la grande salle à la même table. Elle connaissait de tout ce qui regardait le civil, le criminel et la police dans les salles et cours du Palais. Elle était exercée par un bailli, un lieutenant général, un procureur du roi, un greffier et un premier huissier, un huissier audiencier et un voyer. Les causes étaient portées par appel au parlement.

Le bailli, lorsque le roi logeait au Palais, jouissait de beaux droits et priviléges. Il avait la moyenne et basse justice pour tous cas, excepté l'exécution des criminels, pour lesquels il y avait lieu d'appliquer une peine corporelle; alors, il envoyait le malfaiteur tout jugé, s'il était laïc, au prévôt de Paris, dehors la porte du Palais, sur la chaussée, pour en faire l'exécution, et s'il était prêtre ou clerc, il était tenu de l'envoyer à l'official de l'évêque.

Il logeait dans l'hôtel où habita plus tard le premier président, qu'on appelait le *bailliage,* et où le roi Louis XII se retira lorsqu'il laissa entièrement le Palais à son parlement.

La grande salle occupait la place de la chapelle Saint-Nicolas, qui avait été bâtie sous le roi Robert, et c'est en mémoire de cette ancienne chapelle qu'on en avait bâti une autre à l'un des bouts de la salle, et qu'on plaça également sous l'invocation du même saint.

Une tour, qu'on y voyait encore en 1769, servait de clocher à cette ancienne chapelle.

Entre les pilastres surmontés des statues des rois, ainsi qu'autour de trois des piliers de la grande salle, se trouvaient placés des bancs de pierre, sur lesquels on pouvait se reposer; on avait en outre établi dans cette même salle de vastes cheminées, qui servaient à la chauffer pendant la mauvaise saison.

Ces cheminées, comme on le pense bien, étaient d'une énorme dimension, et on peut d'ailleurs s'en convaincre en consultant les dessins qui nous restent de la grande salle.

Nous ne savons trop pourquoi, quand cette salle a été reconstruite, on n'a pas jugé à propos d'y maintenir des cheminées; il nous semble que c'est là une omission dont on aurait bien pu se dispenser.

Les bancs du Palais étaient loués; dans l'origine, ils devaient être occupés par les avocats et les procureurs, mais ils avaient fini par être envahis par les clercs et solliciteurs; le parlement dut y pourvoir et ordonner qu'ils seraient destinés uniquement aux avocats et procureurs : voici en quels termes il fut statué: « Bancs du Palais souloyent estre donnés sans rien payer, mais ont été enchéris, de sorte que ceux qui les méritent n'en peuvent avoir, et ne seront bancs tenus par clercs et solliciteurs, ains par avocats et procureurs. »

Quand le Palais fut terminé, tous les membres du parlement vinrent y habiter: on les logea, ainsi que nous l'avons dit, dans le lieu où sont les prisons de la Conciergerie; le roi avait sa chambre là où est la grande chambre, laquelle, nous dit un chroniqueur, était appelée du temps de la captivité du roi la *chambre de monseigneur le Dauphin*. Philippe le Bel choisit les membres de son parlement avec un soin tout particulier, et chacun s'accorde à reconnaître qu'ils étaient

« gens pleins de religion et de bonnes mœurs, et auxquels
« il donna bons et suffisants gages. »

Voici, d'après le texte même de l'ordonnance rendue par
Philippe le Bel, touchant son parlement, quelle fut sa constitution. Cette ordonnance établit d'abord qu'il y aura chaque année deux parlements, l'un d'eux devant commencer
à l'octave de Pâques, et l'autre à l'octave de la Toussaint,
et ne durer chacun que deux mois.

« Il y aura, dit ensuite l'ordonnance, deux prélats dans le
parlement, c'est à savoir, l'archevêque de Narbonne et l'é-
vêque de Rennes; et deux lais, c'est à savoir le comte de
Dreux et le comte de Bourgogne. Il y aura treize clercs et
treize lais sous eux, et seront les treize clercs, messire
Guillaume de Nogaret, qui porte le grand scel, le doyen de
Tours, etc., etc. Les treize lais du parlement seront le connétable, messire Guillaume de Plasian, etc., etc. Aux enquêtes,
seront l'évêque de Coutances et l'évêque de Soissons, le
chantre Ris, et autres jusqu'à cinq; il est à entendre qu'ils
délivreront toutes les enquêtes qui ne toucheront l'honneur
du corps ou héritage. »

Le parlement, comme on le voit par le texte de cette ordonnance, fut composé de deux chambres à son origine : la
chambre dite du *plaidoyer*, appelée depuis la *grand'chambre*,
et la chambre des *enquêtes*, pour juger les appels des procès
par écrit. Il y eut dans la chambre des enquêtes des conseillers clercs et des laïcs; les uns étaient appelés *jugeurs*,
les autres *rapporteurs*. Les membres de la grand'chambre
étaient qualifiés *maîtres* du parlement. Un évêque présidait
la chambre des enquêtes, cet ordre fut observé jusqu'en
1319. C'est dans la grand'chambre que se traitaient les
grandes affaires, et c'est dans cette chambre que siégeaient
les seigneurs qui y étaient appelés par leurs charges ou par
leur naissance. Son autorité a toujours été bien au-dessus

de celle des autres chambres. En l'absence du roi, elle était présidée par son chancelier.

Le chancelier était un éminent magistrat, qui devait voir et examiner, passer et sceller les lettres qui devaient être passées et scellées. Depuis la suppression de la charge de grand sénéchal, il était le chef de la justice.

Ce fut sous Philippe le Bel que la juridiction du parlement prit enfin une assiette fixe et définitive, et que les appels ne furent plus l'objet d'aucune contestation par les seigneurs.

Le parlement sévissait contre ceux qui se défendaient par la violence. « Avec le temps, dit Loyseau, la raison et la justice l'emportoient, et par sa vigilance et sa fermeté, le parlement vint à bout d'établir ce droit de ressort qui est, sans contredit, le plus fort bien que soit pour maintenir la souveraineté. » « C'est le parlement, ajoute le même auteur, qui nous a délivrés de la tyrannie des seigneurs, et son institution nous a sauvés d'être cantonnés comme en Pologne et en Allemagne. Le parlement a donc en ce temps rendu à la France un immense service. »

Une fois la procédure par écrit pratiquée ainsi que l'usage des appels adopté, il arriva que les seigneurs féodaux se lassèrent de rendre la justice; fort peu lettrés d'une part, et de l'autre aimant la chasse, la guerre et les plaisirs, ils ne crurent pas qu'il pouvait leur convenir de dépouiller des dossiers, de contrôler des actes, d'entendre des témoins, et encore moins d'étudier des textes ou de pâlir sur le droit romain.

Il arriva qu'ils remirent le soin de la justice à des praticiens, à des clercs.

On appelait alors clercs, ceux qui avaient fréquenté les écoles, quoiqu'ils ne fussent pas du clergé; mais les clercs laïcs ne furent pas seuls chargés de suppléer les seigneurs

7

dans l'administration de la justice, il y eut aussi des ecclésiastiques qui eurent cette mission.

« Le parlement, la chambre des comptes, nous dit l'abbé
Fleury, *Droit public de France*, t. I, *p.* 73, le conseil étroit,
ou grand conseil, les maîtres des requêtes, n'étaient qu'un
même corps dans l'origine. »

Disons aussi que les divers parlements créés à Toulouse,
à Grenoble, à Dijon, et autres villes de France, étaient
copiés sur le parlement de Paris, ou considérés comme
étant ses embranchements.

. Ils avaient moins d'officiers à proportion de l'importance
de leur ressort, mais ils avaient les mêmes pouvoirs, hors
les causes des pairs et appellations des pairies, les procès
criminels des officiers de la couronne et la royale, réservés
à Paris.

Cependant des écrivains de mérite ont soutenu que l'autorité des parlements résidant en province était tout aussi
étendue que celle du parlement de Paris. « Le roi, dit du
Tillet, part. I, page 425, n'a qu'une justice souveraine, par
lui commise à ses parlements, lesquels ne sont qu'un en
divers ressorts. » Voici ce que nous trouvons à ce sujet dans
une savante dissertation sur les fonctions essentielles du
parlement (page 77, Amsterdam, 1764) : « Le parlement
ambulant était universel et unique pour tout le royaume,
mais rendu sédentaire à Paris en 1302. Cette séance fixe n'a
été proposée comme universelle que conditionnellement, si
les gens de la partie de la France, nommée le Languedoc,
ne voulaient pas consentir que l'assise, destinée pour être
tenue à Toulouse, fût un vrai parlement ; de manière que
les peuples de la Langue d'oc y ayant consenti, l'édit de 1302
s'exécuta pleinement, sans autre ordonnance, non par la
division du parlement, ou par le partage de ses anciennes
fonctions, mais par le partage ou la division du royaume en
deux districts, territoires ou pays de la Langue d'oïl et

pays de la Langue d'oc, dans chacun desquels fut fixée une séance du parlement avec toute la même autorité, tous les mêmes attributs, toutes les mêmes fonctions. »

Ainsi, d'après l'opinion de l'auteur de la *Dissertation* sur l'origine et les fonctions essentielles du parlement, tous les parlements de France ne constituaient qu'un seul corps ayant mêmes droits, mêmes privilèges, fonctionnant séparément dans l'intérêt de la bonne administration, mais n'étant que les parties d'un même corps. Ce système, d'ailleurs, a été mis en pratique en diverses occurrences, et nous trouvons, dans nos annales, des faits fréquents d'une solidarité étroite et intime entre tous les parlements de France. Cependant, il faut bien le reconnaître, ce système a rencontré bien des contradictions, et l'autorité royale l'a souvent repoussé.

Les parlements, dans le système de solidarité complète, n'étaient considérés que comme des parties ou *classes* du parlement de Paris; et c'est ce qui a fait dire à l'auteur de la dissertation déjà citée ce qui suit : « On peut donc dire qu'il en est des classes du parlement entre elles ainsi que des chambres particulières à l'égard des autres chambres, de leurs classes; chacune de ces chambres peut se dire et se dit le parlement du lieu de la séance de la classe. »

Ainsi, tout ce qui se rapportait à la justice, et même à l'administration du royaume, émanait du parlement, dans lequel résidait entièrement la véritable souveraineté; le roi était lié dans son autorité par son parlement et ne pouvait rien sans lui; finances, justice, administration étaient de son domaine; les cours des aides, des monnaies, la chambre des comptes, la chambre du trésor, n'étaient que des parties mêmes du parlement et ne fonctionnaient que sous son contrôle et comme ayant mandat venu de son fait.

Le parlement de Toulouse fut, ainsi que nous venons de le voir, rendu sédentaire en même temps que le parlement

de Paris. «Pour obvier, dit Laroche-Flavin (des Parlements
de France, liv. I. p. 13) aux incommodités que les Tholo-
sains et autres habitants du pays du Languedoc, de Provence, Guienne et Dauphiné, eussent ressenties de la distance
des lieux pour aller mendier et trop chèrement achepter la
justice, de laquelle le roi leur est débiteur, le mesme roy
Philippe le Bel establit un autre parlement en cette ville
de Toulouse, comme il appert par son ordonnance de 1302,
art. 52. »

Laroche-Flavin établit ensuite que le parlement de Toulouse n'a pas une origine antérieure à celui de Paris,
« Estant vraysemblable, ajoute-t-il, que n'y ayant au commencement qu'un parlement qui estoit toujours déambu-
latoire, suyvant le roy pour luy servir de conseil, et pour le
jugement des plus urgentes affaires qui se présentoyent, en
attendant les générales assemblées et assignations des parlements qui se faysoient en certains lieux et saisons ou
fêtes principales de l'année. »

L'*échiquier* de Normandie fut établi et rendu sédentaire à
Rouen par Philippe le Bel (1302).

Lepaige (*Lettres sur le parlement*) nous dit qu'il connaissait de toutes les matières; il réunissait aux fonctions de
parlement ou de conseil celles de chambre des comptes, de
cour des aides, de cour des monnaies. Il était le seul tribunal souverain du royaume. Indépendamment des affaires
publiques qui s'y délibéraient et des ordonnances qui s'y
faisaient, les *olims*, quoiqu'ils n'aient pour objet que les jugements des procès, nous montrent que le parlement connaissait des tailles, des monnaies, et généralement de toutes
les affaires du royaume.

On trouve en 1313, pour la première fois, dans les *olims*,
registres du parlement, une chambre des comptes, mais
elle n'était qu'un démembrement même du parlement, qui
conservait sur elle de grands droits.

CHAPITRE VIII.

Premiers présidents du parlement. — Présidents à mortier. — A quoi ils doivent veiller. — Costumes et prérogatives. — Les clercs du parlement.— Conseillers laïques et conseillers de la noblesse.—Le greffier en chef.—Greffier civil et greffier criminel. — Des notaires secrétaires. — Premier huissier. — Huissiers. — Avocats du roi. — Avocats généraux et procureur général. — Ministère public. — Son origine. — Son caractère sous le parlement. — Avocats; importance de leur profession. — Ordonnance qui en règle les devoirs (1327). — Saint Yves, patron des avocats. — Institution des procureurs.

Après avoir parlé de l'ordonnance de 1302, qui rendit le parlement sédentaire, il importe de rechercher quelles étaient les fonctions des divers membres qui le composaient et des offices auxiliaires qui s'y rattachaient et contribuaient à l'administration de la justice.

En l'absence du roi, ainsi que nous l'avons déjà dit, c'était son chancelier qui présidait le parlement; il avait la préséance sur le premier président ou *souverain du parlement*; car c'est ainsi qu'on désignait le magistrat qui avait l'honneur de présider la cour souveraine de France. C'était certes une haute et belle fonction que celle de chef de la justice, mais celle de premier président ne lui cédait guère.

Le chancelier était toujours l'homme du roi; le premier président, élu par le parlement, ne relevait que de sa conscience et de son devoir.

Les premiers présidents étaient plus élevés en dignité que

tous les autres membres du parlement dans les cérémonies, et ils venaient après le roi et avant ses fils. Jusqu'en 1320, on appela le premier président *le souverain du parlement* : c'est le nom sous lequel fut désigné, pour la première fois, le duc de Bourgogne, dans l'ordonnance de 1296, et cette appellation y est employée comme synonyme de président.

Les fonctions de premier président devinrent perpétuelles, au lieu que celles de conseillers, qu'on appelait *résidants*, étaient seulement annuelles. (Ordonnance du 5 août 1344). La coutume générale était de choisir le premier président parmi les barons, ou tout au moins parmi les chevaliers ; mais on ne se montra pas toujours très-rigoureux sur ce point : témoin Simon de Bucy, qui ne reçut de lettres de noblesse qu'après avoir été élu premier président (1341). A la vérité, sous Charles V, on se montra plus scrupuleux, car Armand de Corbie ayant été élu premier président, n'en prit le titre qu'après avoir été fait chevalier.

Les premiers présidents portaient autrefois sur leur manteau une marque de l'accolade et se distinguaient des présidents en ce qu'elle était attachée sur l'épaule par trois lottices d'or et que leur mortier était bordé d'un double galon d'or.

Le costume du premier président et des autres présidents du parlement était le même que celui des barons et chevaliers ; le manteau était retroussé sur l'épaule gauche, afin que le côté de l'épée fût libre, car les anciens barons entraient armés au parlement.

Les gardes des sceaux et chanceliers de France étaient presque toujours choisis parmi les premiers présidents.

Le premier président et les présidents à mortier étaient conduits dans le Palais par les huissiers, la baguette en main, et quand ils sortaient, les huissiers marchaient devant eux jusqu'à la sainte Chapelle.

Les prérogatives des premiers présidents consistaient à

présider en l'absence du roi et du chancelier, à assembler les chambres du parlement, à faire telle proposition qui leur semblait utile, à ouvrir et clore les audiences et à mettre fin au parlement. — Chaque chambre du parlement avait un président.

« Les présidents de la cour du parlement de Paris, porte une ordonnance de Charles VII (art. 40), à tout le moins les troys, seront continuellement à la cour, feront garder et observer les ordonnances, orront bénignement les conseillers ès expéditions des procès, et ne diront chose pourquoy leur opinion puisse être apperçue. »

Dans la même ordonnance, il leur est prescrit de tenir la main « que les parties ne soient appointées *au rôle ès cause, qui se peuvent vuyder en audience.* »

Enfin les présidents devaient veiller « que les espices ne fussent taxées outre raison, et à ce que les sujets du roi ne fussent foulés en dépenses, et à ce que les siéges ne devinssent pas vacants. »

Une ordonnance de mai 1557, qui n'a fait que répéter ce qui se trouve épars dans des ordonnances antérieures, porte ce qui suit concernant les présidents : Ils veilleront à ce que « entrés, les conseillers sortent aux heures constituées par les édits ; ne soit exigé des actes de justice plus qu'il appartient ; n'y ait débat de juridictions civiles et criminelles, de sorte que la civilité en soit empirée et la criminalité différée ; ne se rendent les conseillers *rudes* et *peu diligents* à ouyr les doléances des subjects du roi. »

Jusqu'à Philippe le Bel, on ne peut guère démêler dans l'obscurité des olims s'il y avait plus d'un président : il prenait le titre de souverain du parlement.

On n'en trouve qu'un dans l'ordonnance du mois d'avril 1302 ; trois en 1334 ; leur nombre a souvent varié, et a toujours été en augmentant. En 1594, il y en avait jusqu'à sept ;

en 1643, jusqu'à neuf. On les désignait sous la qualification de *présidents à mortier.*

Les présidents étaient qualifiés de chevalier ou de messire. On donnait ce dernier nom à ceux qui n'avaient pas reçu de lettres de noblesse.

Les présidents à mortier étaient tous, sans exception, les substituts du premier président; ils le remplaçaient en son absence, et chacun d'eux pouvait présider tout le parlement assemblé. Les présidents du parlement prenaient aussi le titre de conseillers du roi, par cette raison qu'ils avaient eu pendant longtemps entrée dans son conseil.

Un édit du mois de novembre 1683 avait fixé à quarante ans l'âge auquel on pouvait être élu président; mais le roi donnait des dispenses à trente ans. A leur mort, tous les membres du parlement assistaient à leurs funérailles.

Leur coiffure était un mortier de velours noir, avec un galon d'or. Ils mirent, dans le principe, le mortier sur la tête et le chaperon par-dessus; plus tard, ils portèrent le chaperon sur l'épaule et tinrent leur mortier à la main. Ce ne fut plus que dans les grandes solennités qu'ils se couvrirent.

Il y avait dans le parlement, à l'origine surtout, une ligne de démarcation bien tranchée entre les conseillers laïques et les conseillers de la noblesse; les chevaliers regardaient avec un dédain superbe les conseillers *maîtres.* De là des froissements sans nombre.

Pour y mettre un terme, on fit chevaliers ès lois, ou de loi, messieurs les conseillers laïques. Cette noblesse nouvelle eut plusieurs noms dans le commencement : on appelait ces nouveaux nobles, chevaliers de justice, chevaliers de science, chevaliers clercs, — et de là est venue cette noblesse qu'on appelait noblesse de robe avant 1789. « Ils doivent et peuvent porter d'or, dit Bouteiller dans la *Somme rurale,* comme les chevaliers. Ils sont, en droit écrit, appelés chevalier *ès lois*, et ne rapportent pas le gain qu'ils font, comme les chevaliers, car tous sont comptés d'une condition en chevalerie et *advocasserie*. »

Les lumières et la probité de ces chevaliers, qui eurent séance au parlement, les mirent en haute réputation ; ils se laissaient rarement surprendre et jamais corrompre. Ils ne recevaient ni présents ni visites ; un grand fonds d'honneur faisait toute leur richesse ; ils vivaient de leurs gages, et quand ils n'étaient point payés, ils reprenaient leur métier, qui était d'enseigner le droit.

« Leur principale application, nous dit l'abbé Fleury (Mœurs et coutumes des Français), était d'expédier les parties. Les procès duraient peu ; on les vuidait tous en deux mois, pour ne point les laisser traîner à un autre parlement. La justice se rendait sans frais ; l'arrêt même ne coûtait rien, et le greffier était payé sur un fonds que faisait le roi.»

Après les conseillers venaient, dans l'ordre hiérarchique, les greffiers du parlement. Les trois principaux étaient : le greffier en chef civil, le greffier en chef criminel, et le greffier des présentations.

Le titre de greffier en chef ne remonte pas plus haut qu'en 1636. Il fallait pendant longtemps être clerc pour exercer la charge de greffier civil. Du Tillet obtint le premier une dispense pour cela, et, depuis lors, cette condition ne fut plus nécessaire. Le greffier en chef civil portait le même costume que les membres du parlement ; sa place, aux audiences, ou au conseil, était dans l'angle du parquet. Il était dépositaire des minutes et des registres du parlement, ainsi que des sacs qui étaient en dépôt au greffe.

On remarquait, près la cour du parlement, des notaires, secrétaires du roi, qui dans l'origine avaient été envoyés pour faire les expéditions ; ils étaient clercs et au nombre de quatre. Ils collationnaient les pièces et faisaient les extraits des procès. Ils furent plus tard chargés de signer les arrêts, en l'absence du greffier en chef. Ces notaires jouissaient des mêmes priviléges que les membres du parlement, et assistaient en robes rouges aux cérémonies. Leur place, dans la grand'chambre, était sur le banc au-dessous des présidents.

Dès l'année 1314, il y avait au parlement un premier huissier.

En 1468, Louis XI, dans un édit, le qualifie d'huissier de robe. Il avait le titre de maître et la qualité d'écuyer, et il jouissait de la noblesse transmissible au premier degré. Il avait pour fonctions d'appeler les causes du rôle à la barre de la cour, de rayer les causes expédiées, d'empêcher toute addition au rôle.

Le premier huissier, dans les cérémonies, était précédé par le corps des huissiers, puis il venait immédiatement en tête du parlement. Le règlement du parlement de 1344 nous apprend qu'il y avait deux huissiers pour la grand'chambre, deux pour les deux guichets du parlement; *deux pour oster et garder la noisse* de devant les bancs et de toute la chambre du parlement, et pour accomplir les commandements de la cour.

Une ordonnance de 1344 porte ce qui suit : « La cour leur commande et enjoint qu'ils mainent en prison tous ceux qui noiseront en la chambre du parlement, et empescheront l'audience du siége, et le fassent sans nul doupte et sans nul luy espargner, et ne souffrent mie que des clercs, des advocats fassent leurs escriptures en la chambre du parlement. »

Suivent d'autres dispositions concernant leurs fonctions, parmi lesquelles nous remarquons celle qui leur enjoignait de laisser entrer et circuler librement les plaideurs, et de ne recevoir aucun présent sous quelque prétexte que ce fût.

Jusqu'à présent, nous n'avons pas encore parlé des magistrats du parlement remplissant les fonctions de procureur général et avocat général : cela se conçoit, ce n'est qu'en 1318, vingt années environ après que le parlement avait été déclaré sédentaire, que parut une ordonnance de Philippe le Long, portant qu'il y aurait désormais au parlement une personne pour avoir *cure* de faire avancer et délivrer les causes du roi, et qu'elle serait son conseil avec ses avocats. « Item qu'en la chambre des enquêtes il y auroit une autre personne ayant *cure* de faire chercher et délivrer les enquêtes qui toucheroient le roi. » C'est donc à cette ordonnance qu'on doit faire remonter la création du ministère public auprès du parlement.

Dans les affaires touchant les intérêts du roi, on choisissait un avocat attaché au barreau du parlement, qui les traitait, — et Pasquier, dans son dialogue sur la profession d'avocat, nous en fournit la preuve formelle (voyez page 24, édition de 1844). — « Il n'y avoit pas encore, y est-il dit au sujet de Cugnières, d'office d'advocat du roi, mais on prenoit, pour la défense et remontrance des droits et causes du roi, l'un des avocats de la cour, selon que l'occasion s'en présentoit. » Le savant historien entre en outre dans l'exposé de faits précis qui prouvent clairement que l'usage de confier les causes du roi à des avocats du parlement s'est prolongé bien longtemps après l'ordonnance de Philippe le Bel, qui rendit le parlement sédentaire.

Les fonctions de procureur général auprès du parlement sont plus anciennes que celles des avocats du roi ; mais quelques recherches que nous ayons faites, il ne nous a pas été possible de trouver une date fixe de leur origine, et ce qu'il y a de certain, c'est que l'ordonnance de Philippe le Bel de 1302 ne parle pas le moins du monde d'un procureur général du roi : toutes les fonctions du parlement sont indiquées, mais celle-là nullement.

Les conseillers, sans doute à tour de rôle, recevaient

les plaintes, ordonnaient ou dirigeaient les poursuites.

Ce n'est qu'en l'année 1411 qu'il est fait mention, pour la première fois, d'un procureur général près le parlement : « Il se trouve, nous dit Laroche-Flavin (livre II, p. 117), dans les registres du parlement, que le 18 février 1411, à l'heure de neuf heures, se levèrent deux présidents et douze conseillers qui, étant mandés, allèrent au privé conseil, qui lors se tenoit à Saint-Paul avec les procureurs et avocats généraux du roy. »

Le procureur général, dont la charge est plus ancienne que celle d'avocat général, puisque celle-ci n'a été créée que comme une aide de l'autre, a été quelquefois élu au scrutin. Jean Haguenin fut élu de cette sorte sous le règne de Charles VI.

Le procureur général pouvait alors substituer, et il appelait ses substituts les procureurs du roi des bailliages et sénéchaussées, et les officiers du parquet.

Les gens du roi, c'est-à-dire le procureur et les avocats généraux, jouissaient des mêmes droits et privilèges que les présidents et les conseillers, mais dans les délibérations du parlement, ils avaient seulement voix consultative.

Le procureur général ne pouvait donner ses conclusions sans avoir pris auparavant l'avis des avocats généraux, au milieu desquels il était assis. C'est lui qui était chargé de tenir les mercuriales, assemblées ainsi nommées parce qu'elles se tenaient le mercredi. Instituées par Charles VIII, elles furent confirmées par Louis XII, qui voulut qu'elles se tinssent une fois le mois au moins. Les procureurs généraux et avocats généraux devinrent, avec le régime de la vénalité des offices, propriétaires de leurs charges; mais leurs provisions contenaient la clause suivante: *pour exercer tant qu'il nous plaira.* A la vérité, on ne cite pas de cas de révocation. — Ainsi les gens du roi, sous l'ancienne monarchie, jouissaient d'une indépendance aussi complète que les conseillers du parlement : on ne pouvait ni les révoquer ni les dépayser pour une cause ou pour une autre, et c'était là une garantie pour la bonne administration de la justice. Il n'y avait qu'un seul procureur au parlement de Paris : ses fonctions consistaient seulement à représenter au parlement la personne du roi et à parler en son nom.

Le procureur général devait tenir la main à l'exécution des règlements et des ordonnances: c'est pourquoi il venait d'abord de grand matin au parquet des huissiers ; en hiver, il arrivait avant le jour une lanterne à la main et pointait ceux qui étaient en retard. Il ne prêtait serment qu'à la réception et non pas à la rentrée. Nous ne ferons pas ici l'énumération de toutes les attributions des anciens parquets, ceci nous conduirait trop avant, mais nous ne devons pas omettre les principales. « Ils intervenaient dans toutes les affaires qui intéressaient le roi ; assistaient à la réception des nouveaux procureurs du parlement, s'informaient de leur moralité ; tenaient la main à l'intégrité des domaines du roi; ils devaient empêcher les grands vassaux d'opprimer leurs sujets ; s'opposer à ce qu'aucune levée d'impôts fût faite sans commission sur le peuple, et visiter les prisons, pour veiller à la nourriture des prisonniers. »

Nous ne nous étendrons pas davantage touchant les fonctions des officiers du ministère public sous le parlement; il ne nous convenait que d'esquisser à grands traits ce qui concerne leur institution ; nous procéderons de la même manière au sujet des avocats et procureurs ; mais parlons d'abord des avocats, placés les premiers dans la hiérarchie judiciaire.

Les *avocats* n'étaient pas partie intégrante du parlement, mais ils y tenaient par des liens si étroits, qu'ils pouvaient en être considérés comme un rouage indispensable et sans lequel la vie judiciaire ne pouvait être ni sérieuse ni complète, « car, ainsi que le dit fort bien Pasquier dans son dialogue des avocats, comme un Estat ne peut subsister sans justice, aussi la justice ne peut se poursuyvre ni s'exercer sans l'assistance et le conseil de ses ministres, dont les advocats sont les principaux. »

Pithou, son interlocuteur, lui ayant dit que les avocats, au temps de Charlemagne, n'étaient pas, à proprement parler, les avocats tels qu'on les voyait alors, mais que ces avocats, *advocati*, étaient des avoués ou advoyers, procureurs et défenseurs des ecclésiastiques et des communautés, tandis que les avocats étaient nommés *clamatores*, de *clamor* ou de *clam*, qui veut dire procès ou plaid, et que depuis on les avait nommés emparliers, conteurs, plaideurs, et quelquefois docteurs ou chevaliers de loi ou de lois,

« Appelez-les comme vous voudrez, dit Pasquier, si est-il impossible de faire ny rendre justice sans le secours de personnes qui conseillent les parties aux différends qui naissent naturellement entre les hommes, qui les assistent de leur parole ou de leur plume en la poursuite ou défense de leurs droits. »

Sous saint Louis, les avocats jouèrent un rôle important qui leur donna dès lors une influence notable sur les affaires du pays.

La pragmatique sanction est en grande partie leur œuvre, et on peut croire aussi qu'ils ne furent pas étrangers à la rédaction des *Etablissements*. On y trouve un chapitre consacré à l'organisation de la justice, qui fait mention de la profession d'avocat.

La première obligation qui lui soit imposée est de ne présenter à la justice aucune cause déloyale « et toutes les résons à desteuire la partie adverse, si doit dire courtoisement, sans vilenie dire de sa bouche ne en fait ne en droit.»

Il est interdit à l'avocat de faire aucun marché avec le client.

Le concile de Lyon, en 1274, sous le règne de Philippe III, consacra une session à s'occuper de la question des honoraires des avocats : ils furent fixés à vingt livres tournois, avec obligation de renouveler chaque année le serment qu'ils ne recevraient rien de plus. — Nous ne savons trop jusqu'à quel point il appartenait au concile de Lyon de s'immiscer ainsi dans la question des honoraires des avocats ; aussi ne sommes-nous pas surpris des protestations qui s'élevèrent alors au sein du barreau de Paris contre sa décision.

Ce furent sans doute ces protestations qui déterminèrent le pouvoir temporel à rendre une ordonnance spéciale concernant la profession d'avocat : cette ordonnance frappait, comme on le pense bien, la décision du concile de Lyon de nullité, aussi ne voyons-nous nulle part qu'on ait cherché à la mettre en pratique. — On l'a toujours considérée comme une vengeance exercée par le clergé contre les avocats, qui avaient si vivement bataillé contre lui sous le règne de saint Louis.

Philippe de Valois, en 1327, rendit une ordonnance qui réglementait la profession d'avocat. Cette ordonnance ne fit sans doute que rappeler et mettre en vigueur les usages antérieurs. Nous en extrayons les dispositions principales.

« Aucun avocat, y est-il dit ne sera admis à plaider, s'il n'a prêté le serment, et s'il n'est inscrit au rôle des avocats.

« Permis néanmoins aux parties de plaider leur propre cause.

« Enjoint aux avocats de se trouver au Châtelet au soleil levant, sauf le temps nécessaire pour entendre une basse messe.

« Ils plaideront les causes suivant l'ordre réglé par le prévôt, sans avoir le choix de plaider à leur volonté, arrogamment, certaines causes de préférence à d'autres. »

Un avocat ne pourra plaider dans la même audience

que deux ou trois causes, tout au plus, pour laisser aux autres avocats la faculté de plaider les leurs. D'après cette ordonnance, tout avocat qui avait prévariqué à ses fonctions était exclu à toujours de l'audience.

Pour obtenir le titre d'avocat, il fallait être reçu par la cour, après serment, et l'inscription au tableau donnait seule le droit de plaider.

Les avocats se divisaient en trois catégories : les consultants, qu'on appelait aussi conseillers, les plaidants et les écoutants.

Les consultants étaient les plus anciens. Pour être consultant il fallait dix années d'inscription au tableau. Les avocats consultants portaient une longue simarre noire en soie, recouverte d'un mantelet d'écarlate rouge, doublé d'hermine et attaché sur la poitrine par un riche fermoir.

Les écoutants portaient le manteau blanc; c'était la couleur du noviciat. Celle des avocats plaidants était le violet.

La profession d'avocat pouvait être alors considérée comme une véritable magistrature; elle conférait des priviléges de plus d'une sorte, et se recrutait parmi les familles les plus distinguées de l'Etat. Les avocats considérèrent leur réunion au tableau comme un *ordre de chevaliers lettrés*, à l'imitation des autres corporations de la chevalerie; ils tenaient d'autant plus à cette dénomination nouvelle qu'elle les distinguait des corps des notaires, des procureurs, dont l'organisation commençait à cette époque.

Les avocats étaient soumis à un stage. On ne les recevait au stage qu'après enquête de moralité et de capacité. Ils étaient présentés au parlement par un chevalier ès lois; enfin, ils ne faisaient partie de l'ordre, d'une manière positive, qu'après le terme déterminé pour le stage.

Au temps de Philippe de Valois, les avocats étaient très-prolixes et fort curieux de faire montre d'une grande érudition. Il paraît que ce travers fut porté si loin, qu'en 1363

on fit paraître une ordonnance qui avait pour objet de prévenir, soit dans les mémoires, soit dans les plaidoyers, les
répétitions inutiles, ainsi que les digressions oiseuses. Cette
ordonnance contraignit les avocats à signer leurs mémoires dans la vue de les piquer d'émulation et de les forcer à
écrire bien succinctement.

Sous le règne de Henri IV (le 13 mai 1602), le parlement,
les chambres assemblées, rendit un arrêt portant que les
avocats mettraient au pied de leurs écritures un reçu de
leurs honoraires et qu'ils donneraient un certificat de ce
qu'ils avaient touché pour leurs plaidoyers. Les avocats
crurent que cet arrêt avilissait la noblesse de leur profession, parce que leur travail ne reçoit point d'estimation ;
ils refusèrent de l'exécuter. Le parlement rendit un second
arrêt, qui enjoignit aux avocats qui ne voudraient pas plaider d'en faire leur déclaration au greffe, après laquelle il
leur était défendu d'exercer leurs fonctions, à peine de
faux. Le lendemain que cet arrêt eut été rendu, tous les
avocats s'assemblèrent dans la chambre des consultations.
Ils allèrent ensuite deux à deux, au nombre de trois cent
sept, au greffe, poser leur chaperon et faire leur déclaration qu'ils ne voulaient plus exercer la profession. Henri IV,
qui était alors en Poitou, ayant appris cette discorde, ad-
mira la noble fermeté des avocats, et fit expédier des lettres
patentes par lesquelles il les rétablit dans leurs fonctions et
leur ordonna de retourner au barreau et de faire leur profession comme auparavant.

Loysel nous apprend qu'en son temps toute la jeunesse
la mieux instruite, voire des meilleures maisons de la ville,
tendait à faire montre de son esprit en cette charge, avant
que de se mettre aux offices de conseiller ou autres. « Il
n'y avait, dit-il, que ceux qui se défioient de leur capacité
qui en acceptassent, car, de vérité, on commençoit dès lors
à les vendre. »

8

Loysel préféra la profession d'avocat à une charge de judicature.

Les avocats ont saint Yves pour patron. On l'avait, de son vivant, surnommé l'avocat des pauvres. Né le 7 octobre 1235, à Kermartin, près de Tréguier, en Basse Bretagne, il mourut le 19 mai 1303. Yves fut canonisé par Clément IV en 1347. Il paraît, par les anciens comptes du domaine, que le roi, pour récompenser sa capacité et ses travaux, lui faisait une pension ordonnancée en ces termes : Magistro Yvo, *sex denarios per diem*, somme considérable en ce temps-là. Il existait avant 1789, dans la rue Saint-Jacques, auprès de la rue des Noyers, une chapelle qui lui était dédiée.

La légende de saint Yves, patron des avocats, nous dit l'auteur des *Curiosités judiciaires*, peut donner un spécimen de la satire française qui s'attaquait à toutes les professions qui composaient notre vieille société.

Suivant le légendaire, saint Yves se présentait à la porte du paradis, en compagnie d'un grand nombre de religieuses. «—Qui êtes-vous? demanda saint Pierre à l'une d'elles. —Religieuse.—Vous avez le temps d'attendre ; une foule de vos sœurs sont déjà dans le paradis. — Et vous? demanda saint Pierre à saint Yves. — Avocat. — Il n'y en a point encore ; vous êtes admis. »

La profession d'avocat ne pouvait pas, plus que bien d'autres, échapper à la satire ; d'ailleurs, quelle profession n'a pas ses ombres ? quelle fonction n'a pas ses parties faibles ? Les gens qui médisent de la justice, qui parlent haut et fort contre la chicane, ne peuvent pas certes dire des choses gracieuses à l'endroit des avocats ; mais est-ce à eux qu'il faut se prendre des procès scandaleux, des crimes, des délits qui se produisent dans la société? Si les avocats ont été parfois en butte à des critiques amères, les procureurs y ont encore moins échappé. « On ne peut calculer, disait

Sainte-Foix (Tableau de Paris, t. II, p. 25), ce que les formes judiciaires, entre les mains des procureurs, des huissiers et des greffiers, enlèvent au peuple. Comment peut-il suffire à entretenir sans cesse ce régiment dévorateur ? » Ce régiment, sous l'ancien régime, était, il faut en convenir, lourd à entretenir, mais le parlement veillait cependant à ce que les frais des procès ne fussent pas taxés arbitrairement ; nonobstant, les procédures, qui pouvaient se prolonger presque à l'infini, étaient fort dispendieuses, et dans bien des cas ruineuses ; ce qui le prouve, ce sont les grandes réformes opérées dans la législation sous ce rapport. La chicane avec les procureurs répandait immensément d'encre dans le monde ; elle en répandait plus que le commerce, plus que la littérature. — Les magistrats, dans leurs mercuriales, s'en plaignaient, mais les choses n'en allaient pas moins leur train. Ce fut en 1484, par l'ordonnance rendue aux états de Tours, qu'il fut permis à toute personne d'ester en jugement par procureur. Les auteurs de ces temps gémissaient sur cette institution, et notamment Pasquier, en ses Recherches, dit : « Parmi les honorables coutumes de nos ancêtres, une chose digne de remarque, c'est qu'ils ne permettoient à certains hommes de n'avoir autre vocation que d'être les mandataires d'autruy ; au lieu d'amortir les procès, c'est les immortaliser à jamais d'autant qu'il est malaisé *qu'un homme aime la fin d'un chose dont dépend le gain de sa vie.* » Les frais des procès devinrent de plus en plus considérables ; originairement les parties plaidantes n'avaient à payer que leurs défenseurs, mais vinrent les droits de greffe, de timbre, d'enregistrement, qui les augmentèrent encore.

Charles le Bel, en 1324, ordonna que la partie qui succomberait serait condamnée aux dépens. En 1672, on imagina le timbre ou papier marqué, et sous Louis XV (1722), l'enregistrement.

Ce n'est que dans les Etablissements de saint Louis que nous trouvons mentionné pour la première fois le nom de procureur, encore ne désignait-il que les mandataires pour un fait spécial. Tout individu était apte ou à peu près à remplir les fonctions de *procurator ad lites*.

La sédentaréité du parlement (1302) suggéra l'idée de donner aux procureurs une position fixe, et l'on réunit, sur un petit nombre de personnes choisies, toutes les procurations. M. de Bast (*Origines judiciaires*, p. 258) nous dit ce qui suit touchant leur institution : « Les écrivains du Palais, c'est-à-dire les devanciers de ceux que nous voyons encore aujourd'hui, gravement installés devant une petite table de bois noir, à chaque pilier de la salle des Pas-Perdus, eurent l'honneur et les profits de cette heureuse création. »

Moins d'un demi-siècle après l'établissement perpétuel du parlement, les écrivains entrepreneurs de procurations, voulant concentrer sur eux l'exercice de ces procurations, résolurent de se réunir en confrérie. — C'était, au quatorzième siècle, le lien des hommes, artisans, marchands, ouvriers, qui exerçaient la même profession. La confrérie était, en un mot, ce que, de notre temps, se trouve être l'association. — Les procureurs s'enrôlèrent donc en confrérie, sous l'invocation de saint Nicolas et de sainte Catherine, et ils obtinrent en 1342 des lettres patentes qui autorisèrent les statuts de cette association.

On remarque que dans l'acte constitutif de cette confrérie, passé devant notaire le 17 juin 1341, les nouveaux confrères s'intitulaient *compagnons, clercs et escrivains fréquentant le Palais.*

La confrérie obtint ensuite la faveur d'être portée sur le tableau du Palais immédiatement après les noms des avocats; et en 1345 parut un règlement émané du parlement qui indiquait les règles essentielles de leur profession. —

Ce règlement les astreignait à la prestation de serment : on n'était admis au rôle des procureurs qu'après une enquête sur les mœurs, conduite et capacité du récipiendaire.

Toute infraction au serment entraînait la perte du titre de procureur et la radiation immédiate du rôle. Le procureur ne devait jamais exiger ni recevoir plus de six livres pour une affaire.

Ils devaient venir de grand matin au Palais, se tenir soit debout, soit assis derrière les avocats. Ils ne devaient pas sortir de la chambre d'audience tant que les maîtres (les conseillers) s'y trouvaient. Il y avait des procureurs auprès de toutes les cours souveraines siégeant dans l'enclos du Palais. — Ainsi la cour des comptes, la cour des aides, la cour des monnaies, la chambre des décimes et la chambre ecclésiastique possédaient, aussi bien que le Châtelet et le parlement, un corps de procureurs chacune, mais l'ancienneté restait à l'agrégation des procureurs du parlement.

Dans tous les parlements de France, les procureurs prenaient le titre de *maîtres :* leur rang était après les avocats et avant les notaires et les huissiers. Les procureurs avaient, dans la grande salle des Pas-Perdus, des bancs spéciaux qu'ils tenaient en location du bailli du Palais, ainsi que nous l'avons vu plus haut en parlant de la grand'salle; c'était là qu'ils passaient une partie de la journée à recevoir les clients, à donner des consultations, à rédiger des placets. Ils se rendaient de grand matin au Palais et assistaient à la messe qui précédait chaque audience.

Les clercs de procureurs restaient ordinairement à travailler dans l'étude lorsque le patron était au Palais ou au Châtelet. Ils logeaient avec lui et mangeaient à sa table. Les pères de famille confiaient leurs fils à un procureur comme à un chef d'institution.

Les procureurs marchaient en grand costume dans les cérémonies publiques, après l'ordre des avocats, la bannière de saint Nicolas en tête : on les vit défiler ainsi au convoi de la femme de Charles VII (Marie d'Anjou) et dans diverses autres cérémonies publiques.

CHAPITRE IX.

Le droit romain. — Son influence sur le droit français. — Archives du parlement. — Les olims. — Registres criminels ou des *causes du sang.* — Le grand conseil. — La cour des aides. — Querelle de Philippe le Bel avec Boniface VIII. — Poursuites dirigées contre les templiers. — Leur condamnation. — Exécution du grand maître Jacques Molay. — Réaction à la mort de Philippe le Bel. — Procès, condamnation et mort tragique d'Enguerrand de Marigny. — Le gibet de Montfaucon.

Philippe le Bel, avec ses légistes, soutient une lutte formidable tour à tour contre la papauté, le droit féodal et les grands vassaux, mais il ne veut pas, dans cette lutte, avoir le dessous au point de vue de la science, et en même temps qu'il rend son parlement sédentaire, paraît une ordonnance (1302) qui autorise en France l'étude du droit romain. Jusqu'à ce jour, les papes s'étaient opposés à ce qu'il fût enseigné, notamment à l'université de Paris. — Cette ordonnance institue une école de droit civil et canon à Orléans, et s'exprime ainsi: « En dehors des matières de la foi, notre royaume est régi par la coutume bien plus que par le droit écrit, quoiqu'en plusieurs parties nos sujets se servent, depuis la permission de nos ancêtres et la nôtre, du droit écrit; mais là même, c'est comme coutume que le droit écrit est laissé en pratique. »
Quand le droit romain fut connu, on le jugea si nécessaire, tout mal entendu qu'il était encore, que dans toutes les affaires on finit bientôt par ne plus se servir que de

ceux qui l'avaient étudié, soit pour juger, soit pour plaider, de sorte qu'il advint de là que tous les officiers de justice, jusqu'aux procureurs et aux notaires, étaient *gradués en droit* et clercs par conséquent; depuis l'an 1250 ou environ, on commença à charger les actes d'une infinité de clauses, de conditions, de remontrances et de protestations, pour se mettre à couvert des règles les plus générales, et bien souvent de celles qui ne pouvaient convenir aux parties; enfin on exprimait même ce qui serait entendu sans en faire mention.

L'esprit de défiance qui régnait alors faisait estimer *ces cautèles,* car on les appelait ainsi; et celui-là passait pour le plus habile qui en mettait le plus et qui faisait les actes les plus prolixes: ce fut là une tendance fâcheuse. Ce même esprit de *cautèle,* si on peut s'exprimer ainsi, qui se remarquait dans les actes, apporta aussi un grand changement dans l'instruction et dans le jugement des procès.

De même que l'introduction de l'étude du droit romain date du règne de Philippe le Bel, de même on doit faire remonter à cette époque la tenue régulière des registres du parlement; et ce fut seulement vers la fin de ce règne qu'il se tint des *registres criminels;* à la vérité, nous trouvons dans nos *archives judiciaires* des actes antérieurs; ces archives ne sont plus au Palais, on les a transférées à l'hôtel Soubise, et elles ont été réunies aux archives générales de l'Empire. Nous ne savons trop si la place de cette collection précieuse et essentiellement judiciaire n'était pas mieux dans l'enceinte du Palais.

C'est un dépôt riche en documents historiques, et, de l'aveu des savants français et étrangers, c'est le plus considérable de tous ceux de ce genre rassemblés en Europe. Les Anglais eux-mêmes conviennent qu'il doit être placé au-dessus des dépôts de la Tour de Londres et de l'abbaye de Westminster.

Le dépôt des archives, avant qu'on les eût transférées à l'hôtel Soubise, remplissait à peu près toute la partie supérieure du Palais de justice, ainsi que la sainte Chapelle haute, et occupait dix galeries : trois d'entre elles avaient chacune deux cent seize pieds de développement, et la moins étendue plus de soixante. Ces archives renferment celles de toutes les cours et juridictions qui existaient à Paris en 1789; on y trouve plus de vingt-quatre mille registres manuscrits, environ trois mille cartons et quarante mille liasses de minutes.

Les principales cours et juridictions étaient le parlement de Paris, le grand conseil, le conseil privé, la cour des aides, la cour des monnaies, la prévôté de l'hôtel, la connétablie, l'amirauté, les eaux et forêts, le bailliage du Palais, les secrétaires du roi et le Châtelet de Paris. Les minutes de la cour des aides ont été malheureusement en grande partie la proie des flammes, lors de l'incendie du 10 au 17 janvier 1776; les requêtes du Palais en ont également beaucoup souffert; mais la collection la plus importante et la plus considérable est celle des registres du parlement de Paris, montant à plus de dix mille, tous manuscrits et sur parchemin. Ils commencent en l'année 1254, sous le règne de saint Louis, par les quatre registres intitulés les *Olims*, mais ils ne deviennent vraiment suivis qu'en 1257, parce que « Jean de Montluc, ecclésiastique et greffier civil du parlement, à qui nous sommes redevables de cet ouvrage (les olims), ne devint greffier qu'en cette année.»

« Il s'avisa le premier, nous dit le président Hénault, de faire des recueils de plusieurs arrêts qu'il fit relier ensemble et qui se nommèrent *Reqestum, quas iterum gestum*, parce que c'étaient des copies. Ils sont encore dans le dépôt du parlement et on les nomme les *olims*. »

Les olims finissent en 1319, plusieurs années après la fixation du parlement à Paris.

A l'époque où ils finissent, existaient déjà depuis long-temps des registres à part pour les causes dites *causes du sang* ou de grand criminel ; car dès l'année 1306, les *olims* font mention d'un maître des comptes, greffier pour le criminel ; et dès l'an 1288, ils parlent de plusieurs greffiers au parlement.

« Les *olims*, nous dit le savant M. Beugnot (Olims, tome I, p. 98. Préface), devinrent l'introduction de cet immense recueil d'arrêts qui, augmenté d'année en année, formait, lors de la destruction du parlement, plus de neuf mille volumes qui existent aujourd'hui dans la section judiciaire des archives du royaume et qui est conservée avec autant de soin et de respect que si le parlement veillait encore sur elle. »

Il existe un grand nombre d'extraits des registres du par-lement de Paris ; ces copies ont été exécutées par les ordres ou pour l'usage de divers magistrats qui ont fait extraire de la collection officielle des documents qui pouvaient être utiles dans l'exercice habituel de leurs fonctions.

Les principaux recueils se trouvent : 1º dans la biblio-thèque impériale ; 2º du sénat (collection Boissy-d'Anglas), provenant de la bibliothèque de Coste, collection qui se compose de neuf cents volumes in-folio; 3º de la cour de cas-sation, fonds de l'ancienne bibliothèque des avocats ; 4º de l'ordre des avocats, exemplaire du duc de Penthièvre, donné par M. Dupin aîné, procureur général près la cour de cas-sation; cette collection est composée de deux cent trente-huit volumes, compris les tables. MM. Beugnot, Paul La-croix et Taillandier ont publié des notices sur ces registres ; mais celles de M. Beugnot ont surtout fixé l'attention du monde savant.

On trouve en outre, dans la collection des archives, une

réunion de lettres originales des rois de France adressées au parlement : la première, datée de 1376, est signée de Charles V, avec une ligne entière écrite de sa main.

Les coutumes originales de France en font aussi partie, et les registres dits du conseil secret du parlement : c'est dans ces registres que se trouvent les remontrances du parlement ; les lits de justice tenus par les rois ; les arrêts remarquables en matière criminelle.

Le plus ancien registre criminel du parlement est de l'année 1312 : depuis cette année, les registres se suivent sans interruption jusqu'en 1571 ; mais ils manquent à partir de là jusqu'en 1594, année pendant laquelle ils reprennent. Nous bornerons ici nos remarques sur les archives judiciaires du parlement, ne voulant pas nous laisser entraîner par trop hors de notre principal sujet. Ces archives, avons-nous dit, renferment les registres des diverses juridictions existant avant 1789 : c'est le cas de nous arrêter un moment sur celles dont nous n'avons pas encore eu occasion de parler, telles que le grand conseil, le conseil privé, la cour des aides et la cour des monnaies.

Le grand conseil était chargé, à l'exclusion du parlement, de tous les procès concernant les archevêchés, lesévêchés, les abbayes ; la justice y était rendue gratuitement. Le chancelier de France en était le président.

Le *conseil privé* ou conseil des parties prononçait sur les demandes en cassation formées contre des jugements rendus en dernier ressort par des cours ou tribunaux souverains.

La cour des aides connaissait des contestations qui s'élevaient relativement au payement des aides et secours accordés au roi par les états du royaume et autres deniers royaux, à l'exception du domaine. Elle jugeait en dernier ressort les appels des sentences rendues par les juges des élections. Enfin, *la cour des monnaies* jugeait souveraine-

ment du fait des monnaies ; elle avait juridiction sur les
changeurs, raffineurs, orfévres et généralement sur tous les
marchands vendant or ou argent ouvrés, et sur tous artisans travaillant en monnaies, médailles ou métaux.

Revenons à Philippe le Bel : toujours pressé d'argent, il
avait, en 1296, soumis le clergé à des impôts ; le pape avait
répondu à cette ordonnance par une réunion d'évêques et
par une bulle à laquelle Philippe répondit à son tour par
une ordonnance qui défendait d'exporter de l'argent hors
de France sans sa permission : c'était ruiner la cour de
Rome, et pendant plusieurs années ce fut entre le pape et
le roi une guerre de bulles et d'ordonnances. — Philippe
le Bel soutint la lutte avec le concours de ses légistes, et en
1303, alors que le pape l'avait excommunié, il convoqua des
états composés des grands et des évêques du royaume,
mais dans lesquels il appela aussi les députés des villes, des
communautés, chapitres et universités. Voilà enfin les gens
de la bourgeoisie siégeant régulièrement dans une assemblée nationale et appelés à décider entre les prétentions de
la cour de Rome et la résistance de Philippe le Bel. — On
sait comment finit la querelle de Boniface VIII avec le roi
de France, et que l'un de ses légistes, qu'il avait envoyé à
Rome, se livra vis-à-vis du pape aux plus excessives violences. — Nous n'avons pas à nous prononcer sur cette
grande querelle ni sur ses incidents ; mais ce que nous
pouvons dire, c'est que le temps où les foudres du pape
faisaient trembler les rois était passé. — Boniface mourut
à la suite des mauvais traitements qu'il avait endurés. C'est
au Palais que se tinrent les états généraux de l'année 1303.

Il y eut aussi au Palais, en 1306, une réunion des états
généraux, mais cette fois, elle n'eut à s'occuper que de
questions d'impôts. — On y avait appelé, ainsi qu'en 1303,
les députés des villes et communautés.

Ce serait se montrer bien injuste que de ne pas recon-

naître les immenses services que Philippe le Bel rendit à la
démocratie française, mais la reconnaissance qu'on lui doit
sous ce rapport ne doit pas aller cependant jusqu'à nous
empêcher de flétrir les iniquités qu'il a commises.

Philippe le Bel n'a pas encore trouvé son historien : les
uns l'ont beaucoup loué, effaçant en quelque sorte de leurs
récits toutes les taches de sa vie ; d'autres ne lui ont mé-
nagé ni les injures les plus grossières, ni les calomnies les
plus atroces. Philippe le Bel, dans la tâche qu'il avait entreprise, usa des moyens malheureusement usités par
ceux-là même qu'il combattait, et le besoin d'argent
lui fit commettre de méchantes actions ; mais il fondait en France l'élément civil, raffermissait l'unité nationale, et cela ne se faisait pas sans bourse délier.

M. Michelet, cet éminent historien, quoique très-sévère
pour la mémoire de Philippe le Bel, reconnaît parfaitement que l'ordre nouveau qu'il fonda dut être onéreux
pour son trésor. Après avoir parlé des réformes judiciaires
de Philippe le Bel et de ses agents, ou plutôt de ses légistes,
il ajoute : « Cette création du gouvernement coûtait cer-
tainement fort cher : nous n'avons pas ici de détails suffisants, mais nous savons que les sergents des prévôts, c'est-
à-dire les exécuteurs, les agents de cette administration si
tyrannique à sa naissance, avaient d'abord, le sergent à
cheval trois sols parisis, et plus tard six sols ; le sergent
à pied dix-huit deniers. Voilà une armée judiciaire et administrative ; tout à l'heure vont venir les troupes merce-
naires. »

Mais, pour couper au vif toutes les ligatures du système
féodal, il fallait, ce nous semble, une force armée active
dévouée; pour fermer l'entrée du parlement aux conseillers
clercs, il fallait pouvoir braver les foudres de l'Église, ce
qui n'était pas facile en ce temps ; pour arracher des féodaux le pouvoir judiciaire et administratif, faire entrer en

majorité des gens de roture dans les plus hautes fonctions, il fallait avoir de bonnes lances et de bonnes épées à son service. Car les gens de noblesse n'étaient pas, comme on sait, de leur nature bien endurants, et leurs vertus guerrières n'avaient pas le moins du monde périclité en ce temps-là. — Bref, les luttes de Philippe le Bel, nées des besoins nouveaux de son temps, le rendirent affamé d'argent; et nous voulons bien croire que beaucoup de cet argent qu'il tira par toute sorte de moyens ne fut pas toujours employé avec intégrité.

Mézeray nous dit (Abrégé chronologique, t. II, pag. 41) « qu'il s'étoit plus levé de deniers extraordinaires durant ce règne seul que dans tous les autres précédents, et néanmoins parce qu'on avoit fait entreprendre au roy des choses au-dessus des forces de son état, et que d'ailleurs étant enveloppé par ceux qui menoient ses finances, il leur en laissoit prendre leur bonne part, en récompense de ce qu'ils donnoient les moyens de faire ces exactions; » puis il ajoute que ses coffres étaient comme le tonneau de Danaé, « où l'on versoit sans cesse, et qui ne se remplissoit jamais. » Mais ces exactions suscitèrent des révoltes qu'il fallait noyer dans le sang, et, au moment où il mourut, 1314, tout se préparait dans le royaume à un soulèvement général ; sa mort eut lieu peu de temps après le supplice du grand maître des templiers, supplice qui eut lieu à la suite d'un procès inique intenté à l'ordre tout entier, et que nous allons relater.

Philippe le Bel avait conçu une haine violente contre cet ordre, riche, puissant, peu obséquieux, et en réalité redoutable.

Les templiers, qui formaient un ordre aristocratique, voyaient avec déplaisir les innovations opérées par le roi ; pour se soutenir contre les grands seigneurs, il avait de grands besoins d'argent, et il ne trouvait rien de mieux à faire pour pourvoir à ses besoins que d'opérer des changements dans la monnaie : en 1306, à la suite d'un de ces changements, le peuple se mutina et se rendit au Temple, où le roi s'était retiré pour se mettre en sûreté ; il s'empara des avenues de ce palais, et empêcha qu'on ne portât aucunes provisions de bouche au roi. La sédition dura plusieurs jours : quand elle fut passée, on pendit un grand nombre de ceux qui y avaient pris part. « Les templiers, dit Mézeray (Abrégé chronologique, tom. III), furent fort notés pour avoir contribué à cette mutinerie, et jeté parmi le peuple des paroles offensives contre la personne du roi. Il y a apparence que les changements opérés dans la monnoie leur étoient préjudiciables ; mais le roi, qui n'oublioit jamais les offenses, garda le souvenir de celle-là dans son âme, et ce fut un des motifs qui le porta à s'en venger sur tout l'ordre. »

Boniface était mort sous le coup des injures et des violences qui avaient été exercées contre lui.

Son successeur, Bénédict XI, qui ne fut pape que quelques mois, se mit en de bons termes avec Philippe le Bel ; le pape Clément, qui vint après lui, fit aussi tous ses efforts pour lui plaire.

Le roi, ayant pris, comme nous l'avons vu, ombrage des templiers, se concerta avec lui avant de commencer à les poursuivre, et il en obtint la promesse secrète d'un concours efficace. On vit bientôt l'effet de cette promesse faite au roi ; « les trop grandes richesses de ces chevaliers, dit Mézeray, leur orgueil insupportable, leur conduite avare et choquante envers les princes et seigneurs qui passoient en terre sainte, le mépris qu'ils faisoient des puissances temporelles et spirituelles ; par tout cela leurs dissolutions et leurs libertinages, les avoient rendus fort odieux. »

Deux chevaliers, poussés on ne sait trop par quels motifs, mais peut-être suscités par le roi lui-même, accusèrent leur ordre des plus grands crimes : l'un était un Florentin, nommé Hesto Dei, l'autre le prince de Montfaucon, de la province de Toulouse. — On reçut leur dénonciation avec empressement, et le roi fit aussitôt arrêter immédiatement tous les templiers du royaume, sans en excepter le grand maître, Jacques Molay, Bourguignon de naissance; il avait fait vaillamment la guerre aux Turcs.

Le pape Clément V parut d'abord désapprouver la conduite du roi; toutefois, il ne tarda pas à entrer dans ses vues, et l'on fit partout des informations contre les templiers, qui furent chargés par une infinité de témoins. Leurs richesses furent mises en séquestre; elles étaient immenses, et excitaient la convoitise du roi qui, oubliant qu'en d'autres temps il avait fait grand éloge des templiers, les déclara « *des loups ravissants*, une société perfide, idolâtre, dont les œuvres et dont les paroles seules étaient capables de souiller la terre et d'infecter l'air. »

Les chevaliers furent jetés dans d'horribles cachots, pour être livrés à d'affreuses tortures.

Clément V, dans une entrevue qu'il eut à Poitiers avec Philippe le Bel, donna son assentiment à cet acte de violence, et s'engagea à le faire approuver par un concile général.

Les accusateurs des templiers ont été soupçonnés d'avoir été soudoyés par le roi lui-même, et on obtint de quelques-uns des chevaliers, mis à la torture, divers aveux. La faculté de théologie, consultée par le monarque sur la légalité des mesures prises, en fit l'apologie. Le parlement de Paris resta en quelque sorte étranger à toute la procédure, car un tribunal spécial, fonctionnant au Palais, sous les yeux de Philippe le Bel et de ses ministres, fut créé pour faire l'instruction et le procès. Il était composé de l'archevêque de Narbonne, des évêques de Bayeux, de Mende, de Limoges; des archidiacres de Rouen, de Trente, de Maguelonne, et du prévôt d'Aix.

Cinq cent quarante-six templiers amenés devant leurs juges, à Paris, demandèrent à défendre leur ordre contre les inculpations dont ils étaient accusés, et dénièrent avec une inébranlable fermeté les aveux que les supplices avaient arrachés à quelques-uns de leurs compagnons. En 1310 eut lieu à Paris la première exécution de la sentence prononcée contre cinquante-six d'entre eux.

L'histoire a conservé leurs noms ainsi que le courage avec lequel ils ont confondu une partie des accusateurs ; leur ordre aurait peut-être été sauvé, si le concile que Clément V avait convoqué à Vienne, et auquel assistaient plus de trois cents évêques et un grand nombre de prélats inférieurs, d'abbés et de prieurs, n'avait prononcé condamnation contre ses statuts et son existence. Les formes voulues dans les conciles ne furent pas scrupuleusement observées dans le concile de Vienne ; aucuns des templiers ne furent ni appelés, ni entendus, et les délibérations furent tout à fait secrètes.

Philippe le Bel, qui poursuivait les templiers à outrance, se rendit au concile, accompagné de ses trois fils et de son frère Charles de Valois, avec un appareil imposant de forces militaires ; et les pairs, intimidés par le roi, qui avait pris place à la droite du pape, approuvèrent par leur silence la lecture de la bulle de condamnation.

En la même année 1313, il y eut une superbe fête à Paris. Le pape Clément ayant, à l'exemple de son prédécesseur, publié une croisade par toute la chrétienté, afin de reconquérir la Terre-Sainte, le roi assembla un grand parlement de tous les princes, seigneurs de son royaume dans sa capitale. Édouard II, roi d'Angleterre, s'y trouva, comme son vassal, et fut reçu comme son gendre. Dans cette assemblée solennelle, qui se tint au Palais, Philippe fit ses trois fils chevaliers, avec la magnificence accoutumée dans ce temps-là, et ce ne fut ensuite que festins et réjouissances.

9

Les habitants de Paris passèrent huit jours à donner des marques de leur joie par des fêtes, des danses et des représentations de pièces de théâtre, dont Dieu, la Vierge Marie, Lucifer, les anges étaient toujours le sujet : on jouait sur un échafaud, au bout d'une rue, les récompenses dont jouissaient les élus dans le ciel, et au bout opposé, les peines des âmes damnées. On donna ensuite en spectacle beaucoup d'animaux, et ce spectacle fut nommé la *procession du renard ;* dans la quatrième journée de la fête, le cardinal Nicolas, légat de France, prêcha dans l'île de Notre-Dame la croisade aux rois d'Angleterre et de France qui s'y étaient rendus. A sa voix toutes les cours, les deux rois et Louis, roi de Navarre, fils aîné de Philippe, prirent la croix, et un grand nombre de seigneurs la prirent à leur exemple ; les dames mêmes, en France surtout, se promirent d'accompagner leurs maris, s'ils entreprenaient le voyage de la Terre-Sainte, ce qu'ils ne firent pas.

Peu de temps après ces fêtes, eut lieu l'exécution de Jacques Molay, grand maître des templiers. Il y avait plus de cinq ans qu'il était en prison avec trois de ses chevaliers. Il paraît qu'ils avaient d'abord fait des aveux, dans l'espérance d'obtenir leur liberté, mais en l'année 1314, on voulut leur faire faire amende honorable publiquement, en présence de deux cardinaux envoyés par le pape, sur un échafaud dressé devant le portail de la cathédrale de Paris ; au lieu de faire un aveu public, le grand maître et le frère du dauphin d'Auvergne se récrièrent devant tout le peuple sur l'injustice des puissances qui les opprimaient, et dirent que les aveux qu'ils avaient faits leur avaient été arrachés par la douleur. On brûla à petit feu Jacques Molay et Guy ; ils reçurent la mort avec un courage qui intéressa vivement la multitude. Jusqu'au dernier moment, leur voix s'éleva au milieu des flammes pour protester de leur innocence ; il se répandit que le grand maître, du haut de son bûcher, avait ajourné le pape à comparaître dans l'année devant le tribunal de Dieu, ainsi que le roi Philippe.

Jacques Molay et Guy furent brûlés dans une petite île de la Seine, qui appartenait à l'abbaye de Saint-Germain, et très-rapprochée du Palais ; c'est aujourd'hui l'endroit où est la statue équestre d'Henri IV et qui partage le Pont-Neuf. Pour les deux autres chevaliers qui s'étaient avoués coupables, ils furent remis en prison, et les grands biens de l'ordre tombèrent entre les mains du roi.

Le procès des templiers, ainsi qu'on a pu le remarquer, n'a pas été jugé par le parlement, Philippe le Bel n'ayant pas confiance suffisante dans son zèle ; cependant il ne doutait pas de son attachement à sa personne, et ce qui le prouve, c'est que lorsqu'il mit en jugement, fait unique dans l'histoire, ses trois belles-filles, il les fit comparaître et juger, lui présent, par son parlement. Les trois princesses, ses belles-filles, avaient été dénoncées et saisies en même temps ; on arrêta aussi deux frères, deux chevaliers normands, qui étaient attachés au service des princesses.

Ces malheureux avouèrent dans les tortures que depuis trois ans ils avaient des intimités coupables avec leurs jeunes maîtresses, et même dans les plus saints jours.

« La pieuse confiance du moyen âge, qui ne craignait pas d'enfermer une grande dame avec ses chevaliers dans l'enceinte d'un château, d'une étroite tour, était, dit avec raison M. Michelet (Histoire de France, t. III, p. 214), une bien grande tentation pour la nature humaine, quand la religion faiblissait. » Le petit Jehan de Saintré, ce conte ou cette histoire du temps de Charles VI, ne dit que trop bien tout cela. »

Que la faute soit réelle ou non, la punition fut atroce. Les deux chevaliers, amenés sur la place du Martroi, près l'orme Saint-Gervais, y furent écorchés vifs, décapités, pendus par les aisselles. Deux victimes ne suffirent pas, on

chercha des complices, et il devait y en avoir évidemment.
Un huissier du Palais et beaucoup d'autres hommes et
femmes, nobles ou roturiers, se trouvèrent impliqués dans
ces galanteries de haute lignée ; les uns furent jetés à la
Seine, les autres mis à mort secrètement. Des trois princesses, une seule échappa ; c'était la femme de Philippe
le Long ; et on pense que si on ne la trouva pas coupable,
c'est que, dans ce cas, il aurait fallu lui rendre la Fran-
che-Comté, qu'elle avait apportée en dot. Pour les deux
autres, Marguerite et Blanche, épouses de Louis le Hutin
et de Charles le Bel, elles furent honteusement tondues
et jetées dans un château fort. Louis, à son avénement,
fit étrangler la sienne (15 avril 1315), afin de pouvoir
se remarier. Blanche, restée seule en prison, fut bien plus
malheureuse, et elle eut à y supporter les plus dures
humiliations.

Philippe le Bel décéda l'année même de la mort de Jacques Molay, le 19 décembre, à Fontainebleau. Son corps fut
déposé à Saint-Denis.

Philippe le Bel, peu de temps avant sa mort, confirma
par la déclaration suivante l'affranchissement des serfs du
Valois, accordé par son frère : « Attendu que toute créature
humaine qui est formée à l'image de Notre Seigneur doit
généralement *estre franche* par droit naturel, et en auscuns
pays de cette naturelle liberté, ou franchise, par le joug de
la servitude qui tant est haineuse, soit si effacée et obscur-
cie, que les hommes et les fames qui habitent ez lieux et
pays dessus ditz, en leur vivant, sont réputés ainsi comme
morts, et à la fin de leur douloureuse et chétive vie, si es-
troitement liés et demenés, que des biens que Dieu leur a
prestés en cest siècle, ils ne peuvent, en leur dernière volonté, disposer, ne ordener. »

Cette ordonnance et l'introduction des députés des villes
et communautés sont, avec les réformes judiciaires que

nous avons signalées, les signes visibles de la pensée de son règne, si laborieux et si mêlé d'incidents regrettables.

Mais cette entente des besoins nouveaux de la France, cette ténacité dans ses réformes, lui vinrent de ses légistes ; c'est eux qui, avec l'étude du droit romain, retrouvèrent les sources de certaines vérités sociales que les barbares venus des forêts de la Germanie ne soupçonnaient pas. On voit aussi, dans les termes de l'ordonnance d'affranchissement que nous venons de citer, les traces de la philosophie d'Abeilard et de Boëce, l'illustre auteur de *la Consolation.*

Et Philippe le Bel, en même temps qu'il affranchissait les serfs au nom de la religion et du droit naturel, s'appuyait de son mieux sur l'université de Paris ; c'est à ce point qu'au moment où les templiers furent arrêtés, Nogaret réunit tout le peuple universitaire au Temple, maîtres et écoliers, théologiens et artistes, pour leur lire l'acte d'accusation.

A la mort de Philippe le Bel, Louis X, dit le Hutin, lui succéda ; il était âgé de vingt-cinq ans (1314). Son règne fut de courte durée, car il mourut en 1316, empoisonné, dit-on. Son avénement au trône fut le signal d'une réaction violente de l'esprit féodal, local, provincial, contre l'unité nationale que Philippe le Bel avait voulu consolider. Cette réaction fut fatale à ses principaux ministres ; elle avait pour chefs Charles de Valois, prince violent et ambitieux, et Louis, comte d'Evreux, tous deux oncles du roi, qui gouvernèrent en quelque sorte en son nom.

Pierre de Latilly, évêque de Châlons-sur-Marne, perdit les sceaux, qui furent donnés à Etienne de Mernyer, chambellan de Charles de Valois. Latilly fut chargé de chaînes et jugé pour des crimes dont il était vraisemblablement innocent. Il ne dut son salut qu'à la lenteur de la procédure, qui ne fut terminée qu'après la mort de Louis le Hutin.

Raoul de Presles ne put pas être protégé par son savoir et ses travaux profonds dans la législation. Il échappa à la mort, mais non à la torture et à la perte de ses biens, que Louis X donna à ses courtisans. Quant à Enguerrand de Marigny, il fut condamné et mis à mort, après un procès mémorable qui doit trouver ici sa place.

Charles de Valois avait une haine profonde contre les ministres de Philippe le Bel. A cette haine se joignait un besoin pressant d'argent pour subvenir aux dépenses du sacre du roi. C'est alors qu'on imagina de faire des recherches sur la fortune des financiers, et Enguerrand de Marigny, qui avait été ministre des finances, se trouvait impliqué dans ces recherches. Charles de Valois le fit mander en son conseil, au bois de Vincennes, ainsi que les principaux financiers, afin qu'ils eussent à rendre leurs comptes. Comme on ne les trouva pas exacts, on demanda à Marigny des explications. Il avoua qu'il avait pris des sommes considérables des Flamands, mais que c'était pour affaiblir d'autant les ennemis de la France ; que, du reste, il n'avait rien fait que par les ordres du roi, ce qui n'était pas douteux. Mais, nous dit l'historien Mézeray, il n'en resta pas là : « Et il eut l'audace de soutenir à celui qui étoit l'oncle de son maître, que s'il y avoit manque de finances, c'étoit lui-même qui en avoit pris la meilleure part, et avec cela il ne feignit point de lui donner un démenti. Charles de Valois, se voyant ainsi rétorqué dans ses imputations, entra dans une grande fureur et faillit même tuer sur place Enguerrand de Marigny, à coups d'épée ; il en fut empêché. » Il déclara ensuite au roi qu'il ne mettrait jamais le pied dans sa cour, ni dans son conseil, si on ne lui faisait justice d'Enguerrand de Marigny, qu'il traita de voleur.

Le langage d'Enguerrand de Marigny ne fut pas tenu par

imprudence, mais accusé de concussion, menacé dans son honneur et dans sa vie, il fallait bien, pour se disculper, qu'il déclarât la vérité, et certes, il n'aurait jamais osé imputer à l'oncle du roi d'avoir mis le désordre, par ses déprédations, dans les finances de l'Etat, s'il n'en avait eu preuves en main. Ce moyen de dire la source du mal devint une des causes les plus actives de sa perte. On se souciait peu de sa justification; on aimait bien mieux le trouver coupable, tant pour se venger d'avoir si vigoureusement servi les intérêts des roturiers sous Philippe le Bel, que pour avoir aussi une occasion de s'emparer de sa fortune, qui était considérable. Le 10 mars 1315, il fut arrêté par ordre du roi, mis en prison dans la tour du Louvre, et ensuite transféré dans la prison du Temple.

On le transféra au Temple afin de le faire repentir de l'acharnement qu'il avait mis à faire poursuivre et condamner l'ordre des chevaliers du Temple.

Enfin on le conduisit au bois de Vincennes pour répondre devant le roi et son conseil; l'avocat Jean d'Asnières porta contre lui divers chefs d'accusation : les cinq principaux étaient qu'il avait altéré les monnaies, surchargé les peuples d'impôts, volé plusieurs grandes sommes, dégradé les forêts du roi, pris de l'argent des Flamands et entretenu des intelligences avec eux. Après cette accusation, il fut reconduit au Temple suivi par une grande populace qui le couvrait de huées.

Un moment, la procédure parut se ralentir, par suite des démarches que faisaient l'archevêque de Sens et l'évêque de Beauvais, ses parents, pour obtenir sa grâce du roi ; mais ses ennemis, craignant qu'on ne le fît fléchir et qu'il fût simplement banni du royaume, firent poursuivre sa femme et sa sœur pour avoir cherché, fut-il dit, au moyen d'images de cire, à *envouter* le roi et les princes de son sang, c'est à-dire à les lier par les charmes de la magie. On fit aussi courir le bruit qu'Enguerrand avait un démon familier et qu'ayant demandé à cet esprit quel serait l'événement de son affaire, il lui avait répondu qu'il ne pouvait être que fort mauvais et qu'il devait se souvenir qu'il lui avait souvent prédit qu'il n'y avait rien à craindre pour lui, sinon quand il n'y aurait ni pape, ni empereur ni roi en France; et en ce moment, il en était ainsi, car le pape n'était pas en France, il ne s'y trouvait pas d'empereur, et le roi Hutin n'était pas encore sacré, et partant, n'était pas considéré, selon la coutume du temps, comme véritablement roi.

Enguerrand, après cette communication de son démon familier, si nous en croyons un historien du temps, commença à perdre courage; le roi lâcha la main et l'abandonna à la rigueur de la justice; enfin son procès lui fut fait dans le bois de Vincennes par des seigneurs, pairs et barons du royaume qui le condamnèrent au gibet; on le livra ensuite au prévôt de Paris, et on le mena au Châtelet, où il ne demeura que deux jours; la veille de l'Ascension (1515), on l'en tira pour le conduire à Montfaucon, où il fut pendu au plus haut du gibet qu'il avait lui-même fait construire.

Enguerrand de Marigny, jusqu'à sa dernière heure, ne cessa de protester de son innocence; il soutint toujours avec raison qu'il n'avait pas agi de son chef et qu'il s'était conformé aux intentions du roi.

Enguerrand était un homme d'Etat habile et un profond jurisconsulte: il participa largement au grand mouvement de réforme, soit judiciaire, soit sociale, qui marqua le règne de Philippe le Bel. Il trempa aussi dans des actes de violence qui marquèrent ce règne, mais qui étaient peut être nécessités par les conjonctures au milieu desquelles on vivait et qui s'expliquent aussi en partie par les mœurs de ce temps. Ami des jurisconsultes et de la science du droit, il contribua à leur faire prendre dans le parlement la haute position qu'ils y ont occupée; et jaloux de leur donner de la considération, non-seulement il leur procura de l'autorité, mais encore il voulut qu'ils eussent un lieu digne de leur grande mission pour y résider, et de là le zèle qu'il mit à la construction du Palais de justice. — A ce titre, nous devions nous arrêter avec quelque soin sur sa terrible fin. — Disons aussi, en terminant sur ce point, que sa mémoire a été réhabilitée sous le règne de Louis XI.

Charles de Valois, après sa condamnation, fut saisi de grands remords, et on dit même qu'après sa mort, il avoua qu'il était innocent du crime de concussion qu'on lui avait imputé.

Le président Hénault, parlant de la mort d'Enguerrand de Marigny (Abrégé chronologique de l'histoire de France, tome 1), s'exprime ainsi : « Charles de Valois, fils de Philippe le Hardi et oncle de Louis le Hutin, qui s'était emparé de toute l'autorité, quoique le roi fût majeur, destitua plusieurs officiers pour avancer ses créatures : il en avait, à la vérité, un juste prétexte, par les vexations des impôts et par l'altération des monnaies. Il ne s'était point trouvé d'argent pour les frais du sacre : on s'en prit à Enguerrand de Marigny, ennemi du prince et ministre sous le feu roi. » Après avoir parlé de l'exécution qui eut lieu au gibet de Montfaucon, il ajoute : « Ce ministre était de bonne noblesse de Normandie; son grand-père, de la maison de Poitiers, avait épousé une héritière de la maison de Marigny et fit porter le nom à ses descendants. » On voit avec quelle réserve le président Hénault s'exprime sur la mort d'Enguerrand de Marigny : mais cette réserve montre qu'il ne le croyait pas coupable des crimes qu'on lui avait imputés; plus loin, dans son Histoire, parlant de la mort de Charles de Valois, qui arriva en 1328, il dit positivement que telle était sa pensée. « Les remords que ce prince témoigna, dit-il, en mourant, sur l'exécution d'Enguerrand de Marigny, justifièrent la mémoire de ce ministre, qui, en effet, avait été condamné sans être entendu : sa mémoire fut réhabilitée et ses biens rendus à sa maison. »

Nous avons dit qu'Enguerrand de Marigny fut exécuté à Montfaucon et que ce lieu avait été établi ou du moins restauré par lui pour servir de lieu de supplice. Du temps de la Ligue, on y voyait encore une masse de pierres, accompagnée de seize piliers où conduisait une rampe aussi de pierres assez large et qui se fermait avec une bonne porte. Les piliers étaient gros, carrés, et chacun de trente-deux ou trente-trois pieds de hauteur. Pour joindre ensemble ces piliers et pour y attacher les corps des suppliciés, on avait enclavé dans leurs chaperons deux gros liens de bois qui traversaient de l'un à l'autre et avaient des chaînes de fer d'espace en espace. Au milieu était une cave pour recevoir les corps des suppliciés lorsqu'ils tombaient en pièces. En 1765, la porte de la rampe était rompue et les marches brisées, et c'est à peine s'il restait sur pied deux ou trois piliers.

Le gibet de Montfaucon était souvent garni de corps de suppliciés, car, à l'époque où il fut élevé, la peine de mort était fréquemment appliquée. Ainsi les voleurs atteints et convaincus étaient souvent pendus au gibet de Montfaucon et même rompus et brisés, et mis sur une roue. — Voici le texte d'une ordonnance de janvier 1534, rendue à Paris sous François Ier, qui nous donne la mesure des rigueurs pénales des siècles précédents : « Voulons et ordonnons, porte cette ordonnance, que tous ceux et celles qui doresnavant seront trouvés coupables des délits, crimes et maléfices de volerie, et qui en auront été duement atteints et convaincus par justice, seront punis à savoir : les bras leur seront brisés et rompus en deux endroits, tant haut que bas, avec les reins, jambes et cuisses, et mis sur une roue haute plantée, et enlevés le visage vers le ciel, où ils demeureront vivants pour y faire pénitence tant et si longuement qu'il plaira à Notre-Seigneur les y laisser. » — On punissait également de mort les vagabonds et gens sans aveu qui se trouvaient en état de récidive.

CHAPITRE X.

Changements dans la composition de la grand'chambre. — Persécution exercée contre les juifs et les lépreux. — La prévôté de Paris entachée de corruption. — Tapperel, prévôt de Paris, pendu pour avoir substitué un écolier innocent à un criminel. — Exécution de l'écolier. — Comment il est reconnu. — Procès et condamnation à mort de Jourdain de l'Ile, grand seigneur de Gascogne. — Description du pilori. — Lieu où il était placé. — Quelles personnes y étaient condamnées. — Procès de Robert, comte d'Artois. — Pièces falsifiées. — Conférences de Vincennes. — Questions qui s'y débattent. — Pierre de Cugnières trace les limites qui doivent séparer l'autorité civile de l'autorité cléricale. — Le roi Philippe de Valois assiste aux conférences. — On ne rend aucun arrêté. — Simon de Bucy, premier président. — Noble indépendance de ce magistrat.

En l'année 1319, Philippe le Long fit un changement considérable à la grand'chambre : il voulut qu'il y eût toujours un ou deux barons dans cette chambre et il nomma le comte de Boulogne pour être l'un d'eux ; mais il déclara qu'il n'y députerait plus de prélats, parce qu'il faisait conscience de les empêcher au gouvernement de leurs *expérismentez*, et voulut qu'il n'y eût dans cette chambre, entre le chancelier et l'abbé de Saint-Denis, que huit clercs et douze laïcs. A l'égard des enquêtes, il les partagea en deux chambres composées ensemble de huit clercs et huit laïcs jugeurs avec quatre rapporteurs.

L'année suivante, Philippe le Long, laissant le parlement, c'est-à-dire la grand'chambre, dans le même état, ordonna que la chambre des requêtes serait composée de trois clercs t de deux laïcs, et par rapport aux enquêtes, il voulut que s deux chambres fussent toute l'année en *parlement* et ors, et même qu'elles s'assemblassent les après-midi, epuis Pâques jusqu'à la Saint-Michel. Il y avait dès lors, t même dès 1318, deux des laïcs de la grand'chambre re- êtus de la qualité de présidents, et il y en eut trois en 1341. orsqu'il venait à vaquer une place de conseiller au parle- ient, il s'assemblait en présence du chancelier s'il était à aris, pour élire un sujet que l'on présentait au roi.

Ce droit d'élection était l'un des plus précieux privi- iges du parlement: il pouvait de la sorte se recruter parmi s avocats les plus recommandables.

Sous le règne de Philippe le Long, les juifs, qu'on avait ouvent persécutés, le furent de nouveau très-violemment; s occupaient alors dans l'enceinte du Palais la rue de lazareth, qu'on appelait dans l'origine rue de Galilée ; ils n occupaient encore une autre, appelée rue de Jérusalem, galement située dans l'enceinte du Palais; ils demeu- aient dans ces deux rues, parce que l'enclos du Palais tait un lieu d'asile où ils se retiraient avec la permission lu concierge du Palais.

Cette fois, on ne les accusa pas de s'être rendus coupa- les d'usure, pour avoir occasion de s'emparer de leurs iens; on alla plus loin, on les accusa d'avoir empoisonné me grande quantité de puits et de fontaines, sur les ins- igations des rois de Tunis et de Grenade, qui étaient ma- iométans, et qui craignaient que le roi n'entreprît une iouvelle croisade. La populace, excitée par ce bruit, fit rruption dans l'enclos du Palais, et, sans respect pour la irotection royale qui devait les y tenir en sûreté, elle lévasta, pilla leurs habitations et exerça contre eux es plus odieux traitements. Cette même populace ne 'arrêta pas là dans ses excès, on la vit englober dans la nême persécution les *ladres* ou *lépreux*, qu'elle accusait d'être de connivence avec eux. « Ils ne donnoient pas seulement de l'horreur à tout le monde, dit Mézeray, par leur affreuse maladie, mais aussi de l'envie, d'autant qu'ils étoient exempts de subsides. » Le roi, ajoute le même auteur, « avoit mis leurs biens en sa main; mais les évêques lui ayant généreusement remontré que l'administration leur en appartenoit, il la leur rendit aussitôt avec protestation néanmoins qu'il n'entendoit point leur donner un nouveau droit s'il ne leur appartenoit pas. Pour les juifs, le peuple les mit à mort lui-même et en brûla quantité. Le roi chassa toute la nation du royaume; » — puis, Mézeray ajoute ce qui suit : « On soupçonna avec quelque raison qu'on avoit cherché querelle à ces malheureux pour avoir leurs dépouilles, car le génie de ce règne n'étoit pas moins fiscal que celui de Philippe le Bel. »

La corruption s'était glissée dans la justice : « Il y en avait beaucoup dans la juridiction du Châtelet. Les bons exemples du prévôt Boileau avaient peu fructifié, et les abus auxquels saint Louis avait porté remède s'étaient reproduits dans toute leur turpitude : le prévôt de Paris se dégradant lui-même, tenait rarement le siége, et commettait le jugement des affaires à ses lieutenants, auxquels il vendait ses commissions; et ceux-ci rendaient leurs sentences au profit de ceux qui les payaient le mieux. On mit un frein à ce désordre, en forçant le prévôt à remplir lui-même sa charge. »

Le fait suivant nous donnera une preuve éclatante de la corruption qui s'était glissée alors dans cette prévôté de Paris, et nous prouvera qu'on croyait qu'avec de l'or on pouvait braver les arrêts même du parlement; ce fait est authentique et se trouve rapporté par plusieurs historiens. En 1320, Tapperel était prévôt de Paris. Il y avait au moment où il exerçait sa charge, dans la prison du Châtelet, un homme fort riche accusé et convaincu

d'assassinat, et comme tel condamné au dernier supplice.
Les parents de cet homme s'abouchèrent avec le prévôt
pour le corrompre et trouver quelque moyen d'évasion.

Tapperel avisa que le meilleur moyen de le sauver était
de mettre à sa place un autre individu qui fut conduit au
supplice et exécuté. Il paraît que celui qui lui fut ainsi
substitué fut reconnu pendant le trajet ; c'était même un
écolier placé sous la juridiction de l'université, et que le
prévôt avait fait arrêter arbitrairement. Il résulta des enquêtes qui furent faites la preuve du crime commis par
Tapperel ; le parlement fut saisi, on sut alors toute la vérité. — L'écolier, victime de Tapperel, avait été arrêté par
les gens du guet pour une rixe sans importance, puis incarcéré provisoirement dans la prison du Châtelet. Il était
d'une province éloignée, n'ayant à Paris ni parents ni protecteurs ; et pour qu'il ne pût pas protester avant son supplice, le prévôt avait donné l'ordre qu'on lui mît un bâil-
lon sur la bouche. Tapperel, condamné à mort par arrêt
du parlement, fut exécuté au gibet de Montfaucon. Le roi
fit donner à la famille du malheureux écolier la fortune du
prévôt, qui s'était d'ailleurs enrichi par toute sorte d'extorsions.

Charles IV, dit le Bel, réprima en diverses circonstances
les exactions de la noblesse, et ce fut sous son règne, en
1323, qu'eut lieu l'exécution d'une sentence capitale rendue par son parlement contre un grand seigneur de Gascogne, nommé Jourdain de l'Ile, qui se croyait sûr de
l'impunité.

A l'avénement du roi, ce seigneur avait déjà commis
bon nombre de crimes, qui étaient tous restés impunis ; on
avait commencé contre lui des poursuites, mais le roi, cé-
dant d'abord aux sollicitations du pape qui était parent
du seigneur gascon, avait consenti à lui faire grâce, sous
condition qu'il s'amenderait. Jourdain de l'Ile, fort de la

protection du pape, de ses droits seigneuriaux, se garda
bien de s'amender, et regarda comme chose peu importante la recommandation royale; il abusa de sa grâce et
continua à vivre comme par le passé, c'est-à-dire de bri-
gandage, pillant, rançonnant ses vassaux ou les étrangers
qui s'approchaient de ses domaines, et commettant de nouveaux meurtres.

Le roi en fut averti et l'ajourna à comparaître en personne devant lui et devant son parlement.

Jourdain de l'Ile hésita d'abord avant de se rendre à
Paris, et pensa même à se dérober par la fuite à la justice
royale ; puis, confiant dans la protection du pape, il s'y
rendit avec un train superbe et accompagné de plusieurs
seigneurs qui le soutenaient. Il alla au Palais en grande
pompe et se présenta au roi, qui lui tourna le dos dès qu'il
parut, et donna l'ordre de l'arrêter dans le Palais même.
Cet ordre fut exécuté immédiatement, et Jourdain de l'Ile
incarcéré dans les prisons de la Conciergerie fut renvoyé
devant le parlement; et, lorsqu'il comparut devant ses
juges, il eut beau répéter que ses vassaux étaient *vilains*,
n'étaient rien, qu'ils lui appartenaient comme propriété,
que les tuer c'était faire usage de sa propriété. Le parlement, qui ne goûtait pas sa défense, le condamna à la peine
de mort.

Le 7 mai 1323, il fut traîné au supplice ignominicuse-
ment, attaché à la queue des chevaux jusqu'au pilori, et là,
hissé à une potence, aux applaudissements de la foule qui
était accourue de toutes parts pour voir la justice du roi,
moult honoré, et bon au pauvre peuple.

Nous venons de voir que Jourdain de l'Ile fut conduit au
pilori où il fut exécuté : ceci demande quelque expli-
cation.

On entendait par ce mot *pilori*, un lieu patibulaire où
était le poteau ou pilier du seigneur, au haut duquel se

trouvaient ses armes, et au milieu étaient attachées des chaînes ou carcans, marques de sa haute justice. Ces poteaux étaient connus à Paris et dans les provinces sous le nom de pilori. C'était dans un lieu apparent de la seigneurie que se punissaient les crimes commis sur le territoire. On y dressait des échafauds et autres instruments de supplices qui y restaient même quelquefois à demeure, afin d'intimider ceux qu'un mauvais penchant portait au crime.

Sous le règne de Philippe le Bel, les exécutions se faisaient à Montfaucon, c'est là où Enguerrand de Marigny fut pendu; mais ce lieu fut changé et transporté aux halles. Le pilori fut placé au marché du Carreau, et on dressa à côté un gibet. Ce pilori était une ancienne tour de pierre octogone, dont l'étage supérieur était percé de grandes fenêtres dans toutes les faces. Au milieu de cette tour était une machine de bois, tournante et percée de trous, où l'on faisait passer la tête et les bras des gens condamnés au pilori.

On y mettait surtout les banqueroutiers frauduleux, les concussionnaires et autres criminels de cette espèce; on les y exposait pendant trois jours de marché consécutifs, deux heures chaque jour, et de demi-heure en demi-heure, on leur faisait faire le tour du pilori, où ils étaient vus en face et exposés aux insultes et aux railleries de la populace.

Mais les expositions au pilori des banqueroutiers frauduleux se continuaient encore en l'année 1737; car on y vit cette année deux marchands banqueroutiers frauduleux, un praticien au Châtelet, fauteur de leur banqueroute, et un fabricant de faux contrats d'atermoiement. Par jugement rendu en dernier ressort par le lieutenant civil et par les gens tenant le siége présidial au Châtelet de Paris, le 22 juillet de cette année, ces quatre coupables furent condamnés à faire amende honorable au *parc civil*, ayant écriteau derrière, et être conduits de là au pilori, puis à la porte du Châtelet pour y être marqués d'un fer chaud, en forme de lettres, G. A. l. sur l'épaule droite, et ensuite aux galères.

Dans cette même place, auprès du pilori, on voyait une croix comme aux autres gibets ordinaires de Paris; c'est au pied de cette croix que les cessionnaires devaient venir déclarer qu'ils faisaient cession de leurs biens, et qu'ils devaient recevoir le bonnet vert de la main du bourreau; sans cette cérémonie humiliante, les cessions n'avaient point lieu; vers la fin du dix-huitième siècle, on avait cessé de faire prendre le bonnet vert aux cessionnaires.

Charles IV meurt en 1328, laissant sa femme enceinte; elle accoucha d'une fille nommée Blanche.

Après sa mort il y eut une régence durant laquelle les états firent faire le procès à Pierre Rener de Montigny, qui avait succédé à Enguerrand de Marigny et à La Guette dans l'administration des finances. Le funeste sort de ses prédécesseurs, et surtout de La Guette mis à la question pour vol des deniers de l'État, ne lui servit pas d'exemple.

« Par arrêt du parlement, nous dit Mézeray, où se trouvoient dix-huit chevaliers, vingt-cinq seigneurs princes et le *roy même*, qui n'étoit point encore sacré, il fut condamné à *traisner* et à pendre comme traître. »

L'exécution s'en fit le vingt-cinquième avril; la confiscation de ses biens, qui avait été prononcée, montait à 1,200,000 livres: c'était plus qu'aujourd'hui 15 millions. La somme était prodigieuse pour ces temps-là, à preuve certaine de ses voleries. Il fut attaché au gibet de Montfaucon, qu'il avait fait rebâtir, « s'estant lui-même, ajoute naïvement l'historien, préparé le logement qu'il méritoit. » (Mézeray, tome II, p. 84.)

Quand Philippe de Valois monta sur le trône (1328), on appliqua pour la troisième fois en sa faveur le texte de la loi salique, d'après lequel, suivant l'interprétation qu'on lui donnait, les femmes étaient exclues du trône. Cependant les droits des femmes avaient de nombreux partisans mais qui ne s'entendaient pas. Philippe parvint à désinte resser les grands qui étaient opposés à son avénement au trône ; il rendit en leur faveur quelques ordonnances, dont l'une notamment leur permettait de ne pas payer leurs dettes. Il ne tarda pas à se trouver en désaccord avec eux , lorsqu'on le vit revenir dans son gouvernement aux errements adoptés par Philippe le Bel. Le règne de Philippe le Long fut marqué, pour ainsi dire à son début, par un procès fameux intenté à Robert d'Artois, cousin et beaufrère de Philippe le Long, qui avait particulièrement contribué à son élévation au trône.

Le vendredi saint de l'année 1332, on rendit contre lui un arrêt par lequel on le bannissait du royaume et l'on confisquait tous ses biens. Ce prince était fils de Philippe , fils de Robert II, comte d'Artois. Philippe était mort avant son père et avait laissé Robert III, son fils ; mais comme dans le pays d'Artois la représentation n'avait pas lieu, la princesse Mahaut, fille de Robert II, prit possession du comté, après la mort de son père, à l'exclusion de Robert III, son neveu. Ce prince, quand il eut atteint l'âge de vingt et un ans, demanda d'être reconnu pour légitime souverain du comté d'Artois, et en même temps fit la guerre à sa tante, la comtesse Mahaut. Philippe de Valois , dont Robert avait épousé la sœur, se rendit l'arbitre du différend survenu entre ce prince et la comtesse Mahaut.

Robert, qui avait rendu à Philippe le Long de grands services, comptait beaucoup sur son appui, et Jeanne de Valois, sœur du roi, qu'il avait épousée, espérait aussi que son frère ferait rendre l'Artois à son mari : elle disait hautement que le roi ferait justice à Robert s'il pouvait produire quelque pièce nouvelle, *quelque petite qu'elle fût.* Un arrêt de la cour de France était déjà intervenu dans cette affaire, et la cour ou parlement avait débouté pour toujours Robert et ses successeurs de leurs prétentions; cet arrêt portait que « ledit Robert amast la comtesse Mahaut comme sa chère tante, et ladite comtesse ledit Robert comme son bon nepveu. »

La comtesse Mahaut, l'affaire s'étant de nouveau engagée devant le parlement, vint à Paris pour soutenir ses droits : elle y mourut presque en arrivant. Ses droits passaient à sa fille, veuve de Philippe le Long. Elle mourut trois mois après sa mère. Robert n'avait plus d'adversaire que le duc de Bourgogne, époux de Jeanne, fille de Philippe le Long et petite fille de Mahaut. Le roi admit le duc à la jouissance du comté, mais en même temps il réserva à Robert le droit de proposer ses raisons.

Philippe de Valois voulut prendre part à ce grand procès et il convoqua les pairs lui-même par des lettres scellées de son sceau « pour venir, y était-il dit, devant nous en notre cour suffisamment garnie de pairs. » Le roi tint sa cour au Louvre : il créa son fils Jean pair de France pour qu'il pût assister à cette assemblée. Les magistrats du parlement y eurent place comme assesseurs versés dans les lois, et ils obtinrent l'honneur de juger avec le roi de Bohême, avec tous les princes et pairs.

Ni les pièces ni les témoins ne manquèrent à Robert pour étayer ses prétentions, mais plusieurs des pièces qu'il fournit furent reconnues fausses. La comtesse de Mahaut avait eu pour principal conseiller l'évêque d'Arras. L'évêque étant mort et laissant beaucoup de biens, la comtesse poursuivit en restitution la maîtresse de l'évêque, une certaine dame Divion, femme d'un chevalier ; se voyant poursuivie, elle s'enfuit à Paris avec son mari. Elle y était à peine, que Jeanne de Valois, qui savait qu'elle avait tous les secrets de l'évêque d'Arras, la pressa de livrer les papiers qu'elle pouvait avoir gardés; la dame Divion prétendit même que la princesse la menaçait de la faire noyer ou brûler; elle la menaçait même au nom du roi : « J'ai voulu vous excuser, lui disait-elle, en luy représentant que vous n'aviez nulles desdites lettres, et il m'a répondu qu'il vous feroit ardoir si vous ne l'en baillez. » La Divion n'avait point de pièces, elle en fit. Elle fut envoyée tout exprès en Artois pour se procurer le sceau du comte.

Elle parvint, après quelques recherches, à en trouver un entre les mains d'Ourson-le-Borgne, dit le Beau-Parisis. « Il en vouloit, dit la *Chronique de Flandres* (p. 611), trois cents livres. Comme elle ne les avoit pas, elle offrit d'abord en gage un cheval noir sur lequel son mari avoit jouté à Arras, puis elle donna des joyaux prisés sept cent vingt-quatre livres parisis. Ensuite elle prit un scel à une lettre qui estoit scellée de l'évêque Thierri, et par Barat engigneur, l'ôta de cette lettre vieille et le plaça à la nouvelle; et à ce fait furent présentes ses deux servantes, l'une tenoit la chandelle et l'autre l'aidoit. » — La Divion déclara qu'elle assista seule avec la dame de Beaumont et la domestique Jeanne à l'application des sceaux.

Nous n'avons pas à relater ici les diverses pièces fausses qui furent fabriquées pour le besoin de ce procès, ce qui n'aurait aujourd'hui qu'un faible intérêt.

L'une d'elles, sous forme de lettre de l'évêque d'Arras, portait qu'il demandait pardon à Robert d'Artois d'avoir soustrait des titres; puis venait une charte de l'aïeul Robert qui assurait l'Artois à son père. Robert, à l'appui de ces pièces fausses, produisit cinquante-cinq témoins. Plusieurs vinrent affirmer devant la cour, qu'Enguerrand de Marigny, allant au supplice et déjà dans la charrette, avait avoué sa complicité avec l'évêque d'Arras dans la soustraction des titres. Robert se trouva bientôt dans une position fausse et équivoque; la véracité des pièces qu'il fournissait fut sûspectée de même que celle de plusieurs de ses témoins : il soutint mal leurs dires. Sommé par le procureur du roi, en présence du roi même, de déclarer s'il comptait faire usage de ces pièces équivoques, il dit oui d'abord et puis non. Il jura d'abord au roi, les mains levées vers les saints, qu'un homme vêtu de noir lui avait remis ces diverses pièces. Cet homme vêtu de noir était son confesseur; Robert les lui avait données, puis les avait reçues de ses mains, et c'est par ce subterfuge qu'il espérait, sinon tromper le roi et la cour, du moins échapper au serment sacrilége qu'il prêtait. Mais la dame Divion, qui avait fabriqué les fausses pièces, avoua tout, et des témoins déclarèrent aussi qu'ils s'étaient parjurés; Gérard de Ruvigny, entre autres, dit qu'il avait fait un faux témoignage à la demande pressante du prince Robert qui était venu chez lui très-souvent pour le solliciter.

Les aveux de la dame Divion sont extrêmement naïfs et détaillés; mais la malheureuse eut beau dire qu'elle avait été forcée à faire les pièces fausses par madame Jeanne de Valois, elle n'en fut pas moins brûlée au marché aux pourceaux, près la porte Saint-Honoré. Jeannette, sa servante, y subit, quatre ans après, le même supplice; quant aux faux témoins, les principaux furent attachés au pilori, vêtus de chemises toutes parsemées de langues rouges.

C'est sous le règne de Philippe de Valois qu'eurent lieu les fameuses conférences de Vincennes, dans lesquelles on chercha à fixer, sans pouvoir y parvenir, les limites qui doivent séparer le spirituel du temporel.

Philippe de Valois était à peine monté sur le trône que s'éleva ce grand différend. Il porta surtout sur la juridiction ecclésiastique. Les baillis et juges royaux faisaient chaque jour au roi des plaintes amères contre les officiaux des évêques, qui entreprenaient, disaient-ils, sur la juridiction des juges séculiers. Le roi, voulant mettre un terme à ces plaintes et fixer, ce qui était bien difficile, les limites des deux juridictions, pensa à réunir une assemblée d'évêques à Paris, et les convoqua à cet effet.

Il se trouva à cette assemblée cinq archevêques et quatorze évêques, représentant toute l'Eglise gallicane. L'affaire fut d'abord discutée en un conseil tenu à Vincennes, et depuis dans une assemblée du parlement, tenue à Paris en présence du roi. Ce fut Pierre de Cugnières, chevalier, conseiller du roi et avocat au parlement, qui porta la parole pour les juges royaux, tant à la conférence de Vincennes que devant le parlement : c'est la double qualité qui lui est attribuée dans les actes de la conférence de Vincennes. « Comme avocat, lisons-nous dans une récente biographie publiée dans le journal *le Droit,* 16-17 juillet 1859, par M. Barbier, avocat général, Cugnières était célèbre, tant par son éloquence que par son savoir de jurisconsulte, ce qui lui avait valu la haute faveur du roi. »

Quant à son titre de chevalier, on sait que les gens de loi les plus éminents prenaient cette qualité depuis qu'on avait introduit une chevalerie ès lois, à l'imitation de la chevalerie militaire. Il faut ajouter en outre, pour faire connaître Cugnières complétement, qu'il fut archidiacre de l'Église de Paris, ce qui n'avait rien d'incompatible avec la profession d'avocat. « Cugnières, ajoute M. Barbier, fut chargé par le roi de défendre la cause de l'autorité temporelle. Il avait pris d'ailleurs l'initiative de la plainte, frappé des inconvénients graves que présentaient pour l'ordre public les perpétuels conflits qui s'élevaient entre la juridiction ecclésiastique et la juridiction civile. Pénétré de la conviction que la première était envahissante, Cugnières s'était fait l'écho des doléances publiques à cet égard. »

Le rôle que lui confia le roi semblait donc lui revenir de droit. Il ne recula pas devant le péril et les difficultés d'une pareille tâche. Quelle que soit l'importance

des matières qui furent traitées dans la conférence de
Vincennes et ensuite dans le parlement, nous ne pouvons
pas nous y arrêter longuement, surtout si l'on songe à leur
étendue.

Les conférences de Vincennes s'ouvrirent les premiers
jours de décembre 1329. Philippe de Valois y assista, sur
son trône, entouré des princes du sang, des pairs et barons
du royaume et de ses ministres. Le clergé avait envoyé,
pour le représenter, ses plus illustres orateurs. La discus-
sion s'ouvrit; elle continua pendant cinq séances. Elles ne
furent pas toutes tenues à Vincennes; il y en eut une ou
deux qui eurent. lieu à Paris. Pierre Cugnières porta le
premier la parole. « Sa harangue, dit un historien, roula
tout entière sur les prétentions du clergé; il l'accusa d'appeler toutes les affaires à sa juridiction, sous prétexte, dit-
il, qu'il n'y avait pas d'acte juridique sans serment, et
qu'il n'y en avait par conséquent aucun qui ne tînt à la
religion, et dont les juridictions ecclésiastiques ne dussent
connaître. » C'était là en effet la doctrine du clergé, émanée de principes de la cour des pairs. Le même historien
ajoute que le plaidoyer de Cugnières fut aigre et violent,
que la partie de son discours, qu'on pouvait appeler dogma-
tique, était en latin, mais que quand il en vint aux griefs,
pour être mieux entendu des seigneurs laïques, il poursuivit sa harangue en français.

On n'a pas recueilli la harangue, ou plutôt la plaidoirie
de Cugnières dans cette grande affaire; il est donc difficile
de pouvoir en apprécier exactement le mérite, mais on ne
peut pas mettre en doute qu'elle n'ait été savante, ferme et
éloquente. Un pareil homme, dans une pareille cause, ne
devait pas rester au-dessous de son sujet. qu'il possédait
d'ailleurs parfaitement. Il lui fut répondu par Pierre Roger,
archevêque élu de Sens, qui depuis fut pape sous le nom
de Clément VI, et par Pierre Bertrand, évêque d'Autun ;

mais ce fut ce dernier qui, à ce qu'il paraît, supporta le
poids principal de la lutte. Il en fut récompensé par le chapeau de cardinal. La cause étant plaidée de part et d'autre,
il ne s'agissait plus que de la juger ; Philippe recula devant
la sentence. « Le clergé, dit Mézeray, fut en grand péril en
ce moment de se voir arracher tout à fait la justice et même
ses plus beaux domaines ; et c'est sans doute parce que les
débats, ouverts à Vincennes et terminés à Paris le 28 décembre, furent défavorables au clergé, que Philippe de
Valois s'abstint de toute résolution, pensant que ce qui ve-
noit de se passer serviroit à le contenir dans ses prétentions. Le roi déclara même qu'il avoit plus à cœur d'augmenter les droits de l'Eglise que de les amoindrir. Mais
c'étoient là des paroles de cour.

« Car depuis un tel choc, dit encore Mézeray, l'autorité
du clergé a été tellement affoiblie par les appels comme
d'abus, qu'il croit avoir aujourd'hui plus de plaintes contre les juges séculiers qu'ils n'en avoient en ce temps-là
contre lui. »

La conférence n'eut donc pour le moment aucun résultat, mais elle éveilla les esprits sur cette matière, et c'est
à partir de cette époque que commencèrent les efforts de
la juridiction royale pour rentrer dans les attributions
dont les désordres antérieurs l'avaient dépouillée.

Dans les dixième, onzième et douzième siècles, les seigneurs laïcs, qui ignoraient la procédure, abandonnèrent
aux juges d'Eglise le soin de juger les procès ordinaires de
leurs vassaux ; les juges d'Église et leurs officiers se multiplièrent ; leur nombre attira celui des procès ; ils finirent
par connaître des grandes et des petites affaires, et cette entreprise fut dans le treizième siècle un des griefs des seigneurs laïcs. Ils ouvrirent les yeux sur ces usurpations et
prirent à diverses fois des mesures pour y porter remède,
et le grand démêlé qui surgit sous Philippe de Valois fut

occasionné par des faits nombreux signalés déjà par les seigneurs sous Philippe Auguste et Louis VIII.

Nous trouvons, dans l'auteur de la *Jurisprudence du grand conseil*, ce qui suit touchant l'importance des conférences de Vincennes : « Ce grand démêlé fut porté à ce point, que Pierre de Cugnières, avocat du roi, parut demander la suppression de la juridiction contentieuse du clergé : il dit au roi que cette juridiction était une concession de ses prédécesseurs, que le clergé en abusait, qu'ainsi il pouvait la lui retirer. »

L'appel comme d'abus a précédé les conférences de Vincennes : quoiqu'on n'eût pas encore la pratique exacte des appels d'aujourd'hui (Jurisprudence du grand conseil, p. 209, t. II), on avait recours au roi lorsque le juge ecclésiastique contrevenait aux ordonnances du royaume. Pierre de Cugnières employa ce moyen et présenta sa plainte à Philippe de Valois contre les entreprises des officiaux; on suivit ensuite cette procédure.

La manière de procéder employée par Pierre de Cugnières dans la grande affaire que nous venons d'exposer, lui a fait attribuer l'invention de l'appel comme d'abus; mais il ne s'agit que de la forme de cet appel, disent les auteurs de cette attribution, car le fond est plus ancien.

On le nommait avant la voie de recours au prince.

Philippe de Valois tenait en grande considération les opinions des magistrats et respectait leur indépendance ; nous en trouvons la preuve dans le fait suivant que nous empruntons aux *Origines judiciaires* de M. de Bast, l'ingénieux auteur des *Galeries du Palais de Justice :*

« En mars 1330, Simon de Bucy, avocat d'un grand renom, et très-recommandable par son intégrité et par ses bonnes mœurs, avait été fait *chevalier ès lois* par ordonnance émanée directement du roi, et *sans avis et conseil* du chancelier. En 1331, il fut élu à l'unanimé conseiller au parlement.

« Le chancelier demanda alors à Simon de Bucy s'il voulait reprendre sa profession d'avocat; Simon de Bucy répondit qu'il était prêt à subir une disgrâce. Le chancelier, voyant qu'il ne l'avait pas intimidé, mit aussitôt en avant la personne du roi, et allégua que l'avis qu'il avait émis, contrariait celui qu'il avait adopté. A ceci, Simon de Bucy répliqua qu'il était conseiller au parlement de Paris et point courtisan, et qu'il pensait que lorsque le roi le demandait pour lui demander conseil, c'était pour qu'il pût le dire franchement.

« Le roi, qui avait suivi avec soin ce débat, se rangea tout à coup du côté de Simon de Bucy, et l'ordonnance étant mise aux voix fut adoptée. »

Dans une autre circonstance, Simon de Bucy ne montra pas moins d'indépendance et d'intégrité :

En 1333, il devint conseiller-rapporteur. « Il y avait alors, dit M. de Bast, des fonctionnaires publics connus sous le nom de *mangeurs*, *comestores*. C'étaient des valets de sergents que les créanciers plaçaient en garnison chez leurs débiteurs pour y vivre *à pot et à rôt* jusqu'à l'acquittement de la dette.

« Ceux-ci usaient si amplement du privilége, qu'effectivement ils parvenaient à manger le malheureux débiteur ; et telle est l'origine du mot *mangerie*, appliqué si souvent en matière de droit.

« Philippe de Valois, par son ordonnance de 1338, modifia l'usage des *mangeurs* en ces termes :

« Item. Presenti constitutione, statuimus quod admodo non pronantur *comestores*, nec *duo* vel plures simul. »

« L'ordonnance y substitue soit un *sergent*, soit un *commissaire* unique, à moins que les circonstances n'en exigent plusieurs. Mais cette modification n'avait lieu que pour les créances particulières.

« A l'égard de celles qui intéressaient le roi, l'institution du mangeur est maintenue : *Pro nobis debitis exequendis vel exigendis.* »

« Simon de Bucy rencontra de grandes oppositions dans le parlement et dans le conseil du roi pour faire adopter cette ordonnance. Philippe de Valois lui-même, quoique accessible à des sentiments d'humanité, penchait pour le rejet de l'ordonnance.

« Sire, s'écria l'austère conseiller, rejetez si tel est votre bon plaisir, cette ordonnance, mais je vous le déclare ici, ma voix ne faillira pas au milieu du parlement à ceux qui seront désormais les victimes de la rapacité des créanciers et de la voracité des mangeurs. »

On le vit encore dans une autre circonstance mettre de côté pour l'intérêt de la justice, son intérêt particulier :

C'était en 1348; il était alors *souverain*, ou premier président du parlement.

Un certain Alain de Hourdan, que plusieurs écrivains du temps nomment Claude de Hourdecy, conseiller des enquêtes, fut accusé et convaincu d'avoir falsifié la déposition de quelques témoins dans une enquête. Il fut condamné par arrêt du parlement à être pendu et étranglé; mais on accorda un sursis de quelques jours.

Pendant ce sursis, la famille d'Alain de Hourdan, qui était puissante et considérée dans sa province, vint se jeter aux genoux du roi pour implorer la grâce du juge prévaricateur: Philippe, touché des larmes de tant de gens, sollicité, d'un autre côté, par quelques personnages de sa cour, promit de faire tout ce qu'il pourrait pour mitiger l'arrêt de son parlement. Le soir même de ce jour, Philippe faisait appeler au Louvre le premier président Simon de Bucy.

— Messire de Bucy, dit le roi, on est venu ce matin me

supplier d'accorder la grâce d'Alain de Hourdan ; je n'ai rien promis, rien accordé, car j'étais bien aise de vous consulter auparavant.

— Vous avez bien fait, sire, répondit le premier président.

— Que me conseillez-vous donc de faire ? reprit le roi. Cet Alain a un oncle évêque de Pamiers, un cousin lieutenant de mes arbalestriers ; ce sont tous de braves et loyaux sujets, de fidèles serviteurs, n'est-il pas convenable de remettre un crime pour récompenser de bonnes actions?

— Il faut punir les criminels et rémunérer les honnêtes gens, repartit le premier président; faites archevêque, sire, l'évêque de Pamiers ; faites capitaine le lieutenant des arbalestriers, mais laissez pendre Alain de Hourdan, qui a commis le plus grand crime qu'un homme puisse commettre.

— On m'a pourtant assuré que cet Alain de Hourdan était allié à votre famille par les femmes?

— Je le sais fort bien, sire.

—Soit donc fait ainsi qu'il est requis, répondit le roi ; allez, messire de Bucy, allez en paix.

Alain de Hourdan fut mené en place de Grève, pendu, étranglé, et son corps fut placé pendant treize jours aux fourches patibulaires de Montfaucon.

Le savant et judicieux Loisel, en parlant de cet arrêt, le donne comme un mémorable témoignage de l'impartiale intégrité du parlement de Paris.

CHAPITRE XI.

Charles de Normandie est nommé lieutenant général du royaume. — Doléances des états. — En 1537, nouveaux cahiers de doléances. — Marcel,
prévôt de Paris, et Robert Lecoq en sont les rédacteurs principaux. —
Emeute au Palais.— Les maréchaux de France Jean de Conflans et Robert
de Clermont massacrés sous les yeux du dauphin. — Jean Maillard
tue le prévôt Marcel. — Le régent rentre à Paris qu'il avait quitté. —
Charles V reçoit au Palais l'empereur d'Allemagne et son fils Venceslas.
— Fêtes qui s'y donnent. — Grand banquet dans la grande salle. — Le
roi et l'empereur dînent sur la table de marbre. — Physionomie du Palais
sous Charles V. — C'est le centre des arts et des lettres. — Horloge de
Henri de Vic. — Elle est restaurée en 1852. — Description de cette belle
horloge. — La Conciergerie. — La question et les *oubliettes.*

Charles de Normandie, dauphin de France, était à Poitiers avec son père, Jean le Bon (1356); la bataille perdue,
il se rend à Paris, et se fait déclarer lieutenant général et défenseur du royaume; mais comme il était jeune
et sans expérience, les états, qui se trouvaient réunis, formèrent un conseil composé de douze prélats, de douze
gentilshommes et de douze bourgeois, qu'on nomma le
conseil des Trente-Six.

Avant de se séparer, les états rédigèrent un cahier de
doléances, qui fut présenté au dauphin par Etienne Marcel,
prévôt des marchands, et Robert Lecoq, évêque de Laon.
Le prévôt Marcel jouissait alors parmi les Parisiens d'une
immense popularité : dans le cahier des états, on se plai-
gnait du passé; on demandait la mise en arrestation de

Simon de Bucy, premier président du parlement, de Nicolas
de Braque, maître des comptes et de l'hôtel du roi, et de
plusieurs autres personnages ; on demandait aussi la mise
en liberté du roi de Navarre que le roi Jean avait fait emprisonner à Rouen.

Le dauphin ne voulut point faire droit à ces demandes,
on chercha par des subterfuges à éluder leurs réclamations, et ils se séparèrent sans avoir rien obtenu. En 1357,
nous les voyons se réunir de nouveau (5 février) ; Marcel et
Robert Lecoq, évêque de Laon, leur présentèrent le cahier
des doléances ; dans ces doléances, on conseillait d'abord au
dauphin de craindre Dieu, de l'honorer ainsi que ses ministres ; il devait éloigner les mauvais sujets de lui, ne rien
ordonner par les jeunes simples et ignorants. Les états accordaient de quoi payer trente mille hommes d'armes,
mais prenaient des garanties pour la bonne gestion de
l'*ayde ;* ils demandaient une nouvelle monnaie, et ne voulaient plus de changements sans le consentement des états ;
ils réclamaient, entre autres choses, la cessation du droit
de prise, qu'on pût résister aux procureurs et s'assembler
contre eux par cri ou par son de cloche.

Le dauphin devait promettre de faire cesser autour de lui
toute dépense superflue et voluptueuse.

« Chacun se contentera d'un office, disait le cahier des
doléances ; le nombre des gens de justice sera réduit. Les
prévôtés et vicomtés ne seront plus données à ferme ; les
prévôts ne pourront être placés dans les pays où ils sont nés.
Plus de jugements par commission. Les criminels ne pourront se composer ; il sera fait pleine justice. »

Dans ces doléances, rédigées en grande partie par Lecoq,
qui était président du parlement, les gens de justice sont
traités sévèrement : on leur défend de faire le commerce ;
on leur interdit les coalitions, les empiétements sur leurs juridictions respectives ; on réclame en certains cas la réduc-

tion de leurs salaires. — Enfin le grand conseil, le parlement, la chambre des comptes, sont accusés de négligence.

Ces doléances devinrent la grande ordonnance de 1357, que le dauphin fut obligé de signer. C'était là une grande réforme; mais les courtisans s'appliquèrent à la rendre illusoire, et bientôt Paris fut en proie aux plus grandes calamités. Le roi de Navarre est mis en liberté; après avoir été accueilli à Amiens comme le roi de la France, il rentre à Paris, se lie plus étroitement avec Marcel, le prévôt des marchands; il permet que ses partisans se distinguent des sujets de Valois par le chaperon national, mi-parti rouge et bleu. On lui a attribué le projet de se faire nommer roi. En même temps que Paris est en émoi, les paysans se soulèvent contre les nobles, et l'on voit naître la *jacquerie*, et le sang couler à flots dans la capitale, et des scènes horribles se passent au Palais. — On a bravé les doléances des états, les courtisans ont ri des réclamations des bourgeois, la tempête va éclater sur leurs têtes (1358).

Le 22 février, dès le matin, à la suite de troubles antérieurs, tous les gens de métier, avertis par ordre du prévôt des marchands, se rassemblèrent en armes à Saint-Eloi, couvent situé dans le quartier de la Cité. Des attroupements se formèrent et on entendait répéter de groupe en groupe qu'on ne pourrait jamais obtenir justice du duc de Normandie; que sans cesse obsédé par la troupe de ses courtisans, docile à leurs instigations, le prince rebutait tous les avis, toutes les instances, ou promettait pour manquer à sa foi. Sur ces entrefaites le prévôt paraît, accompagné des échevins; on les salue par des applaudissements et des cris prolongés. Une troupe se forme, brandissant des piques, des épées, des pioches, des fourches; l'air retentit d'imprécations contre les courtisans, et l'on se met en marche pour le Palais.

Les portiers ne veulent admettre que les prévôts, avec

un petit nombre des leurs ; on force l'entrée, la foule inonde les cours, les escaliers, les appartements, et le dauphin, qui s'entretenait avec plusieurs personnes de sa cour, surpris d'une telle rumeur, demande ce qui se passe. Aussitôt Marcel apparaît dans sa chambre, lui disant qu'il ne devait pas s'étonner de voir cet armement ; que ce qu'il en avait fait n'était que selon la résolution qui en avait été prise aux états, qui avaient jugé cette mesure nécessaire.

Il a à peine cessé de parler, que plusieurs des siens courent sus à Jean de Conflans, chevalier et maréchal de Champagne, et le tuent près du lit du dauphin et en sa présence. D'autres se jetèrent sur Robert de Clermont, maréchal du dauphin, qui, se défendant le mieux qu'il put, se sauva dans le cabinet du dauphin, où il fut poursuivi et massacré. Pendant ce double meurtre tous les gens du dauphin avaient cherché leur salut dans la fuite et l'avaient abandonné et sans secours.

Justement effrayé, il demanda merci et protection au prévôt des marchands, qui le rassura en lui disant qu'on n'en voulait pas à sa vie, et qui lui donna son chaperon, mi-parti de rouge et de vert, ce qui était la livrée de ceux de son parti. Le dauphin le prit, le mit sur sa tête, et le prévôt prit celui du dauphin, qui était de couleur brune noirâtre et chamarré d'or, et le porta tout le long du jour sur sa tête. Quelques-uns des affidés de Marcel prirent les corps des deux officiers du palais qui avaient été tués, et, en présence du dauphin, les traînèrent jusque devant la table du Palais. Ils furent exposés d'abord sur les carreaux, liés ensemble, puis mis sur la pierre de marbre, en la cour du Palais, où ils demeurèrent pendant trois jours, sans qu'aucun osât les enlever.

« Et, dit Pierre Fenice, avoit le comte une jambe rompue, et étoit tranché d'un coutel parmi le corps, depuis les

11

épaules jusqu'au bas, et çà les traînoient les petits enfants de place en place. »

Peu de temps après, le dauphin, qui jusque-là n'avait eu que le titre de lieutenant général du royaume, prit celui de régent, avec un nouveau sceau, puis il se décida à sortir de Paris. Charles de Navarre entra alors en connivence avec le prévôt Marcel, on prétend même qu'il s'agissait de le faire couronner roi de France. Le prévôt devait lui livrer, la nuit, la porte Saint-Denis et la porte Saint-Antoine (1er août); mais il fut déjoué dans son projet par Jean Maillard, capitaine d'un des quartiers de Paris, qui le tua à coups de hache d'armes. Les gens qui accompagnaient le prévôt furent également massacrés. Leurs corps furent ensuite traînés devant l'église de Sainte-Catherine-du-Val-des-Ecoliers, où étaient enterrés les corps des deux maréchaux qui avaient été égorgés en présence de leur prince, ce qui fut pris par le peuple pour une marque éclatante de la justice divine. Trois jours après, le régent rentra à Paris et alla loger au Louvre.

Il conserva longtemps, même étant devenu roi, un douloureux souvenir des scènes sanglantes qui s'étaient passées sous ses yeux au Palais durant la captivité du roi Jean, son père, et ce séjour lui était devenu déplaisant. Il ne pouvait pas ouvrir les fenêtres de sa chambre à coucher, sans voir la table de marbre sur laquelle avaient été déposés les cadavres des maréchaux de Champagne, massacrés à ses côtés.

Afin de pouvoir quitter le Palais, il fit construire le bel hôtel Saint-Paul, sur la rive droite de la Seine, et s'empressa d'aller l'habiter dès qu'il eut été terminé. C'est alors que la Conciergerie devint spécialement prison du Palais, de même que le Palais devint plus complétement palais de justice.

Le Palais ne resta pas moins palais du roi, et c'est encore là qu'eurent lieu les grandes cérémonies et les réceptions des hauts personnages venus de l'étranger pour visiter la France et son roi.

Charles V, qui était réputé sage avec raison, ne put pas éviter les guerres, notamment avec les Anglais. Le pape et l'empereur Charles IV voulant amener la paix, il fut convenu que l'empereur ferait, dans ce but, un voyage à Paris (1378). Depuis Francfort jusqu'à Paris, on lui rendit tous les honneurs dus à son rang ; son entrée dans la capitale fut magnifique : son fils Venceslas, roi des Romains, et un grand nombre de chevaliers l'accompagnaient. En sortant de Saint-Denis, il trouva à un quart de lieue de cette petite ville le prévôt de Paris, le chevalier du guet et leurs archers à cheval. Le prévôt des marchands et les échevins de la ville avec deux mille bourgeois choisis et bien montés, vêtus de robes mi-parties de blanc et de violet, étaient à quelque distance du prévôt de Paris et du chevalier du guet et formèrent l'escorte de l'empereur.

Le roi, accompagné des princes et des seigneurs de la cour, rencontra l'empereur entre le village de la Chapelle et la porte Saint-Denis. Après le premier cérémonial, il lui céda la droite et donna la gauche au roi des Romains.

L'empereur, le jour même de son arrivée, reçut de magnifiques présents, tant de la part des échevins que du roi. Le jour suivant, fête des Rois, l'empereur, le roi et le roi des Romains se rendirent dans la grande salle du Palais, où ils dînèrent. Le roi prit sa place entre l'empereur et le roi des Romains; l'archevêque de Reims s'assit à la droite de l'empereur, et les évêques de Bamberg, de Beauvais et de Paris, à la gauche du roi des Romains. Ce fut à la grande table que l'empereur et le roi prirent place, à cette grande table de marbre dont nous avons parlé précédemment. «Après le roy, nous dit Froissart dans son Histoire, un petit en sus, séoit la reyne de France. »

Huit cents chevaliers prirent part au splendide festin

offert à l'empereur sur de grandes tables dressées aux alentours de la table de marbre. A la fin du repas, commencèrent les divertissements, et on donna en représentation la prise de Jérusalem par Godefroy de Bouillon. L'art du machiniste de théâtre n'était pas aussi arriéré qu'on pourrait le supposer, car on vit tout à coup s'avancer au milieu même de la grande salle un magnifique vaisseau qui était mû par des ressorts secrets et portant son équipage. Bientôt après apparut la cité de Jérusalem, avec ses tours chargées de Sarrasins. Godefroy de Bouillon descendit du navire à la tête de ses guerriers, des échelles furent appuyées aux murailles, et l'assaut commença. Nous n'avons pas besoin de dire que Godefroy de Bouillon et ses croisés firent un affreux carnage des Sarrasins, et que Jérusalem fut prise et saccagée de fond en comble, et au milieu des houras, des bravos, des trépignements, des salves d'applaudissements de la cour et des huit cents chevaliers, chez lesquels ces simulacres de combats rappelaient tant d'héroïques souvenirs.

Après ce divertissement, et quand le repas fut terminé, le roi, accompagné des seigneurs de la cour, se rendit dans la grand'chambre, où il passa plusieurs heures à *ouïr*, dit Sauval, un concert de douce musique.

Le Palais, sous Charles V, était le centre des arts, des lettres et de l'industrie. Là aboutissaient les pensées utiles et élevées, là régnait la civilisation dans sa plus haute expression. Le Palais cependant commençait à soulever des critiques de la part des raffinés du temps; l'hôtel Saint-Paul l'éclipsait. Sous Charles V, c'était encore une espèce de forteresse, de construction massive, flanquée de grosses tours communiquant entre elles par des galeries.

Les appartements étaient vastes, mais chargés d'ornements qu'on trouvait gothiques; la lumière y arrivait, teinte de mille couleurs, par d'étroites fenêtres en ogives, défendues à l'extérieur par des grilles de fer, dont les vitraux coloriés étaient surchargés d'écussons, d'armoiries, d'images de saints.

Les bâtiments anciens occupaient tout l'espace compris entre le quai des Lunettes et celui des Orfévres ; et, jusqu'au quatorzième siècle, les murs du nord furent baignés par les eaux de la Seine. Ce fut alors seulement qu'on prit une vingtaine de pieds sur le lit du fleuve' pour construire le quai des Lunettes.

Dès que ce quai fut établi, il s'éleva le long des murs du Palais des échoppes, dont les dernières n'ont été détruites qu'il y a environ vingt-sept ans.

La façade de la rue de la Barillerie était fermée par des constructions de la plus disgracieuse variété, avec deux portes voûtées, défendues par deux tourelles ; une en face du grand escalier du Palais, l'autre vis-à-vis la cour des Comptes. Ces portes, étroites et sombres, n'annonçaient pas la grandeur de l'édifice dont elles formaient l'entrée, et la rue de la Barillerie, sale, étroite et tortueuse, à peine assez large pour qu'une voiture pût passer à l'aise, était bordée d'échoppes misérables et de maisons hideuses. En 1527, François Iᵉʳ ordonna que les maisons et loges bâties dans la cour du Palais fussent abattues. Et pour donner une idée exacte de ces misérables échoppes, nous croyons utile de citer le passage suivant de l'ordonnance de 1527. « Ces habitations, dit-elle, occupées par les gens mécaniques et de mestier, demeurant ordinairement et tenant leur ménage et feu en icelle, rendent ledit lieu moins sûr, trop commun et infecté, et subject à ordures, pestes et autres maladies contagieuses, et autres grands dangers de feu, de larcins, empeschant et occupant ladite cour, expressément ordonnée grande et plantureuse pour la décoration dudit lieu, et pour recevoir gens et chevaux y arrivant journellement, et aux entrées des rois, reines et autres princes faisant leurs entrées en ladite ville, et autres assemblées générales et communes, le tout au très-grand préjudice et dommage de nous et de notre chose publique. »

A droite de la grande cour (cour de Mai), était la galerie des Merciers, appelée plus tard galerie Dauphine. Elle était remplie de marchands de toute sorte, qui y déployaient tout le luxe possible en ce temps-là. Ce luxe a dû nécessairement aller en augmentant avec le progrès des arts et de l'industrie, et, à partir de Philippe le Bel jusqu'au dix-septième siècle, le Palais a été tout à la fois un centre artistique et industriel, presque tout autant qu'un centre judiciaire et administratif.

Au milieu du dix-septième siècle, on a fait paraître une gravure qui représentait une partie de la galerie des Merciers (galerie Dauphine). Elle reproduisait une boutique de libraire, une d'éventailliste et une de lingère, avec des groupes d'acheteurs et de causeurs. Au-dessous de cette gravure se trouvaient des vers qui prouvent jusqu'à quel point cette galerie était en réputation. L'auteur de ces vers fait de la galerie marchande une superbe description ; et, si nous l'en croyons, rien n'égalait sa splendeur, et l'on y voyait

Tout ce que l'art humain a jamais inventé.

Tenons donc qu'elle était fort brillante ; mais non-seulement on la remarquait par la réunion des objets d'art, d'industrie, qui s'y trouvaient réunis, mais aussi par la grâce et la beauté des marchandes.

Aussi, affluaient au Palais curieux et acheteurs, ainsi que gens de robe et plaideurs ; les petits maîtres du temps n'y faisaient pas défaut, et notre poëte nous dit qu'on en voyait se promener dans la galerie tenant quelque roman à la main, c'était bon ton alors.

D'autres de ces lions du dix-septième siècle faisaient leur cour tout en paraissant acheter ou même en achetant

> Des gants, des éventails, des rubans, des dentelles,
> Et pour se faire aimer galantissoient les belles.

Ainsi, tandis que les graves magistrats prêtaient une oreille attentive à de savantes plaidoiries, tandis qu'ils pesaient dans leur conscience les arguments souvent bien subtils et bien ardus des plaideurs, à cent pas de leur prétoire, de jeunes écervelés *galantissoient les belles.*

Cela devait être matière à réflexion dans l'esprit des d'Aguesseau, des Seguier et de leurs prédécesseurs ; car la galerie Dauphine de Philippe le Bel avait été envahie par les boutiquiers, et naturellement par ceux qui vendaient les objets les plus rares et les plus riches, puisque dans ce palais affluaient à côté des plaideurs, les courtisans et les grands seigneurs.

Quoi qu'il en soit, c'était chose curieuse que ce contraste des robes noires des avocats et procureurs se frôlant aux paniers des modistes et éventaillistes du Palais ; mais comme ceci était usité depuis tant d'années, on en était moins choqué que nous ne le serions de nos jours.

—Au temps de Charles V, toute invention nouvelle se produisait au Palais, et la première grosse horloge qu'on ait vue en France y a été installée par ses soins, et placée dans la tour carrée, située sur le quai qui a pris le nom de Quai de l'Horloge. Cette tour carrée n'était en réalité que la tour servant de donjon au Palais, alors qu'il était simplement forteresse.

Elle fut construite par Henri de Vic, qui vint à Paris en 1370. Le mécanicien allemand fut logé dans la tour dite depuis *tour de l'Horloge*, et auprès de l'horloge même, il y avait une grosse cloche qui ne devait retentir que dans les mémorables circonstances. Le 24 août 1572, une heure sonna à l'horloge, heure à jamais funeste, après quoi la grosse cloche ébranlait l'air de sa voix puissante et donnait le signal des odieux massacres de la Saint-Barthélemy. On assure que c'est pour cette cause qu'elle a été détruite pendant la révolution.

En 1852, on l'a vue reparaître sur la façade de la tour de l'Horloge, située vis-à-vis le quai aux Fleurs ; on l'a replacée à la même hauteur où elle se trouvait et au même lieu. La tour de l'horloge a quarante-sept mètres de hauteur ; l'épaisseur des murs est de six mètres.

Le cadran de cette horloge, le plus beau qui ait été construit à l'époque de la Renaissance, est placé sur le mur est de la tour de l'Horloge, à sept mètres du sol. Le diamètre du cercle des heures est de un mètre cinquante centimètres. Au centre de ce cercle sont des rayons flamboyants dorés. Sur ces rayons tournent deux aiguilles en cuivre repoussé et bronzé ; les chiffres indicatifs des heures sont sculptés en relief dans la pierre et sont peints en noir. La plus grande de ces aiguilles, destinée à marquer les minutes, représente le fer d'une lance avec une partie de son manche ; l'autre aiguille marque les heures au moyen d'une fleur de lis supportée par deux sphinx ; l'autre extrémité de cette aiguille représente un croissant et ne sert qu'à établir un contre-poids. Ce cadran est inscrit dans un encadrement orné de rosaces aux angles.

De chaque côté du cadran est une figure bas-relief ayant un mètre quatre-vingt-dix centimètres de hauteur.

La figure qui se trouve sur le côté gauche représente la Force s'appuyant de la main gauche sur un faisceau en tenant entre le pouce et l'index la main de justice, dont les deux derniers doigts sont fermés ; dans la main droite, elle tient la table de la loi sur laquelle est écrit :

REGALE TIME JUS,
SACRA DEI CELERARE PIUS.

Pieux observateur de la loi divine,
Respecte le droit royal.

La figure qui se trouve sur le côté droit représente la Justice tenant dans la main gauche la balance et dans la main droite un glaive.

Au-dessus de l'encadrement est une table en marbre noir sur laquelle est gravée en lettres dorées l'inscription suivante :

QUI DEDIT ANTE DUAS, TRIPLICEM DABIT ILLE CORONAM.

Celui qui lui a déjà donné deux couronnes lui donnera la troisième.

Et de chaque côté de cette inscription se trouvent deux D entrelacés et entourés de feuilles de chêne.

Cette table est surmontée d'un fronton sur lequel deux génies tenant des guirlandes viennent supporter les armes de Henri III. Ces armes sont composées de deux écus accolés, celui de la France portant sur un champ d'azur trois fleurs de lis d'or, sommé de la couronne royale, et celui de Pologne divisé en deux parties égales par une ligne perpendiculaire, portant sur un champ de gueules, à gauche, une aigle éployée, en argent, couronnée à l'antique, et à droite, un chevalier tenant en sa main droite une épée nue et en sa main gauche la bride de son coursier cabré ; le cavalier et le cheval sont d'argent et l'écu est aussi sommé de la couronne royale de France. Au-dessus de ces deux écus est une couronne de laurier suspendue par une colombe signifiant le Saint-Esprit; au-dessous de ces mêmes écus est une H, et le tout est environné du collier de l'ordre du Saint-Esprit, composé de coquilles, de fleurs de lis, d'H couronnées qui sont le chiffre d'Henri III. Au bas de ce collier pend une croix pattée à huit pointes boutonnées par les bouts, et émaillée de blanc par les bords et dont les angles sont garnis d'une fleur de lis; sur un des côtés est une colombe émaillée de blanc représentant le Saint-Esprit; sur l'autre côté est l'image de saint Michel combattant le dragon. Ces armes sont enfermées dans un cartouche sommé de la couronne royale de France.

Au-dessous de l'encadrement principal est placée une seconde table en marbre noir, mais plus grande que celle dont nous venons de parler, et sur laquelle sont gravés aussi en lettres dorées les deux vers suivants de Passerat:

MACHINA QUÆ BIS SEXTAM JUSTÈ DIVIDIT HORAS,
JUSTITIAM SERVARE MONET, LEGESQUE TUERI.

Cette machine qui divise si justement les douze heures,
Vous avertit qu'il faut observer la justice et sauvegarder les lois.

Cette table est soutenue par un cartouche orné d'une tête d'ange et de plusieurs ornements.

Les diverses parties de cette décoration, qui est sur un fond couleur d'azur et parsemé d'ornements figurant broderies, sont formées de corniches et d'encadrements d'architecture, ornés des chiffres de Henri III, de guirlandes, de têtes de bélier, de faune et autres ornements d'une sculpture très-délicate. Toutes ces parties sont, pour la plupart, dorées, argentées et ornées de tons de couleurs qui donnent à cet ensemble un aspect des plus élégants.

Au centre de la partie la plus élevée de l'auvent, et sur une ornementation variée, est le millésime de 1585 : c'est la date de l'achèvement du monument sous Henri III.

Aux deux angles inférieurs du fond de la décoration on lit à gauche: *R. Anno D.*, et au-dessous, le millésime 1685 : c'est la date de la restauration faite par Louis XIV; et à droite, *R. Anno D.*, et au-dessous, 1852 : c'est la date de la restauration faite sous la direction de MM. Duc et Dommey, architectes de la ville de Paris, chargés des travaux d'isolement et d'agrandissement du Palais de justice. M. Toussaint, statuaire, a exécuté les figures décoratives ; M. Flandrin a fait toute la sculpture d'ornementation ; M. Vivet, peintre-décorateur, a exécuté toutes les peintures, qui sont à la cire, et les dorures; M. Henry Lepaute, après des difficultés sans nombre, a établi l'horlogerie, et il est à remarquer que les aiguilles du cadran ont un mouvement parfaitement régulier et sans secousse.

La hauteur totale de la décoration du cadran est de 7 mètres 60 centimètres, et sa largeur totale de 5 mètres 60 centimètres.

Charles V ayant quitté le Palais pour habiter l'hôtel Saint-Paul, le Palais eut donc plus que jamais le véritable cachet d'un palais de justice, et c'est à partir de ce moment qu'on peut lui donner cette qualification.

Cependant nous le verrons encore habité par quelques successeurs de Charles V.

Il y eut dès lors une prison attachée au Palais et cette prison se nomma la Conciergerie. A la vérité, il y avait bien antérieurement à Charles V une prison attenante au Palais, et on peut dire même qu'il a dû y en avoir une dès les premières constructions.

La raison en est simple : toutes les forteresses et châteaux forts, au neuvième siècle, époque à laquelle nous avons vu construire le Palais, avaient un donjon, qui n'était autre chose qu'une tour carrée, tantôt en bois, tantôt en pierre, divisée en plusieurs étages et terminée par une plate-forme d'où l'on découvrait tout le pays

environnant et sous laquelle s'ouvraient des cachots souterrains entièrement privés d'air et de lumière. Quelquefois aussi, les fondations de cet édifice renfermaient, outre
les cachots, des puits profonds destinés à approvisionner
d'eau les défenseurs de la tour.

Autour de ce donjon, et dans l'enceinte renfermée par les
remparts extérieurs, s'élevaient des bâtiments servant de
magasins, d'écuries ou de logements pour les hommes
d'armes et les vassaux du seigneur.

Le caractère architectural des anciens châteaux forts bien
connu nous conduit à constater que le donjon du château
du comte Eudes était évidemment la tour de l'Horloge, qui
est parfaitement dans les conditions des anciens donjons,
et que c'est sous cette tour qu'ont dû exister d'abord les
premiers cachots situés au Palais.

Considérée à ce point de vue, la Conciergerie a la même
origine que le Palais ; elle fut construite à la même époque,
et comme lui, elle a dû subir des transformations et des
agrandissements. La demeure de saint Louis amena sans
doute des changements aux cachots, et la Conciergerie,
ainsi qu'on l'a dit avec raison, malgré son nom honnête,
n'a jamais été autre chose qu'une prison. Le nom de Conciergerie lui venait de ce qu'elle servait de demeure au
concierge.

Il n'est cependant question de la Conciergerie pour la
première fois, dans les registres de la Tournelle, qu'au
23 décembre 1391, à l'occasion de quelques habitants de
Nevers et du Nivernais qui y furent incarcérés pour avoir
voulu se soustraire à la tyrannie féodale de l'évêque, du
doyen et du chapitre de Nevers.

Le bâtiment de cette prison réunit trois ordres d'architecture : les constructions du temps de Louis IX et du seizième siècle, qui se font remarquer par leur irrégularité,
et celles élevées quelques années avant la révolution. Le

sol de la Conciergerie est au-dessous de celui de la rivière ; cependant il est moins humide que cette circonstance ne pourrait le faire supposer, grâce aux caves et souterrains en pierres qui sont pratiqués et qui sont aujourd'hui bouchés ou comblés.

Les cachots construits au pied des tours et au niveau de la Seine étaient humides et malsains, et le jour n'y pénétrait jamais. La Conciergerie a, à plusieurs reprises, été l'objet de grandes réparations, et au moment où nous écrivons, elle est en pleine reconstruction. Il faut même attendre pour en parler que ce travail soit achevé ; on pourra juger de son mérite et voir ce qui restera positivement des anciennes prisons si pleines de douloureux et émouvants souvenirs.

La Conciergerie proprement dite a plus attiré l'attention des écrivains historiques que le Palais de justice, et nous avons sur cette partie de ce monument diverses monographies qui ne sont pas sans intérêt. En parlant des prisons de Paris, les auteurs qui ont traité cette spécialité n'ont pas pu négliger la Conciergerie; nous y renvoyons ceux de nos lecteurs qui trouveront notre travail sur la Conciergerie trop court, travail, du reste, que nous espérons pouvoir compléter lorsque les constructions nouvelles seront achevées, dans une notice spéciale.

Dans ces derniers temps, il n'y avait qu'un cachot où le jour ne pénétrait pas : c'était celui qui était sous le promenoir des hommes, au pied d'une vieille tour, et dans lequel on enferma le fameux chef de voleurs Mandrin. Plus tard, il servit de dépôt pour les petits voleurs, et on démolit les deux cachots de *Saint-Vincent* et de *Grand-Nord*.

Dans le Palais restauré par saint Louis, qui l'enrichit de longues colonnades gothiques et n'oublia pas les cuisines qu'on remarque encore, on songea aussi à l'habitation du concierge: c'était naturellement celui qui laissait entrer les

amis dans la demeure royale, mais c'était lui aussi qui
empêchait les ennemis d'en sortir. La porte de l'ancienne
Conciergerie donnait dans la cour dite de Mai ou cour
d'honneur que nous voyons située vis-à-vis le boulevard
Sébastopol. La Conciergerie a aujourd'hui deux entrées :
l'une d'elles est placée entre les deux grandes tours cylin-
driques qui font face à la Seine, et l'autre est encore située
dans la cour de Mai, à droite du grand escalier par lequel
on monte au Palais. Par suite de sa destination, le Palais
de la maison royale avait un capitaine gouverneur qui se
faisait représenter par un bailli. Ce fonctionnaire habitait
l'hôtel qui fut plus tard réservé au premier président, et
qu'on a continué à appeler bailliage. Il possédait une
chambre dans la grande salle du Palais, et avait, tant
dans le Palais que dans les alentours, le droit de justice, excepté l'exécution des cas criminels. Le concierge
du Palais était sans doute placé sous ses ordres. La
fonction de concierge avait divers avantages. Ainsi, il pré-
levait sur les maisons de la place Saint-Michel, des rues de
la Calandre et de la Corberie, le chantelage du vin, consistant en quatre deniers parisis, chaque tonneau, et autant
sur chaque muid d'avoine.

Il percevait chaque jour un setier de vin, douze pains de
cour et un de bouche, deux poules, deux pièces de chair de
porc, des chandelles pour se coucher, et les cendres qui se
trouvaient dans le Palais au moment où le roi le quittait
pour une autre résidence.

C'était lui qui permettait aux merciers et autres marchands, moyennant finance, de s'établir au Palais ; il jouissait en outre de divers autres avantages purement fiscaux.

Enfin, il avait sous son inspection les prisons de la Conciergerie, sur lesquelles le parlement exerçait une haute
surveillance, ce qui ne l'empêchait pas d'avoir sur les prisonniers un pouvoir à peu près discrétionnaire. Ainsi, il

taxait lui-même les vivres qu'il leur fournissait, le loyer de leurs meubles, et il arriva plus d'une fois que les prisonniers qui devaient être relaxés par ordre de justice se trouvaient retenus à la Conciergerie jusqu'à ce qu'ils eussent payé le mémoire de *geôlage*.

La charge de concierge du Palais fut souvent occupée par des hommes de bonne naissance ; parmi eux se trouvent Thibaut de Mézeray et Jacques Coictier, médecin de Louis XI.

La Conciergerie était flanquée de fortes tours qui n'ont pu toutes être conservées ; il en reste encore quatre, qui sont situées en face de la Seine, quai de l'Horloge.

Nous avons déjà parlé de la tour carrée (tour de l'Horloge), qui est à l'angle du Palais ; elle n'est pas de la même époque que les trois autres qui l'avoisinent.

La première de ces trois tours est dénommée *la Tour d'Argent* : c'est celle qui est la plus voisine du Pont-au-Change ; la grosse tour est appelée *Tour Bom Bée* ou *Bon Bec*, et la troisième, portant le nom de *la Tour de César*, tire son nom des fondations sur lesquelles elle a été construite. Il paraît que, lorsque César se trouvait dans les Gaules, il fit élever à la pointe de l'île un fort qui dominait la ville et qui commandait le fleuve en amont. La tour Bon Bec, ou la grosse tour, et non la tour Bombée, ainsi que l'appellent quelques historiens, a reçu cette dénomination, parce qu'elle servait à administrer la question aux criminels. C'est au moyen des tortures qu'on faisait parler ceux qu'on croyait coupables et contre lesquels on manquait de preuves ; et c'est de là, si l'on en croit la tradition, que vint le nom de *Bon Bec* qui lui fut donné, ce qui voulait dire qu'elle avait la puissance de faire parler ceux qui mettaient le plus d'obstination à se taire, et qu'ainsi elle avait bon bec.

La tour d'Argent était ainsi désignée, parce qu'elle servait aux rois qui habitaient le Palais de lieu de dépôt pour

leur trésor. Sous la tour Bon Bec se trouvaient les humides
oubliettes, dont on a à tort contesté l'existence ; on en
voyait encore les constructions maçonnées il y a quinze ou
vingt ans ; elles étaient au nombre de deux ; elles formaient
une espèce de puits ou de citerne, parsemée de pointes de
fer ; une chausse-trape s'y trouvait adaptée, et le malheureux condamné aux oubliettes était conduit sans doute, sans
qu'il le sût, vers cette chausse-trape, qui s'entr'ouvrait
sous ses pas et l'engloutissait à jamais. Il roulait à travers
les pointes de fer qui le lacéraient de tous côtés, et qui souvent devaient le retenir un temps assez long avant qu'il
eût expiré. Là nul n'entendait ses cris, ses lamentations, et
le bruit du dehors et des vagues de la Seine, qui venaient
battre au pied de la tour, les couvrait complétement.
Quand les eaux arrivaient à certaine hauteur, elles mon-
taient dans les oubliettes et emportaient les lambeaux de
son corps. A l'époque des grands travaux qui furent faits
dans la Conciergerie, durant le règne de Louis-Philippe,
on a trouvé les pitons en fer qui étaient fixés dans les oubliettes ; de même qu'on a trouvé dans la tour Bon Bec
tous les instruments au moyen desquels on appliquait la
question. Nous aurons occasion de dire, en parlant des divers supplices pratiqués en France sous le parlement, de
quelle manière se donnait cette torture préalable, dite la
question.

Ce serait une histoire bien lamentable, bien sombre que
celle dans laquelle on retracerait toutes les douleurs poi-
gnantes qui se sont, durant des siècles, produites sous ces
vieilles tours du Palais. Là sont venus de grands criminels,
là de justes mais terribles châtiments ont été infligés à de
grands coupables ; mais que de victimes illustres y ont été
conduites ! que de crimes d'opinion, ou de prétendus crimes y ont été l'objet de terribles sentences ! Dans ces cachots sans air, sans lumière, placés sous les tours, ont été

incarcérés les Cartouche, les Mandrin; maîs dans ces mêmes cachots a été jetée une reine de France, encore jeune
et belle, que son sexe devait préserver des colères du temps.
Là a été aussi jetée cette belle et éloquente madame Ro-
land, qu'on a accusée d'avoir causé la mort de ses illustres
amis politiques, les girondins.

D'autres victimes politiques ont aussi traversé plus tard
la Conciergerie, et nos fastes judiciaires ont recueilli les
incidents divers de leur séjour en cette prison. Mais pas-
sons, car ce n'est pas son histoire que nous faisons.

12

CHAPITRE XII.

Émeute dite des *Maillotins* (1382). — Mise en liberté du prévôt Aubriot. — Charles VI entre à Paris. — Violente répression. — Scène de clémence dans la cour de Mai. — Du droit d'élection accordé au parlement. — Singulier procès fait à deux émissaires du pape. — La France divisée en deux factions, bourguignons et armagnacs. — Elles se livrent toutes deux à des excès. — Établissement d'une nouvelle chambre au parlement. — Incidents curieux de l'élection du président Jean Vailli, candidat du roi. — Massacres dans les prisons. — La Conciergerie est ensanglantée. — Réaction contre les égorgeurs.—Exécution du bourreau Capeluche, accusé d'avoir dirigé les bandes d'assassins. — Henri V épouse Catherine de France. — Mort de Charles VI. — Assassinat à Montereau du duc de Bourgogne. — Traité de Troyes. — Le dauphin exclu du trône de France. — Mort de la reine Isabeau.

Charles V, en mourant, laissa la couronne à son fils aîné, à peine âgé de douze ans; il fut placé sous la tutelle de ses oncles, les ducs d'Anjou, de Berri, de Bourgogne et de Bourbon. Le duc d'Anjou, qui voulait aller conquérir le royaume de Naples, mit la main sur le trésor public et ne trouva rien de mieux que de lever ensuite de nouveaux impôts, ce qui amena des troubles dans Paris. Le peuple irrité se souleva spontanément, prit les armes et s'organisa militairement pour la sûreté publique (1382). Alors éclata cette fameuse émeute dite des Maillotins qui commença à ces cris : *Aux armes et liberté*. Les mutins se jetèrent sur les commis des aides, qu'ils tuèrent, et brisèrent les boîtes qu'on avait posées pour recevoir les nouveaux impôts; puis ils forcèrent les portes de l'hôtel de ville, d'où ils enlevèrent toutes les armes, qui consistaient surtout en un grand nombre de massues et de maillets de fer : c'est de la qu'on leur donna le nom de *Maillotins*. Le premier usage qu'ils firent de leurs massues fut d'assommer tous les financiers jusqu'au pied des autels, où ils s'étaient réfugiés ; puis ils forcèrent les prisons, d'où ils tirèrent Hugues Aubriot, qu'ils voulurent mettre à leur tête.

Aubriot, prévôt de Paris sous Charles V et intendant des finances, avait montré un grand zèle pour le bien de cette capitale. Il avait fait bâtir la Bastille en 1369 pour servir de forteresse contre les Anglais, le pont Saint-Michel, le Petit-Châtelet, les murs de la porte Saint-Antoine et divers autres édifices publics. Aubriot avait encouru la haine de l'université de Paris, par suite de la sévérité avec laquelle il réprimait les désordres des écoliers : on prétend même qu'il avait fait faire exprès deux cachots dans le Petit-Châtelet qu'il appelait le *clos Bruneau* et la *rue du Foin*, noms de deux quartiers habités principalement par les écoliers.

L'université fit informer contre lui et le cita devant l'évêque de Paris, ce qui prouve que les *crimes énormes* qu'on lui imputait étaient purement des crimes de religion.

Cet évêque le jugea coupable d'*infamies* et d'impiétés dignes d'être punies par le feu : cependant quelques seigneurs qui s'intéressaient pour lui firent modérer la sentence, et l'évêque se contenta de le condamner à une prison perpétuelle et à jeuner au pain et à l'eau.

Aubriot subissait cette peine quand éclata l'émeute des Maillotins. Une fois en liberté, il s'empressa de quitter Paris, laissant les insurgés qui l'avaient délivré à leurs propres inspirations; il alla chercher le repos et la sécurité en Bourgogne, son pays natal.

Le roi était à Rouen au moment de l'insurrection des Maillotins. Rouen aussi s'était insurgé contre les nouveaux impôts; mais il fut soumis par les armes. Apprenant la révolte des Parisiens, il s'approcha de cette ville et demanda à entrer à des conditions que les bourgeois rejetèrent d'abord. Cependant il y eut un accommodement, et le roi rentra dans sa capitale en accordant un pardon général; la ville s'engagea à payer une somme de cent mille francs pour cet acte de clémence : mais le pardon accordé par le roi ne fut pas exécuté loyalement, et des exécutions assez nombreuses eurent lieu pendant la nuit. Les prisons de la Conciergerie furent remplies, la Seine charria de nombreux cadavres, et les passants effrayés purent dire, en les voyant rouler dans les flots : *Laissons passer la justice du roi.*

Charles VI partit ensuite pour aller soutenir le comte de Flandre qui était en guerre avec ses sujets; les Maillotins, se défiant de ses projets à leur égard, nouèrent quelques intrigues avec les Flamands, ce dont Charles VI fut informé.

On assure qu'après avoir remporté sur les Flamands, commandés par Philippe Artevelle, la bataille de Rosebecque (1383), il lui fut donné communication de certaines lettres des Parisiens « faisant mention, dit Mézeray, d'une ligue des villes de France avec celles de Flandre pour *l'extinction de la noblesse.* » (Tome II, p. 173, Abrégé chronologique.) Cette découverte rendit le roi furieux; il rentra ensuite en France à la tête de son armée, nourrissant des projets de vengeance. Il s'arrêta d'abord à Saint-Denis : les Parisiens, bien plus pour lui rendre hommage que pour lui en imposer, allèrent au-devant de lui au nombre d'environ trente mille armés ; mais Charles VI leur donna tout aussitôt l'ordre de se dissiper et de rentrer chacun dans son domicile, ce qu'ils firent. Il vint ensuite à Paris à la

tête de son armée et y entra comme dans une ville conquise; il ordonna qu'on fît la recherche des coupables; on en
arrêta d'abord trois cents, qui furent exécutés. Puis on ôta
aux Parisiens tous leurs priviléges, et la terreur régna partout. Un tel état de choses ne pouvait durer, et pour en
sortir, on imagina une scène qui n'était en réalité qu'une
comédie grotesque et sordide.

Dans une nuit de mars, on fait assembler les bourgeois de
Paris et leurs femmes dans la cour du Palais et aux alentours; personne ne sait ce qui va se passer. Seulement, on
voit le trône royal élevé dans la cour de Mai. — Le roi va-
t-il faire grâce ou redoubler de rigueur? C'est ce qu'on
ignore. — Il vient prendre place sur son trône, entouré de
sa cour. Un héraut d'armes crie silence. Les femmes des
détenus pleurent et sanglotent; le front de Charles VI est
sombre et couvert de nuages. — Les gardes qui l'environnent écartent rudement les Parisiens qui veulent l'implorer
et le héraut d'armes répète encore : *silence.* — Chacun se
tait. Alors Pierre d'Orgemont, chancelier de France, fait
un discours au peuple dans lequel il lui reproche ses inso-
lences, ses révoltes, ses cruautés; il lui met devant les
yeux tous les attentats commis, depuis le meurtre des
deux maréchaux, meurtres commis à côté de leur prince;
il se sert des termes les plus énergiques pour leur peindre
les différents outrages qu'ils avaient faits à la majesté
royale.

Ce discours menaçant consterna le peuple ; tous les assistants se prosternèrent à terre en se frappant la poitrine et
criant miséricorde. Les ducs de Berri et de Bourgogne se
jettent aux pieds du roi et lui demandent grâce pour ses
sujets coupables. Le roi la leur accorde et paraît céder à
leurs prières. Alors le chancelier s'adressa une seconde fois
au peuple, un peu remis de sa crainte, et dit que Sa Majesté
faisait seulement grâce de la vie. Quelques jours après, on

relâcha les prisonniers, mais on exigea d'eux de très-grandes sommes.

Ainsi se passa dans la cour du Palais cette scène théâtrale qui n'avait pas d'autre objet que de rançonner les Parisiens suspects. « On exigea d'eux, nous dit Mézeray, plus de la moitié de leurs biens; puis dans cette terreur, on rétablit les impôts et on les leva avec des extorsions indicibles, et ces grandes sommes tournèrent presque toutes au profit de la noblesse, qui les dissipoit aussitôt en folles et odieuses dépenses, justifiant en quelque sorte les émotions populaires que l'on châtiait si horriblement.»

Il ne manquait à ces horreurs que d'être mises en comédie, et c'est ce qui eut lieu. — On joua, sur un théâtre dressé au Palais, une pièce en trois actes dont le premier représentait les femmes des victimes en lamentations; le second, la justice, des châtiments; dans le troisième, on voyait les oncles du roi se jeter à ses pieds pour implorer sa clémence. Nous venons de voir ce qu'était cette clémence.

Nous n'avons pas à décrire les péripéties sanglantes du règne si long et si désastreux de Charles VI et nous n'en indiquerons que quelques parties ayant trait à notre sujet; sous ce règne, nous n'avons pas de progrès à constater, mais des meurtres et des crimes. On voit alors le flambeau des lois s'obscurcir, le siége du magistrat osciller.

En l'année 1358, le roi fait une déclaration portant que pour son honneur et profit, de lui et de son peuple, il admet les officiers dans la chambre du parlement, dans celle des enquêtes et celle des requêtes à un moindre nombre et veut que quand un office vaquera, le parlement *élise le plus suffisant à remplir ledit office*. C'est dans cette ordonnance qu'il est fait mention pour la première fois de la chambre des requêtes, mais son institution remonte au-delà. Plusieurs arrêts de 1310 et années suivantes attestent que la chambre des requêtes formait dès ce temps une chambre spéciale jugeant, en vertu d'une autorisation du roi, dans l'intervalle des sessions, certaines affaires rentrant dans la compétence de la grand'chambre ; mais sa principale attribution consistait à délivrer des lettres *de justice.* Ces lettres étaient nécessaires à qui voulait se pourvoir contre un jugement rendu par un seigneur ou un prévôt ; elles n'étaient accordées qu'après une vérification dont le but était de rechercher si l'appel avait été interjeté dans les délais, s'il pouvait être porté immédiatement au parlement. Cette chambre se forma des maîtres des requêtes de l'hôtel chargés de recevoir les suppliques et les adresses en conseil ou à la section judiciaire; on la divisa en deux commissions, l'une pour les pays de droit coutumier, l'autre pour les affaires de pays de droit écrit.

L'un des plus doctes et des plus éminents magistrats de nos temps modernes, Henrion de Pensey, attachait au droit d'élection, usité dans le parlement, la plus grande importance. Après avoir cité l'ordonnance du 11 mars 1341, qui se terminait par la disposition suivante : « Le roi a ordonné que nul ne soit mis au lieu et nombre des susdits états, quand il vaquera, se il n'est témoigné au roi par le chancelier et par le parlement, être suffisant à exercer ledit office, et être mis en nombre et lieu, » il ajoute : « Cette disposition est remarquable; on y voit que le roi prend l'engagement de ne confier les offices du parlement qu'à ceux dont la suffisance lui était certifiée par cette compagnie, réunie sous la présidence du chancelier. »

Les troubles qui désolèrent la France sous Charles V firent plus d'une fois perdre de vue cette sage disposition, mais constamment invoquée, elle fut souvent exécutée. (*Œuvres judiciaires,* de l'autorité judiciaire, chap. X, p. 105.)

Au nombre des procès curieux qui furent jugés par le parlement, sous Charles V, nous pouvons placer le suivant:

Le pape Benoît XIII fait passer en France une bulle favorisant ses exactions sur le clergé et contraire à une déclaration formelle, publiée à Paris le 15 mai 1408. Cette bulle fut plus tard glissée dans un paquet, que Sanche Loup, Aragonais, et un courrier de l'écurie de Benoît présentèrent au roi. Par cette bulle, le pape excommuniait tous ceux qui favoriseraient la soustraction des recettes qu'il voulait continuer à faire en France, sans en excepter même le roi.

On examina cette bulle dans une assemblée extraordinaire, au Palais, où se trouvèrent, avec les princes et les seigneurs qui composaient le conseil du roi, un grand nombre de prélats et de docteurs. Jean Courtecuisse, habile théologien, démontra avec un grand sens, qu'elle était injurieuse au roi et à la nation, et parla avec tant de force et de logique, que le parlement ordonna qu'elle serait lacérée publiquement. On songea ensuite à faire le procès aux deux porteurs de la bulle ; ils furent traduits devant le parlement et condamnés à faire amende honorable de la manière suivante : on les conduisit à la cour du Palais, revêtus de dalmatiques de toile noire aux armes de Pierre de la Lune, renversées, avec des mitres de papier sur la tête, sur lesquelles on avait écrit ces mots : *Ceux sont déloyaux à l'Eglise et au roi.* Ils parurent ainsi habillés sur un échafaud dressé au milieu de la cour, où ils furent exposés aux railleries de la populace. On les remit ensuite en prison, le premier pour toujours, et le second pour trois ans.

— Après le meurtre du duc d'Orléans, qui resta impuni, le comte d'Armagnac, beau-père de ce prince, prit le commandement des orléanistes.

Le duc de Bourgogne, de son côté, étant maître de Paris, met tous ses soins à armer ses partisans. La France est divisée en **deux** factions : bourguignons et armagnacs. Les bouchers de Paris s'organisent par les soins du comte de Saint-Paul ; la guerre civile éclate.

Le duc de Bourgogne, manquant d'argent pour l'entretien de ses troupes, s'avisa d'un expédient qu'on a plusieurs fois pratiqué depuis, mais inusité jusque-là : il s'empara des sommes consignées au greffe du parlement par les parties. Le greffier, interrogé sur ces dépôts, répondit qu'il ne pouvait découvrir le lieu où ils étaient sans en avoir reçu ordre des présidents. Le parlement, instruit par son greffier de la demande singulière du duc de Bourgogne, s'assembla le lendemain ; il consulta, dans ce cas extraordinaire, quelques membres de la chambre des comptes. Après une mûre délibération, il rendit un arrêté par lequel il ordonna que les dépôts, montant à la somme de quatre mille écus, seraient remis au duc de Bourgogne. Cette petite somme ne pouvait suffire aux besoins du duc ; il fallut avoir recours à une taxe sur la ville, qui fit elle-même le rôle de l'imposition ; mais, par respect pour le parlement, elle ne le plaça point sur le rôle et lui laissa la liberté de se taxer, pour soutenir, dit un historien, la grandeur qui le faisait respecter. Le parlement se taxa lui-même à mille livres.

Les bourguignons, maîtres de Paris, y commettaient de déplorables excès.

Ils confondaient, sous le nom ennemi de d'armagnacs, tous ceux qui, par crainte ou par prudence, ne se déclaraient ni pour l'un ni pour l'autre parti ; ils pillaient leurs biens et les réduisaient à la misère. Il se forma bientôt un parti, qui n'était ni armagnac, ni bourguignon, et qui voulait le règne des lois. Ce parti, composé principalement des suspects ou des neutres, qu'on avait dépouillés, présenta une requête au parlement pour demander justice des biens qui leur avaient été enlevés, sous prétexte qu'ils étaient armagnacs. Mais les *cabochiens*, qui craignaient l'intervention du parlement, songèrent à parer le coup dont ils étaient menacés ; ils s'adressèrent au conseil, et, soutenus du duc de Bourgogne, ils obtinrent l'établissement d'une chambre de justice, composée de trois présidents, Jean de Drac, Eustache de Laistre et le prévôt de Paris ; de trois gentilshommes, Gallois d'Aunoi, Charles de Chambli et du sire d'Offremont, et de douze autres personnes tirées des cours souveraines, du corps de l'université et de la ville de Paris. On donna à cette chambre de justice le pouvoir de juger des crimes d'Etat, et le duc de Bourgogne, qui ne perdait jamais de vue le moyen de se procurer de l'argent, voulut que les réparations de ces crimes fussent converties en amendes pécuniaires. — Par lettres du roi, du 10 janvier 1412, les bourgeois de Paris sont rétablis dans leurs anciens droits de prévôté et d'échevinage.

Le droit d'élection existait en faveur du parlement, ainsi que nous l'avons dit plus haut, et nous le voyons s'efforcer de le conserver au milieu des troubles civils du règne de Charles VI.

La paix dite des *Princes* avait été signée; Eustache de Laistre était encore chancelier ; mais on le contraignit à se démettre de sa charge, et l'on procéda, le 9 août, à l'élection d'un nouveau chancelier à l'hôtel Saint-Paul. Le roi, ayant entendu la messe, vint dans la chambre du conseil, avec les ducs de Berri et de Bourgogne; on annonça de sa part ce qui motivait l'assemblée. Tout le monde sortit, à l'exception du greffier du parlement et d'un secrétaire du roi. On donna ensuite au greffier le missel et la vraie croix, sur quoi l'on devait faire le serment de l'élection. Ceci fait, Antoine de Craon, qui gardait la porte, appela tous ceux qui concouraient à l'élection. Le grand maître de Rhodes entra d'abord, et après lui vinrent l'archevêque de Bourges, l'évêque de Beauvais, les barons, les chevaliers, les conseillers du parlement et de la chambre des comptes, et tous les autres, jusqu'au nombre de quatre-vingt-neuf, qui jurèrent tous, sur le missel et sur la vraie croix, de nommer avec sincérité, et sans partialité, celui qu'ils jugeraient le plus digne de remplir la charge de chancelier. Le scrutin était déjà commencé quand le dauphin, le duc de Bar et le duc de Bavière entrèrent. Ils firent aussi serment et donnèrent leur voix. Henri de Marle, premier président, eut le plus grand nombre de suffrages. On ouvrit ensuite les portes pour publier le scrutin. Le greffier, qui en avait été chargé, dit tout haut que messire Henri de Marle avait eu quarante-quatre voix ; Simon de Nanterre, président au parlement, vingt ; Jean de Saux, chancelier de Bourgogne, six, et Armand de Corbie, dix-huit. Puis il ajouta que, sans son grand âge, il les aurait eu toutes.

Le roi déclara alors Henri de Marle chancelier. Celui-ci, après avoir dit qu'il n'acceptait cette charge que dans la vue de rendre service à l'État, fit le serment.

Avant qu'on se séparât, plusieurs seigneurs demandèrent au roi la charge de président qu'Henri de Marle laissait vacante pour Jean de Vailli, chancelier du dauphin, que les cabochiens avaient incarcéré.

Le chancelier, accompagné d'un grand nombre de seigneurs, se rendit le lendemain au parlement et dit à la cour assemblée que le roi désirait que Jean de Vailli fût revêtu de la charge de quatrième président. Cette demande ressemblait à un ordre, mais il fut répondu que, d'après les ordonnances, les promotions devaient se faire par élection.

Les protecteurs de Vailli revinrent le lendemain avec des lettres du roi, du dauphin, des ducs de Berri et de Bourgogne ; ces lettres furent reçues avec respect par le parlement, qui maintint son droit et passa immédiatement à l'élection d'un premier et d'un quatrième président.

Robert Meauget eut le plus grand nombre de voix pour la charge de premier président ; et pour celle de quatrième président, les voix furent ainsi partagées : Pierre Bussière en eut dix-sept, Jean de Quatre-Mares quinze, Jean de Vailli quatorze et Jean de Longueil, neuf. Le roi ayant

appris le nombre de voix qu'avait eu Jean de Vailli, lui fit
donner celles du dauphin et des autres princes de son sang ;
par ce moyen, il l'emporta sur Pierre Bussières et fut élu
quatrième président. Le candidat du roi triompha, mais
le parlement maintint son droit consacré par les lois.

Ce fut à peu près à la même époque que l'empereur Sigismond, roi de Hongrie, vint à Paris (mars 1415), voulant
mettre un terme aux divisions de la France et de l'Angleterre ; on le reçut avec tous les honneurs possibles. « Ce
prince, dit le président Hénault, en abusa ; on l'avait conduit au Palais dans la chambre du parlement, où on lui
donna séance au siége royal ; et comme il entendait une
cause où l'on reprochait comme un moyen à l'une des parties de ce qu'il n'était pas *chevalier*, l'empereur, de son
autorité, l'arma chevalier. » Cette intervention étrange de
l'empereur Sigismond parut fort déplacée au parlement,
qui s'en plaignit même au roi.

Dans la nuit du 28 au 29 mai (1417), Perinet-Leclerc livre
Paris aux bourguignons, qui en avaient été chassés par suite
de leurs excès. On conduit à la grosse tour du Palais le
chancelier, l'évêque de Coutances, son fils ; le comte
d'Armagnac y fut amené du petit Châtelet.

Les bouchers et les autres bannis rentrent dans la ville
et s'organisent de nouveau. Ils se répandirent bientôt dans
tous les quartiers comme un débordement et se jetèrent
dans les maisons des armagnacs. « Les uns pilloient les
meubles, dit Mézeray, les autres emportoient l'argent, mais
la plupart étoient plus âpres à se saisir des personnes : les
moins malheureux furent ceux qu'on renferma en charte
privée. Le plus grand nombre fut traîné dans les prisons,
et plusieurs alloient s'y rendre d'eux-mêmes pour éviter la
mort. Les prisons du Palais étant pleines, on envoya une
partie des prisonniers au Louvre, au Châtelet et en d'autres lieux de sûreté. »

Le 10 juin, le duc de Bourgogne entre dans Paris ; les bruits les plus sinistres se répandent, et le 12, jour de funèbre mémoire, la populace excitée, furieuse, délirante, court à la Conciergerie, enfonce les portes et fait sortir tous les prisonniers quels qu'ils soient, armagnacs, bourguignons, criminels, débiteurs, et les égorge sans pitié : ni le sexe ni l'âge ne sont épargnés. Dans un moment, la cour du Palais est inondée de sang, couverte de cadavres.

Le chancelier, six évêques, un grand nombre de membres du parlement expirent sous les coups de ces forcenés.

Le massacre dura jusqu'au lendemain à dix heures du matin. « Les prisonniers, nous disent les *Annales* de Paris, furent pour la plupart assommés à la sortie du guichet sous lequel on les appelait ; comme ils étaient obligés de baisser la tête, les uns étaient percés de coups d'épée, les autres broyés à coups de hache, et leurs corps étaient traînés dans la boue, de peur que ceux qui étaient dans la prison, s'apercevant du carnage, refusassent de sortir. »

La plupart des magistrats étaient morts ou en fuite. Une ordonnance du conseil d'Etat cassa toutes les juridictions et mit les offices *ès mains* du roi. La reine et le duc s'attachèrent à ne mettre en place aucun partisan des armagnacs. Ils remplirent le parlement et les tribunaux de leurs créatures, et le droit d'élection sombra au milieu de ces orages.

Pendant ce temps, le dauphin tenait la campagne, soutenu par les armagnacs, et prenait le titre de régent du royaume. Il s'arrêta à Poitiers, où il manda les membres du parlement de Paris, décimé par les bourguignons. Quelques-uns s'y rendirent, et l'ouverture du parlement de Poitiers se fit par les causes des grands jours de Berri, d'Auvergne et de Poitou; on y garda le même style et la même forme qu'à Paris et on y évoqua plusieurs causes de

Paris même et de tous les pays qui reconnaissaient l'autorité du dauphin.

A partir de ce moment, il y eut en France deux parlements, deux administrations et, en un mot, deux gouvernements.

Après les égorgements des 12 et 13 juin, une clameur générale s'éleva contre plusieurs des égorgeurs ; on avait remarqué parmi eux le bourreau nommé Capeluche : il était bourguignon exalté et on a même prétendu qu'il avait été reçu familièrement dans la compagnie du duc de Bourgogne, fait inouï en ce temps-là, où le bourreau, comme nous le verrons plus loin, était tenu pour un personnage tellement vil, qu'on ne lui permettait pas même d'habiter Paris. Le duc de Bourgogne, vu les mœurs du temps, n'aurait pas risqué de se commettre avec Capeluche ; mais on l'en accusa sans doute pour le rendre odieux : que n'invente-t-on pas, dans les temps de troubles, pour ternir ceux que l'on veut perdre ?

Ce qu'il y a de certain, c'est que durant le massacre, Capeluche avait enseigné à divers *cabochiens* comment ils devaient procéder pour tuer plus sûrement. Quand on sut ce détail, Capeluche fut voué à l'exécration publique : il devint un objet d'horreur, et le duc de Bourgogne fut forcé, pour donner satisfaction à l'opinion, de livrer Capeluche à la vindicte publique. On le fit transférer à la Conciergerie et ensuite condamner à la peine de mort. — Le jour de l'exécution, Capeluche monta sur l'échafaud d'un pas ferme et résolu : les valets qu'il avait formés, ou avaient fui, ou avaient montré de la répugnance à être les exécuteurs de leur maître. — Il n'y avait donc pour cet office qu'un valet malhabile n'ayant, à ce qu'il paraît, fait jusqu'alors aucune exécution. Capeluche, avec un grand sang-froid, lui donna des conseils : « Ne lève pas trop l'épée, lui dit-il, et la tiens bien obliquement ; le coup lancé, lâche une des mains : je connais ma lame, elle coupera toute seule. » Puis, lui prenant l'épée des mains, il se place hardiment devant le billot et dessine lui-même la ligne que devait décrire le coup mortel.

— Comprends-tu bien? demande-t-il ensuite au valet.

— Oui, maître, répond celui-ci.

— Eh bien! frappe donc sans crainte.

Puis il se met à genoux, invoque le nom de Dieu et tout aussitôt le valet frappe de l'épée, ainsi qu'il lui avait été dit, et lui tranche la tête d'un seul coup.

Les *olims* nous apprennent l'origine du nom de bourreau que portaient autrefois les exécuteurs de la justice : ils le doivent à un ecclésiastique nommé Borel, Richardin Borel, *clericus*, qui, en 1261, possédait un fief ou masure à la charge de pendre les voleurs du canton ; son titre d'ecclésiastique le dispensait sans doute de les pendre de sa propre main, mais c'était son affaire de les faire pendre par la main d'autrui : en conséquence, il prétendait que le roi lui devait les vivres tous les jours de l'année. (Le Paige, Lettres sur le parlement, t. II, p. 378.) Le bourreau se nommait, dans le langage juridique, exécuteur de la haute justice, et on lui donnait ce nom parce qu'il n'y avait que les hauts justiciers et les juges royaux qui eussent *le droit du glaive, jus gladii*. Le bourreau de Paris ne pouvait pas y demeurer, à moins que ce ne fût dans la maison du pilori, où son logement lui était donné par provision. Le bourreau, soit par lui, soit par ses aides, faisait subir aux coupables la mort ou autres peines afflictives auxquelles ils avaient été condamnés. Il ne se saisissait de la personne condamnée qu'après avoir entendu le prononcé de la sentence ou de l'arrêt de condamnation.

Le fonction de bourreau était tenue pour infâme, et c'est pour cette raison que, quand les chauffe-cire de la grand'chambre avaient scellé ses lettres, ils les jetaient sous la table pour marquer l'infamie d'un tel emploi.

« L'exécuteur des hautes œuvres à Paris avait, nous dit Sainte-Foix, dix-huit mille livres par an : il n'en touchait que seize mille ; il avait le droit de porter ses mains immondes sur les denrées publiques pour une portion ; mais on l'a dédommagé en argent. » Puis il ajoute : « Le petit peuple s'entretient fréquemment de l'exécuteur, dit qu'il a table ouverte pour les pauvres chevaliers de Saint-Louis ; on va chercher chez lui de la graisse de pendu, car il vend les cadavres aux chirurgiens ou les garde pour lui à son choix : le criminel ne peut pas se vendre de son vivant comme il fait à Londres. »

Le bourreau mariait ses filles, quand il en avait, à des bourreaux de province ; ils s'appelaient entre eux (à l'instar des évêques), monsieur de Paris, monsieur de Chartres. — Malgré les avantages pécuniaires attachés à la fonction de bourreau, il s'est trouvé des occasions où les juges ne trouvaient pas de sujets pour les remplir, et l'on était obligé de condamner un criminel à servir d'exécuteur de la haute justice pendant toute sa vie.

Voici une anecdote assez curieuse qui se rattache à la fonction de bourreau et qui prouve jusqu'à quel point elle était réputée avilissante : « En 1684, une jeune fille de la ville d'Angers avait été condamnée à être pendue pour crime d'infanticide : le bourreau, frappé de sa beauté et en étant devenu amoureux, imagina, pour la sauver du supplice, de la demander en mariage aux juges qui l'avaient condamnée. Par des raisons tirées sans doute du besoin de ne pas laisser le bourreau sans progéniture, les juges y consentirent ; mais la jeune fille aima mieux être pendue que de contracter pareil mariage. »

Aujourd'hui, la fonction de bourreau n'est plus sous le coup d'une aussi grande répulsion, et quand on manque quelque part d'un exécuteur des arrêts de la justice, on est loin d'avoir de l'embarras pour le remplacer. — Ce n'est pas le supplice qui fait la honte, mais bien le crime : on ne doit donc pas tenir pour infâme l'agent qui exécute la loi édictée dans l'intérêt de la société.

Le duc de Bourgogne avait fait assassiner traîtreusement le duc d'Orléans dans la rue Barbette ; et en mai 1419, nous le voyons à son tour périr dans une embûche qui lui avait été tendue par le dauphin. Convié à venir conférer de la paix à Montereau avec lui, au lieu d'y signer la paix, il y trouva une mort tragique.

Ce meurtre précipita les événements et fut bientôt suivi du traité de Troyes, qui avait pour but d'exclure le dauphin du trône de France. Le 30 mai 1420, ce traité ayant été apporté à Paris par le premier président, fut lu dans une assemblée générale qui se tint au parlement. Il fut juré par tous les assistants ; et le lendemain, on le fit jurer aussi par tous les officiers du Châtelet.

On commença aussi contre le dauphin une procédure criminelle qui fut intentée par le duc de Bourgogne en personne, tant en son nom qu'au nom de Marguerite de Bavière, veuve du duc Jean, et de plusieurs autres personnages ; le procès se fit en présence du roi d'Angleterre et des gens des trois états du royaume. Le roi de France, tenant son lit de justice, rendit l'arrêt suivant : « Le roi, de l'avis de son conseil, des présidents et gens laïcs de son parlement et autres, déclare tous les coupables de l'assassinat du duc de Bourgogne criminels de lèse-majesté et conséquemment indignes de toutes successions directes et collatérales et de toutes dignités, honneurs et prérogatives ; les sujets et vassaux desdits criminels absous de tout serment de fidélité, promesses et obligations de service, tant eux que leurs successeurs. » Dans cet arrêt, on ne parla pas directement du dauphin et on ne nomma même aucun

13

des complices du crime. — Ce fait est d'autant plus important à constater, que les historiens qui ont parlé de l'arrêt que nous venons de mentionner l'ont fait légèrement et ont répété, les uns après les autres, que le dauphin avait été condamné, ainsi que tous ses complices, à un bannissement perpétuel, et déclaré incapable de succéder à la couronne.

Ce n'était pas chose facile que de faire passer la couronne de France sur la tête d'un roi d'Angleterre ; aussi bien employa-t-on toutes sortes de ressorts pour y arriver : mais le moyen qu'on crut le plus efficace, fut le mariage du roi Henri V avec Catherine de France, fille de Charles VI. Ce mariage eut lieu au Palais, au milieu d'une si grande affluence de monde, que plusieurs personnes périrent étouffées, et le roi de France courut lui-même le plus grand danger.

Peu de temps après ce mariage, arriva la mort de Henri V et de l'infortuné roi Charles VI. Le duc de Bedford devint régent du royaume.

Le 2 décembre 1431, Henri VI, roi d'Angleterre, vint en France pour se faire couronner. Il fit son entrée solennelle à Paris au milieu des échevins et des principaux corps de métiers. Il alla d'abord au Palais et à la sainte Chapelle, où il fit ses prières, et de là il se rendit au château des Tournelles. En passant devant l'hôtel de Saint-Paul, il aperçut la reine Isabeau de Bavière, son aïeule maternelle, qu'il salua en abattant son chaperon ; elle répondit à ce salut par une profonde inclination, mais elle ne put retenir ses larmes à la vue d'un spectacle qui lui rappelait que son fils avait été repoussé du trône en grande partie par ses intrigues honteuses et par ses menées déloyales. Le 15 décembre, Henri VI, après avoir séjourné quelques jours à Vincennes, revint au Palais pour se préparer à son couronnement, qui eut lieu le 17 à l'église Notre-Dame. La cérémonie terminée, il y eut un dîner dans la grande salle du Palais,

Les chroniqueurs du temps nous disent qu'il fut aussi mal ordonné que les cérémonies du sacre.

Nous venons de parler de la reine Isabeau et de la douleur qu'elle éprouva à la vue du roi Henri VI venant se faire couronner roi de France. Elle ne survécut pas longtemps à cet événement : le chagrin la consumait. Après la mort du roi, elle perdit toute son autorité; elle se vit même abandonnée par le duc de Bourgogne, avec lequel elle avait fait pacte d'alliance; elle se vit bientôt haïe des Français, méprisée par les Anglais qu'elle avait tant favorisés ; elle eut même bientôt à craindre en apprenant les succès de son fils, qui, chaque jour, marchait à la conquête de son royaume, guidé par la bonne fortune de la France et par l'énergique Jeanne d'Arc. On dit qu'elle mourut suffoquée en apprenant la nouvelle du traité d'Arras qui allait bientôt rendre la paix à la France et rétablir sur le trône son fils, qu'elle avait poursuivi avec tant d'acharnement.

Après sa mort, son corps fut présenté sans pompe à Notre-Dame et déposé ensuite au Palais, où il resta pendant quelques heures dans une salle basse. Au milieu de la nuit, on la transporta sur le bord du fleuve par le passage du quai de l'Horloge qui donne sur la Seine, et on l'enterra auprès de son malheureux époux, Charles VI.

CHAPITRE XIII.

Les Anglais sont chassés de Paris. — Priviléges des Parisiens confirmés par Charles VII. — On réorganise le parlement de Paris. — Entrée solennelle du roi dans sa capitale après dix-neuf ans d'absence. — Procès fait au duc d'Orléans. — Graves questions qui en ressortent. — La basoche et son roi. — Juridiction de la basoche. — Plantation du mai. — Elle se fait en la cour du Palais. — Le clerc, réputé narquois, hardi et grand parleur.

Les partisans de Charles VII prenaient de jour en jour une grande influence à Paris : on se sentait humilié de la domination anglaise; et dans la journée du 13 avril 1436 , l'armée royale y fit son entrée et les Anglais en furent chassés.

Le roi avait promis aux Parisiens la conservation de leurs priviléges et une amnistie générale. C'était en ce temps une chose importante que les priviléges des Parisiens. Charles VI, après la révolte des Maillotins, les avait révoqués, puis ils avaient été rendus ; et enfin Henri V, pour se rendre agréable à ses sujets, les avait confirmés et étendus. Il en accorda de nouveaux , dit une chronique de ce temps, au prévôt des marchands, échevins , bourgeois, manants, habitants de la ville de Paris y possédant des maisons ou qui y auraient demeuré un an et un jour et qui auraient eu la précaution de prendre des lettres de bourgeoisie du prévôt des marchands et des échevins. Ces priviléges consistaient principalement à faire payer les bourgeois, préférablement à tous les autres, des rentes qui leur seraient dues par des débiteurs dont les biens auraient été ou seraient confisqués, excepté seulement pour le crime de lèse-majesté.

Il leur était permis d'acquérir et tenir fiefs nobles, arrière-fiefs et francs-alleux partout le royaume, et possédant ces fiefs, *ils devoient être tenus et réputés nobles* partout le royaume et jouir, en portant ce titre, de tous les priviléges dont jouissait la noblesse.

Le roi prenait sous sa protection tous les marchands et voituriers, afin qu'il ne fût fait aucune prise sur les marchandises ou denrées qui seraient amenées à Paris.

Le roi confirma aussi les priviléges de l'université; et ces mesures prises et le parlement rétabli, il fit son entrée à Paris le 29 novembre, après dix-neuf ans d'absence. Nous passerons sur les détails de cette entrée solennelle qui fut riche et pompeuse; le roi alla d'abord au parvis de Notre-Dame et là fit serment, entre les mains de l'évêque de Paris, qu'il tiendrait *loyaument* et bonnement tout ce que bon roi faire devait. Il alla souper ensuite et coucher au Palais.

Disons maintenant comment s'opéra le rétablissement du parlement de Paris avant son entrée. — Il y avait, comme on sait, depuis longtemps un parlement de Poitiers qui seul prétendait être le véritable parlement.

Le parlement qui siégeait à Paris voyant la tournure que les affaires prenaient, et oubliant jusqu'à quel point il s'était compromis pour soutenir aussi longtemps que possible la cause du roi Henri V, s'empressa d'offrir ses services au roi et envoya une députation au connétable qui commandait Paris en son nom; mais celui-ci ne fit aucune réponse qui pût l'engager : il se contenta de dire que le parlement devait continuer ses séances comme à l'ordinaire, et en attendant les ordres du roi, expédier les arrêts en son nom.

On prit aussi provisoirement quelques dispositions pour assurer le service de la chambre des comptes; mais un ordre du roi, qui arriva peu de jours après, changea les mesures prises par le connétable. Cet ordre portait que Jean Eudart, maître des requêtes de l'hôtel, et Michel Lallier, prévôt des marchands, feraient fermer les chambres du parlement, des comptes, le trésor des chartes, la chambre des monnaies, qu'ils en prendraient les clefs et qu'ils mettraient les scellés sur les serrures, ce qu'ils exécutèrent.

Le parlement qui siégeait à Poitiers depuis plusieurs années et qui y rendait la justice au nom de Charles VII, demanda au roi, qui se disposait à se rendre à Paris, s'il devait songer à le suivre et si son dessein était de le rétablir dans la capitale, et il demanda expressément à n'être point mêlé avec les conseillers du duc de Bourgogne, et que tous les conseillers nommés par le roi d'Angleterre fussent cassés comme ennemis de l'Etat. Sa requête au roi contenait diverses autres stipulations d'un intérêt moindre et qui se rapportaient à des questions d'arrérages. Le 6 novembre, le roi expédia des lettres pour le rétablissement du parlement de Paris. Ces lettres furent publiées le 29 du même mois à la fenêtre du Palais, au Châtelet et dans les carrefours, et le connétable avec l'archevêque chancelier de France, qui étaient chargés de leur exécution, firent l'ouverture du parlement le 1er décembre. Ce parlement fut composé des conseillers du parlement de Poitiers et d'une bonne partie de celui de Paris. Ce tribunal, lit-on dans l'Histoire du parlement de Voltaire, prit alors une nouvelle forme. Il y eut dans la grand'chambre trente conseillers tous jurisconsultes, dont quinze étaient laïcs et quinze ecclésiastiques ; on en mit quarante dans la chambre des enquêtes.

La chambre de la Tournelle fut instituée pour les causes criminelles; mais cette Tournelle ne pouvait pas alors juger

à mort; il fallait, quand le crime était capital, porter la
cause à la grand'chambre. Tous les officiers eurent des
gages et les plaideurs ne donnaient aux juges que quelques
faibles présents d'épices et de bouteilles de vin. Ces épices
furent bientôt un droit converti en argent. « C'est ainsi
que tout a changé et ce n'a pas été toujours pour le mieux.»
(Histoire du parlement de Paris, tome I, p. 71.)

Le 12 novembre 1427, le roi fait à Paris son entrée solennelle. Il est accompagné d'une grande quantité de barons,
de chevaliers, de gentilshommes. Ce jour-là il soupa et
coucha au Palais. On doit louer Charles VII de l'esprit de
conciliation qui présida à ses actes en reprenant en quelque
sorte possession de son royaume. Il rend diverses ordonnances utiles et prend de sages mesures pour mettre le bon
ordre dans Paris, et nous verrons un peu plus loin que ce
fut sous Charles VII qu'on s'occupa de certains désordres
attribués aux clercs de la basoche; mais auparavant, disons
un mot du procès fait à Jacques Cœur, argentier du roi et
maître des monnaies de Bourges, sa ville natale. — Jacques
Cœur était fils d'un marchand de cette ville; ayant rendu
des services au roi en lui prêtant de fortes sommes, il
avança tellement sa fortune à la cour, qu'il maniait toutes
les finances. « On comptoit tant de merveilles de ses richesses, de ses bâtiments, de son crédit, nous dit Mézeray,
que les chimistes trop crédules ont essayé de faire croire
qu'il avait trouvé la pierre philosophale. » L'an 1452, on
intenta une accusation capitale contre lui au conseil du
roi; cette accusation portait sur le crime d'empoisonnement
d'Agnès Sorel, maîtresse du roi, et pour celui de concussion,
d'exaction, de transport d'argent hors du royaume. Il
comparut volontairement pour se justifier; mais on l'arrêta
et on le traîna dans diverses prisons. Finalement, le roi
l'ayant trouvé coupable de tous les crimes qui lui étaient
imputés, comme le dit l'arrêt du 19 mai 1453, et néanmoins

lui remettant la peine de mort par l'intercession du saint-
père et pour les services qu'il lui avait rendus, principalement en la conquête de Normandie, le condamna seulement
à faire amende honorable, à payer 100,000 écus et confisqua
tous ses biens. A quelque temps de là, le parlement le
réhabilita quand il eut payé l'amende.

Le duc d'Alençon, qui s'était compromis dans des intrigues contre la sûreté de l'Etat, qui avait poussé le dauphin
à la révolte, fut poursuivi pour crime d'Etat devant le
parlement. Le duc d'Alençon, prince du sang, qui descendait de Charles de Valois, fut condamné à mort, et cette
peine, changée en une prison d'où Louis XI le fit sortir
pour l'y remettre encore, après l'avoir convaincu de traiter
avec les Anglais.

Le procès du duc d'Alençon donna lieu à plusieurs questions importantes que le roi fit proposer à son parlement
par maître Jean Tudert, son conseiller et maître des requêtes de son hôtel : premièrement, si le roi pouvait assister au jugement du procès fait à un pair de France, ce qui
avait été contesté au roi Charles VI par le duc de Bourbon,
dès l'an 1386, lors du procès fait au roi de Navarre et même
au roi Charles V, lors du procès du duc de Bretagne. —
Ensuite si les pairs, qui ne sont pas du nombre des douze
pairs, peuvent assister au procès; si les pairs peuvent commettre des juges à leur place : sur quoi le parlement répondit, vérification faite des précédents, que le roi non seulement avait le droit d'assister aux jugements criminels, mais
que sa présence y était nécessaire; que tous les pairs,
indistinctement, pouvaient y assister, mais qu'ils ne pouvaient commettre à leur place.

La déclaration du parlement, en ce qui touchait à la
présence du roi dans les procès criminels, n'a pas fait
jurisprudence, car dans le plus grand nombre des grands
procès criminels, les rois se sont généralement abstenus;

Laroche-Flavin a même beaucoup insisté pour établir, en appuyant son opinion sur de nombreux précédents, qu'il n'était ni juste ni convenable que les rois prissent part à des jugements. — Nous engageons ceux qui voudraient connaître cette question d'une manière complète à vouloir bien consulter son ouvrage des parlements de France.

Le parlement de Paris, nouvellement reconstitué par Charles VII, rendit diverses ordonnances touchant l'administration de la justice, et parmi ces ordonnances, nous remarquons particulièrement celle qui se rapporte aux clercs de la basoche qui avaient, ainsi que nous l'avons indiqué en parlant de la grand'salle du Palais, juridiction à la table de marbre. Voici dans quelles circonstances elle fut rendue.

Sous le règne de Charles VII, les clercs de la basoche se mirent à représenter des pièces dans la grand'salle du Palais : la table de marbre servait de théâtre.

Les clercs du Châtelet élevèrent un théâtre devant la porte de ce tribunal; toutefois, il est assez difficile de fixer une date précise aux premières représentations des basochiens. Ce qui est incontestable, c'est que vers 1442, ils jouaient exclusivement des moralités qu'il ne faut pas confondre avec les mystères et les farces qui avaient le privilége d'attirer de nombreux spectateurs, grâce aux sujets burlesques qu'ils traitaient et qui étaient ordinairement, comme dit Miraulmont, « *les fautes* des suppôts et sujets de la basoche et plusieurs autres plaisantes et secrètes galantisses des maisons particulières indifféremment, sans respect ni exception des personnes. »

Il faut admettre qu'ils jouaient dès avant 1442, puisque c'est de cette année que datent les premières défenses du parlement; « les licences que se permirent les clercs de la basoche, nous dit M. Adolphe Fabre dans son intéressant ouvrage sur les clercs de la basoche (p. 105), ne s'introduisirent que peu à peu : on ne peut admettre que dès leurs débuts ils se soient exposés aux rigueurs de la justice.»

Nous pensons aussi que les clercs de la basoche n'ont pas dû, à leurs débuts, s'exposer aux rigueurs de la justice, mais qu'ils auront été entraînés à la licence pendant les désordres du règne de Charles VI, alors que le principe d'autorité flottait sans cesse des bourguignons aux armagnacs et que les factions se permettaient les plus graves atteintes aux bonnes mœurs. Ce fut sous Charles VI que se fondèrent *les cours d'amour*, qui servent à bien faire comprendre le mélange de cruauté et de galanterie qui existait dans les mœurs. — Mais ces cours ne sont pas de notre domaine et n'ont pas siégé dans l'enceinte du Palais. Revenons donc aux basochiens et à la basoche. On a beaucoup disserté sur l'origine de la basoche, sur ce royaume qui n'était pas tant à dédaigner qu'on pourrait le supposer, ainsi que sur la juridiction exceptionnelle de laquelle relevaient messieurs les clercs. Nous ne nous engagerons pas dans de vaines dissertations et nous dirons que tout porte à croire que la basoche n'a pas une origine plus ancienne que le parlement : elle a sans doute pris naissance après l'ordonnance de 1302 qui le rendit sédentaire. La juridiction de la basoche était sérieuse, les arrêts du parlement en font foi ; en voici un parmi plusieurs autres qui ne peut laisser aucun doute à cet égard. Il est du 3 avril 1545. Entre autres dispositions, on y voit qu'il est fait défense à tous clercs basochiens de se pourvoir ailleurs que devant le roi de la basoche et son conseil. « Pour raison, y est-il dit, des débats et différends qui pourroient survenir contre eux et desquels la cognoissance appartient audit roy de la basoche et son conseil, sous peine d'amende arbitraire, et enjoinct ladite cour audit Lemaire et à tous basochiens, clercs du Palais et suppôts dudit royaume de la basoche, d'obéir aux arrêts et jugements qui seront donnés par le con-

seil de la basoche, sur peine de prison et d'amende arbitraire. »

Non-seulement le parlement reconnaissait l'autorité de
la basoche, mais encore il voulait que ses officiers fussent
respectés, et les arrêts rendus par la cour basochiale s'exé-
cutaient par les saisies et ventes d'effets mobiliers ; néanmoins, la cour de la basoche ne pouvait connaître d'injures
atroces entre clercs ; ses statuts, publiés en 1586, ne s'expliquent pas catégoriquement sur l'étendue de sa compétence ; mais si sur ce point il y a quelque vague, il n'en
est pas ainsi lorsqu'il s'agit de son organisation judiciaire.

Les dignitaires du royaume étaient le roi de la basoche,
puis, après la suppression de ce titre, le chancelier, qui
avait le même pouvoir que le roi, les maîtres des requêtes ,
le référendaire, le grand audiencier : ces deux derniers
maîtres des requêtes extraordinaires ; le procureur général
et l'avocat du roi. On voit que rien ne manquait à cette
organisation judiciaire, pas plus le greffier que les huissiers : on y avait même joint un aumônier. — Le roi de la
basoche était le chef des clercs ; on trouve dans les registres
du parlement du 6 mars 1469 qu'il fit demander par un
avocat qu'une cause grasse fût renvoyée pour être plaidée
le mardi gras de carême prenant, ce que la cour octroya.
Le roi de la basoche était élu par les clercs, et son élection
lui servait de titre de capacité et de probité, sans qu'il eût
besoin de l'approbation d'aucun procureur.

Les audiences se tenaient deux fois par semaine et la cour
de justice se composait du chancelier ou du vice-chancelier président, assisté de sept maîtres des requêtes ; les requêtes présentées à la cour étaient intitulées : *A nosseigneurs
du royaume de la basoche.*

La dignité de roi de la basoche fut révoquée par Henri III
par des motifs politiques. Les armoiries de la basoche consistaient en trois écritoires d'or au champ d'azur, et au-

dessus, comme signe de souveraineté, timbre, casque et morion avec deux anges pour support.

La cérémonie de la plantation du mai était la grande fête des clercs de la basoche. Elle s'est perpétuée jusqu'à la fin du dix-huitième siècle. Le mai se plantait dans la grande cour du Palais avec un grand cérémonial et force aubades dans la grand'salle. Le jour de la fête venu, le chancelier de la basoche avec ses suppôts se trouvait en la cour du Palais, qui a pris la dénomination de la cour de Mai par suite de la plantation annuelle du mai.

Sur les sept heures du matin, le cortége se rendait soit dans la forêt de Bondy, soit dans celle de Livry; ce jour était ordinairement le dimanche qui précédait le dernier samedi de mai, et les basochiens désignaient deux arbres destinés au plant.—C'était un de leurs priviléges de pouvoir faire cette désignation. L'avocat général de la basoche prononçait sur les lieux mêmes une harangue, après quoi l'assemblée se retirait dans un lieu indiqué d'avance pour dîner aux frais et dépens des trésoriers. A leur retour, le chancelier, les officiers et trésoriers rendaient visite aux principaux dignitaires du parlement. Pendant trois jours consécutifs, on donnait force aubades dans la salle du Palais; le vendredi suivant, depuis sept heures du soir jusqu'à quatre heures du matin, des sérénades et réveils étaient joués en l'honneur des dignitaires du parlement ainsi que de toutes les personnes désignées par le chancelier. Enfin le samedi, sur les dix heures du matin, les fanfares recommençaient, les arbres étaient plantés ornés des couleurs de la basoche, de deux grandes armoiries et de vingt-quatre petites avec des écussons portant les noms des dignitaires de la société. Ces cérémonies étaient coûteuses, mais c'étaient les trésoriers et le parlement qui en faisaient les frais.

Par arrêt rendu en 1442, le parlement avait défendu aux basochiens de ne plus donner de représentations théâtrales;

mais il ne fut pas toujours aussi rigoureux, et parfois il leur vint même en aide pour faire face aux frais de leurs représentations.

Les clercs de la basoche n'ont pas été les inventeurs des comédies, des moralités et des soties; et pour trouver l'origine des représentations de ces sortes de pièces, il faut remonter au-delà du quatorzième siècle, avant Philippe le Bel, par conséquent avant l'époque où les clercs se constituèrent en société.

Les basochiens, dans leurs représentations, étaient tout à la fois acteurs et auteurs, et les meilleures pièces de leur répertoire étaient leur ouvrage : ils faisaient même des mystères, et plus d'une fois les confrères de la passion eurent recours à eux, soit pour la composition de leurs jeux, soit pour les représentations.

La basoche subit des modifications graves dans le cours du dix-septième siècle. « Le roi de la basoche, nous dit M. Adolphe Fabre (les Clercs de la basoche, chapitre IX, page 299), sont moins curieux dans leurs fêtes et dans leurs usages : le roi de la basoche cesse d'abord de battre monnaie ; le parlement lui interdit ensuite les marches triomphales au milieu des rues tortueuses du vieux Paris; les montres, cette forme burlesque du drame populaire au moyen âge, disparaissent; le Paris élégant de Louis XIV ne voit pas ses carrefours envahis par les bandes nombreuses des clercs du Palais ; enfin la plantation du mai ne se fait plus qu'avec un nombre restreint de dignitaires. » Le 2 juillet 1748, la basoche fit l'une de ses dernières plantations de mai, et voici comment Boucher d'Argis en rend compte dans ses Variétés historiques, t. III, p. 27. Après avoir parlé des diverses aubades données au parlement, à la cour des aides, par ces dignitaires, il ajoute : « Ils se promenèrent, dit-il, dans la ville, suivant leur usage, pendant plusieurs jours, tous à cheval, marchant deux à deux, au nombre de vingt-cinq ou trente, avec un étendard à leurs armes. Depuis 1667, ils ne pouvaient figurer qu'au nombre de vingt-cinq à cette promenade.

« Depuis quelques années, ils ont l'attention d'avoir tous pour cette cavalcade des habits rouges uniformes avec des cocardes blanches, ce qui donne à leur troupe un air guerrier. Ils partirent de Paris en cet équipage le dimanche six, de grand matin, avec leurs tymbales et trompettes pour aller dans la forêt de Bondy faire marquer l'arbre destiné à servir de may ; ils en revinrent le même jour au soir, et le may fut élevé devant le grand perron de la cour du Palais le mercredy suivant, neuf, avec les fanfares accoutumées. »

Avant l'ordonnance qui avait restreint à vingt-cinq le nombre des basochiens qui devaient parader dans Paris, le roi de la basoche faisait faire à ses suppôts une montre générale ; la basoche se divisait en compagnies de cent hommes, et chaque membre était obligé d'adopter le costume qui lui était imposé ; et quand le roi de la basoche faisait sa montre générale, il y avait toujours six à huit mille hommes de toutes bandes ; les clercs du Châtelet se joignaient à ceux du parlement ; il est probable que d'autres clercs se joignaient aussi à eux, venant des villes de province ressortissant au parlement, autrement nous ne voyons pas trop comment le roi de la basoche aurait pu avoir une si nombreuse réunion. Un des priviléges les plus extraordinaires concédés par Philippe le Bel au roi de la basoche était celui de battre une monnaie qui avait cours entre les clercs et les marchands de gré à gré. On ne sait pas quelle était l'effigie de cette monnaie, mais elle n'avait pas une grande valeur intrinsèque.

Nos poëtes et écrivains s'accordent à représenter le clerc de la basoche comme ayant à peu près les mêmes qualités et les mêmes défauts que les écoliers qui fréquentaient l'université.

Cela devait être, la plupart ou sortaient de l'université ou du moins l'avaient fréquentée. On ne pouvait pas devenir procureur sans être lettré. Le clerc de-procureur était réputé hardi, beau parleur, ayant l'esprit caustique, l'air narquois. Clément Marot a fait son portrait en traçant celui des enfants *sans souci* dans la ballade qu'il composa en 1512. Ils vivaient à la table des procureurs et mangeaient avec eux; il paraît même que dans certaines localités, les parents du clerc payaient pension au procureur, ce qui était tout profit. On considérait la cléricature comme un apprentissage pour lequel on devait faire des sacrifices. Ainsi le clerc de procureur, pas plus que le clerc de notaire et autres, ne recevait aucun salaire. Une délibération, prise tant par les procureurs que par les avocats, le 30 avril 1689, et confirmée par arrêt du parlement, en fournit la preuve. Par cette délibération, les avocats et procureurs s'engageaient à ne recevoir dans leurs études aucun clerc salarié et à renvoyer immédiatement ceux qui recevraient un traitement au moment où elle fut prise.

—Les frais de justice étaient considérables sous l'ancien régime, ainsi que nous l'avons déjà constaté; mais ce qui les enflait beaucoup, c'étaient les *épices*, qui s'introduisirent en France sous le règne de Charles VII. Pasquier, dans le deuxième livre de ses Recherches, dit que les épices ne se donnaient pas anciennement par obligation, mais que celui qui avait gagné son procès faisait présent à ses juges de quelques dragées, et pour leur témoigner sa reconnaissance, « car le mot d'*espices* par nos anciens, dit-il, n'étoit pas pour confitures et dragées, et ainsi en a usé maître Alain Chartier en l'histoire de Charles VII°, chapitre commençant par l'an 1434. » Puis ensuite il raconte, d'après Alain Chartier, que le roi Charles VII ayant fait séjour en la ville de

Vienne et y ayant reçu la visite du roi de Sicile, on fit grande chère, grande liesse; puis vint après souper, « et après ce que la reyne eut fait la révérence au roy, dansè-rent longuement, et après vint vin et espices et servit le roy monseigneur le comte de Clermont de vin et monsieur le connestable servit d'espices. » Et en cas semblable, Philippe de Comines, au second chapitre de ses Mémoires, dit que Philippe de Bourgogne donna congé aux ambassadeurs qui étaient venus de la part du roi de France après qu'il leur eut fait prendre le vin et les épices, « lequel mot, dit Pasquier, pris en cette signification s'est perpétué jusqu'à nous. Ces espices donc se donnoient du commencement par forme de courtoisie, mais le malheur des temps voulut tirer telles libéralités à conséquence, si que d'une honnêteté on fit une nécessité. Pour laquelle cause, le dix-septième jour de may 1402, fut ordonné que les espices qui se donneroient pour avoir visité les procès viendroient en taxe; et pour autant que les procureurs vouloient user de même privilége sur leurs clients, le dix-septième jour ensuivant, furent faites défenses aux procureurs de n'exiger de leurs maîtres aucunes choses sous ombre d'espices.» (Pasquier, Recherches de la France, p. 80, livre III.) Mais l'usage des épices amena plus tard l'usage de faire aux juges des dons en argent, « aimant mieux, dit encore Pasquier, les juges toucher deniers que des dragées. »

Laroche-Flavin nous apprend, au sujet des épices, que les premières qu'il ait trouvées taxées au parlement de Toulouse étaient de l'an 1446, dans un procès de l'évêque de Condom.

Loyseau a blâmé énergiquement ces usages. « On pense, dit-il, mieux faire de laisser prendre argent aux juges pour les espices, mais ce n'est mie trop bien fait; la justice n'en sera que plus chère, car c'est chose certaine que partout où l'argent trouve entrée, il s'en rend enfin le maître et en chasse ou esloigne l'honneur et la vertu desquels il est ennemi. » La soif des épices s'inocula sourtout dans les basses justices, et nous voyons que l'on fut obligé de porter remède à l'abus des dons par divers édits ; sous Henri III , nous trouvons dans une ordonnance les dispositions suivantes : « Pour le regard des juges où il apparoîtra par les sentences des espices être excessives, enjoignons à nos parlements y pourvoir et ordonner de la répétition d'icelles, tant contre le rapporteur que contre celui qui les aura taxées, et d'y user de plus grande sévérité et animadversion s'il y escheoit. »

Les épices existaient encore au moment de la révolution de 1789, mais on en avait restreint l'usage : les juges ne percevaient plus, sous ce titre d'épices ou vacations, que des droits fort minimes ; d'autres droits ont été depuis imposés aux plaideurs qui font que la gratuité de la justice , qui serait bien désirable, n'est encore qu'une utopie. A la vérité, les magistrats modernes ne reçoivent plus de présents des plaideurs, et un magistrat qui en recevrait commettrait une véritable concussion.

Les jugements ne donnaient droit à aucunes épices, parce que le juge devait gratuitement aux justiciables tout le temps des audiences ; mais il en était accordé aux rapporteurs, comme une indemnité du travail fait par eux dans leur cabinet au-delà du temps consacré au public.

En outre des épices qui étaient payées par les plaideurs, les juges recevaient du roi un traitement qu'on appelait du nom de *gages*. Ces gages étaient excessivement modiques et répartis selon la quotité générale de la procédure. Laroche-Flavin, conseiller au parlement de Paris, nous apprend qu'à la fin du seizième siècle, ses gages n'excédaient pas 800 livres, somme, dit-il, qui n'était pas suffisante pour payer le quart de la dépense. Aussi ajoute-t-il avec raison : « La magistrature seroit une honorable servitude et une honnête

14

pauvreté si on n'avoit pas du bien ailleurs pour en soutenir la dignité. » A diverses reprises, il y eut des réclamations touchant la modicité des traitements des magistrats, et un poëte même se fit l'organe de ces réclamations. Après avoir peint avec vivacité et une originalité d'expression fort piquante l'état de détresse dans lequel peut tomber le juge qui, après avoir acheté sa charge, n'a pu ni amasser ni hériter, il s'exprime ainsi :

> Cet état de judicature
> Se doit conférer par droiture,
> Non à de jeunes écoliers,
> Tant s'en faut qu'ils soient doctorés,
> Ni de licence décorés,
> Mais à gens de bien et savants,
> Bien renommés et bien vivants,
> Qui soient à gages par raison
> Pour entretenir leur maison ;
> Car, s'ils n'ont de quoi, la justice
> Est conduite par avarice.
> Il faut donc suffisants deniers
> Pour les gages des officiers.

Les vers que nous citons sont rapportés dans le *Traité des lois abrogées* de Brugnon.

Ils remontent à une date fort éloignée, puisque la première édition de Brugnon est de 1561.

Sous Charles VII, on sentit l'utilité de rédiger les nombreuses coutumes qui existaient alors en France ; mais quelque effort qu'on fît à cet égard, on ne put pas y parvenir, soit que le temps de cette réforme ne fût pas encore arrivé, soit qu'il se rencontrât des difficultés qu'on ne parvint pas à vaincre.

En 1459, Charles VII ayant convoqué les états généraux à Orléans, y fait voter l'organisation d'une armée permanente. Il établit aussi la première taille perpétuelle. On lui doit la pragmatique, qui n'est guère que l'extension de celle de Louis IX. Les principes contenus dans cette pragmatique peuvent se résumer ainsi :

Un concile œcuménique est au-dessus du pape. On procédera par voie d'élection pour les dignités ecclésiastiques. Le pape ne pourra conférer un bénéfice vacant que dans le cas où le collateur en aurait dix à sa nomination, et deux lorsqu'il en aurait cinquante. Que l'on ne pourrait être forcé d'aller plaider en cour de Rome. Que les abus des excommunications et interdits seront réprimés. — Défense très expresse de payer au saint-siége les annates. Ce droit des annates avait soulevé de vives contestations sous le règne de Charles VI.

CHAPITRE XIV.

De la formation des lois.—Cahiers de doléances des états généraux.—Comment ils sont rédigés et transformés en édits et ordonnances. — De l'enregistrement. — Droit de remontrances du parlement. — Louis XI ne le conteste en aucun point. — Procès et exécution du connétable de Saint-Pol. — Épitaphe mise sur son tombeau. — Le grand conseil institué sous Charles VIII. — Supplice de Doyac. — Sévérité déployée par le parlement contre un de ses membres. — On le condamne à la dégradation. — Comment elle est pratiquée.—Louis XII, assidu aux travaux de son parlement. — Réparations faites à la grand'chambre, dite depuis *chambre Dorée*. — Des audiences. — Audiences royales ou lits de justice.

Charles VII passa les dernières années de sa vie à se défendre contre les intrigues et les complots de son fils; et dans la crainte d'être empoisonné, il se priva de nourriture à ce point qu'il finit par mourir de faim en 1461.

Louis XI monta sur le trône qu'il avait tant convoité : ce roi, perfide, cruel et astucieux, achèvera de détruire la puissance des grands vassaux du royaume, qui ne sont plus qu'au nombre de quatre.

On le voit tout à la fois tenir la main à ce que bonne justice soit rendue à chacun dans le royaume, puis mettre à mort et jeter dans des cages de fer ceux de ses sujets qui se mettent en révolte contre lui ou qui lui sont suspects. Il épouvante les grands seigneurs et ménage la bourgeoisie et le menu peuple.

A son avénement au trône, le Palais se faisait vieux , nous

voyons qu'on n'y avait guère touché depuis Philippe le
Bel : Louis XI y fit quelques réparations. Enguerrand de
Marigny avait fait élever les effigies des rois dans la grande
salle du Palais; et quant à ces effigies, les Additions de
Monstrelet disent que Louis XI « ayant une singulière dévotion envers monseigneur saint Louis et monseigneur saint
Charlemagne, fit descendre leurs images, étant dans leurs
niches dans le Palais et au rang des autres rois, pour les
poser en la petite chapelle, là où l'on dit la messe pour messieurs, tant à cinq heures du matin et à l'entrée de l'audience qu'à dix heures et à la sortie d'icelle. » Cette petite
chapelle fut construite par ses ordres en 1477; on la voyait
encore au Palais dans le dix-septième siècle; il la fit dé·
corer de deux colonnes; et sur ces deux colonnes, on plaça
par ses ordres les statues de saint Louis et de Charlemagne
qu'il avait fait enlever de leurs niches.

Louis XI institua deux nouveaux parlements, on peut
même dire trois : 1° le parlement du Dauphiné, en 1453,
alors qu'il n'était encore que dauphin : ce parlement remplaça la cour delphinale; 2° celui de Bordeaux (1462), qui
avait été promis par Charles VII, et celui de Bourgogne
(18 mai 1476) : ce parlement prit siége à Dijon.

En 1467, Louis XI convoqua à Tours des états généraux ;
loin de les gêner dans l'expression de leurs vœux, il les
engagea au contraire à signaler dans des cahiers dits de
doléances les abus les plus criants, et on fit droit à leurs
réclamations.

Voici comment on avait coutume de procéder alors pour
la formation des lois. Quand il y avait tenue d'états généraux, ces états rédigeaient des cahiers contenant leurs
griefs, leurs vœux, leurs réclamations; ces cahiers étaient
ensuite portés au roi, qui les soumettait par ses ministres,
lui présent à son conseil privé; cet examen fait, on soumettait ces mêmes réclamations rédigées sous la forme

d'ordonnances ou d'édits ; alors le parlement les examinait à son tour, voyait s'ils ne contenaient rien de contraire aux lois fondamentales de l'État, si elles ne renfermaient pas quelques abus nouveaux ; et cet examen fait avec mûre délibération, si l'édit ou ordonnance lui paraissait conforme à l'intérêt public, il acceptait. L'acceptation se manifestait par ce qu'on appelait *l'enregistrement*, c'est-à-dire qu'on inscrivait la loi nouvelle sur les registres du parlement.

Dans le cas de non acceptation, le parlement soumettait au roi ses objections et ses observations, appelées *remontrances*.

Elles portaient sur des points plus ou moins importants ; le roi y faisait droit le plus souvent, ou bien l'on se mettait d'accord par des concessions mutuelles et l'enregistrement avait lieu. Si le roi persistait, il tenait un lit de justice et imposait l'enregistrement ; mais la résistance se continuait parfois après le lit de justice et l'exil s'ensuivait, mais ce n'était pas sans grande perturbation, ainsi que nous aurons occasion de le constater.

Le roi présentait aussi de son propre mouvement, et sans l'intervention des états, des édits et ordonnances à son parlement, surtout en matières de finances ou de religion ; et ce qu'il faut bien remarquer, c'est que c'est sur ces deux points qu'ont roulé les plus grands démêlés de la royauté avec le parlement. Ce grand corps judiciaire se montra rigide gardien des deniers des contribuables, notre histoire en fait foi, et c'est en se plaçant sur ce terrain de la bonne administration des deniers du contribuable, qu'il fut presque toujours si puissant dans l'opinion ; il faisait ainsi contre-poids aux prodigalités de la cour.

Dans les questions religieuses, il maintenait avec zèle l'indépendance de la couronne et du clergé de France contre les prétentions de Rome.

Les parlements, en l'absence des états généraux, en tenaient lieu ; ils pouvaient même, de leur propre chef, faire des règlements qui avaient force de lois. Aussi reçurent-ils le surnom d'états généraux *au petit pied*.

La première fois que le parlement réclama l'enregistrement comme une condition essentielle pour la perfection de la loi, ce fut à propos d'une ordonnance faite sans *délibération préalable*, en présence du comte de Saint-Pol , du chancelier, du sire de Montberon ; la protestation fut consignée le lendemain, 31 mars 1418, sur les registres.

L'envoi des lois qu'on faisait aux parlements avait aussi pour effet de leur donner de la publicité. Voici comment on procédait pour les porter à la connaissance des tribunaux et des jurisconsultes :

L'ordonnance était présentée par le chancelier au parlement ; elle y était lue en présence des prélats, barons, prévôts et conseillers et soumise à l'enregistrement. « Afin que ce soit ferme chose et stable à perpétuité, dit une ordonnance du mois de mars 1356, nous voulons qu'elle soit entre les autres choses enregistrées. »

Le roi faisait-il droit aux remontrances en modifiant les propositions soumises au parlement, ces propositions ou *lettres royales* étaient écrites par l'ordre du maître des requêtes, approuvées et corrigées en conseil et envoyées au sceau. — C'était le sceau qui imprimait aux lettres le caractère de l'autorité royale, complétait la loi et en permettait l'exécution. L'ordonnance, rendue obligatoire par l'apposition du sceau, devenait exécutoire quand elle avait été publiée. La publication se faisait ordinairement au parlement, dans son sein et à ses portes.

L'enregistrement seul se constatait souvent par ces mots : *Veue, corrigée et leue en parlement.* — Lorsque la publication de l'ordonnance avait eu lieu , au bas de l'ordonnance étaient écrits : *Lecta et publicata in camera parlamenti.*

On a prétendu que le droit de remontrances n'avait été,

de la part du parlement, qu'une usurpation née d'une
simple formalité qui consistait à tenir note sur ses registres
des lois et ordonnances ; mais ceci n'est pas admissible, si
on veut bien considérer l'origine du parlement et voir qu'il
a été la continuation, en 1302, du parlement ambulatoire,
qui n'était lui-même que la représentation des grandes
assemblées nationales tenues sous la première race et sous
la seconde.

Louis XI fut avec justice taxé de perfidie et de cruauté ;
et on l'a même, non sans raison, traité de tyran sangui-
naire ; mais, chose étrange, ce fut sous son règne qu'eurent
lieu d'une manière officielle et ostensible les premières remontrances du parlement. Elles se firent en toute liberté,
absolument comme elles se seraient faites sous saint Louis
ou sous Charles V. Elles portèrent sur une grave question
religieuse et eurent lieu en 1461, à l'occasion de la pragmatique sanction promulguée par Charles VII et par le
clergé de France, assemblé à Bourges.

Le droit de remontrances du parlement ne fut pas le
moins du monde contesté ; et certes, s'il se fût immiscé dans
cette grande affaire sans en avoir le droit, Louis XI n'aurait
pas manqué de le lui faire remarquer. Voici à quel sujet
elles eurent lieu :

La cour de Rome avait imposé depuis longtemps sur les
peuples, sur les rois et sur le clergé, un joug étonnant dont
on ne trouvait pas la source dans la primitive Eglise. Elle
donnait presque partout les bénéfices ; et quand les colla-
teurs naturels en avaient conservé un, le pape disait qu'il
l'avait réservé dans son cœur *in petto*. Il le conférait à celui
qui le payait le plus chèrement, et cela s'appelait une réserve. Il promettait aussi les bénéfices qui n'étaient pas
vacants ; avait-on obtenu un bénéfice, il fallait payer au
pape la première année du revenu ; et cet abus, qu'on nommait les *annates*, subsistait encore au dix-huitième siècle.

Dans toutes les causes que l'Eglise avait su attirer à elle, on appelait immédiatement au pape et il fallait qu'un Français allât à trois cents lieues se ruiner pour la validité de son mariage ou pour le testament de son père. Une grande partie de ces inconcevables abus avaient été abolis par la pragmatique de Charles VII. Louis XI, dans des vues politiques, promit l'abolition de la pragmatique, mais auparavant il demanda avis au parlement, qui lui présenta un mémoire intitulé : *Remontrances touchant les priviléges de l'Eglise gallicane*; et dans ce mémoire, le parlement comptait que la cour de Rome avait touché de la France quatre millions six cent quarante-cinq mille huit cents écus depuis l'invention des annates.

Le roi, nonobstant les remontrances, et toujours pour obtenir l'appui du pape, lui sacrifia en 1469 la pragmatique, et c'est alors que le parlement, soutenant les intérêts de l'Etat, fit de son propre mouvement de très-fortes remontrances que le roi n'écouta pas d'abord; mais ses remontrances étant le vœu de la nation entière, et le roi Louis XI s'étant encore brouillé avec le pape, la pragmatique, traînée à Rome dans la boue, fut en honneur et vigueur dans toute la France.

Dans les anciens registres du parlement, on voit que lorsqu'il refusait les édits, il prononçait toujours en ces termes : « La cour ordonne qu'elle n'obtempérera pas, en délibéré par le parlement. »

Louis XI, toujours empressé de plaire au parlement, déclara les charges de ses membres inamovibles : c'est de lui que date ce grand principe de l'inamovibilité qui garantit l'indépendance du magistrat.

Le parlement soumit encore à Louis XI d'autres remontrances, soit touchant les aliénations du domaine de la couronne, soit au sujet de la cherté des blés.

L'imprimerie prit naissance en France sous Louis XI, qui

la favorisa de tout son pouvoir et la soutint contre son parlement, qui avait fait saisir les livres qui venaient de paraître pour la première fois en France.

Le roi évoqua cette affaire en son conseil et fit bien, car elle n'était autre qu'une affaire administrative et même de police. Le parlement, dans cette occurrence, avait été influencé par les copistes, qui voyaient avec une grande inquiétude l'art de l'imprimerie s'établir en France, prévoyant que cette industrie porterait à leur profession un coup mortel.

Louis XI se montra toujours empressé à protéger les arts et les lettres et l'industrie. Il était instruit, savait le latin, ce qui était rare en ce temps; il participa à la rédaction des *Cent Nouvelles* et rédigea ou fit rédiger sous ses yeux *le Rosier des guerres.*

L'indépendance du parlement était donc considérable, ainsi que son autorité, sous le règne si dur et si sombre de Louis XI, et l'on doit regretter qu'il n'ait pas su en faire usage pour s'opposer à ses cruautés. Le parlement le laissa faire et sembla considérer comme des querelles *toutes privées* les désaccords qui surgissaient entre lui et les grands seigneurs du royaume; la tyrannie qui s'appesantissait sur eux ne paraissait pas l'affecter; ce n'est pas ce dont nous le louerons, car quand les règles de la justice sont violées, peu importe qu'elles le soient dans un ordre de faits ou dans un autre : le devoir des magistrats commence toujours là où l'arbitraire fait chanceler la loi.

On a évalué à plus de quatre mille les personnes qui ont été exécutées, mises à mort sous une forme ou sous une autre, ou qui ont péri dans les cachots par les ordres de Louis XI. La plupart, poursuivies pour rébellion ou complot, ne furent pas jugées régulièrement, car Louis XI n'attendait pas toujours les arrêts de la justice pour faire périr ou emprisonner ceux qu'il considérait comme coupables ou dangereux. Néanmoins, son parlement fut saisi de plusieurs grandes affaires politiques, notamment du jugement de Saint-Pol, connétable. « Il jouoit, nous dit Mézeray, double jeu entre le roi et le Bourguignon et les incitoit sans cesse l'un contre l'autre. » Mal lui en prit. Ayant été arrêté, on saisit en même temps grand nombre de pièces qui le compromettaient gravement : il fut incarcéré à la Bastille, et aussitôt le parlement s'occupa de son procès ; de la Bastille, on le mena au Palais pour être interrogé ; et lorsqu'il fut conduit, il témoigna quelque crainte ; mais on le rassura en lui disant qu'on ne le menait point au Palais pour lui faire changer de prison ni à dessein de lui faire aucun mal, mais seulement pour le présenter à messieurs de la cour ; sur cette assurance, il monta à cheval et fut conduit au Palais au milieu des sieurs Destouteville et Saint-Pierre, qui le firent descendre au pied des degrés de la porte aux Merciers. En montant, il trouva les sieurs de Gaucourt et Hesselin qui le saluèrent, ce qu'il fit de son côté ; de là, ils le menèrent à la chambre de la Tournelle, devant messieurs de la cour, où était le chancelier qui lui parla ainsi : « Monseigneur de Saint-Pol, vous avez été par ci-devant et jusques à présent tenu en réputation du plus sage et du plus constant chevalier de ce royaume ; et puisque jusqu'à ce jour vous avez toujours témoigné être tel, il est plus nécessaire qu'à présent vous fassiez encore paroître cette constance qui vous est comme naturelle au lieu où vous êtes. Il faut donc, monseigneur, que vous ôtiez d'autour de votre col l'ordre du roi duquel il vous avoit honoré. » Le connétable répond aussitôt que très-volontiers il le ferait, et de fait il porta sa main pour l'ôter ; mais comme il était attaché par derrière avec une épingle, il pria un de ses gardes de le détacher, ce que fit celui-ci, et en baisant le collier de l'ordre, il le donna au chancelier, lequel ensuite lui demanda où était l'épée qui lui avait été donnée lorsqu'il avait

été fait connétable. — Je ne l'ai pas, dit le connétable. Et
il fit remarquer que lorsqu'il avait été arrêté, tout lui avait
été ôté.

Après ces formalités, le chancelier le questionna longuement et se retira ainsi que la cour. — La cour, rentrant
en séance, Jean de Poupaincourt adressa à l'accusé les
paroles suivantes : « Monseigneur, vous savez que par l'ordonnance expresse du roi, vous avez été constitué prisonnier à la Bastille pour plusieurs cas et crimes à vous mis
sur et imposés, auxquelles charges vous avez répondu et
avez été ouy en tout ce que vous avez voulu dire. — Je vous
dis et déclare que par arrêt de la cour, vous êtes convaincu
de crime de lèse-majesté, et comme tel, êtes condamné par
icelle cour à souffrir mort dedans cejourd'hui, c'est savoir
que vous serez décapité devant l'hôtel de cette ville de
Paris, et toutes vos seigneuries, revenus, acquis et confisqués au roy notre sire. »

Le connétable, ayant entendu avec calme le prononcé de
ce jugement, se contenta de répondre : « Oh ! Dieu soit
loué, voilà une rude sentence ; je le supplie et requiers
qu'il me donne la grâce de le bien connoître aujourd'hui. »
Vers deux heures après-midi, il descendit du Palais et
remonta à cheval pour se rendre à l'hôtel de ville où
l'échafaud était dressé : avec lui étaient le greffier de la
cour et ses huissiers.

Il conféra avec son confesseur, fit ensuite son testament
tel quel, et à trois heures on le conduisit vers l'échafaud.
Il y avait sur la place de Grève une grande affluence de
spectateurs et beaucoup de gens de distinction. Monté sur
l'échafaud, il tourna la face vers Notre-Dame, s'agenouilla
et fit sa prière, parla au peuple pour lui demander des
prières, et baisa souvent un crucifix que lui présentait son
confesseur. Le bourreau s'étant approché de lui, lui banda
les yeux, et quand il eut pris place à l'endroit précis où

devait avoir lieu l'exécution, il lui trancha la tête d'un seul coup d'épée ; se tournant ensuite vers le peuple, il la prit par les cheveux, la mit dans un seau plein d'eau qui était là, et l'exposa sur l'échafaud. Il y avait plus de deux cent mille spectateurs à cette exécution, qui eut lieu en 1475, le 19 décembre.

Le connétable fut inhumé dans le grand couvent des cordeliers de Paris. Il se fit une épitaphe à sa mémoire, selon l'usage du temps, et dont voici le texte :

> Mil quatre cents, l'année de grâce
> Soixante-quinze, à la grande place,
> A Paris, que l'on nomme Grève,
> L'an que fut faite aux Anglais trève,
> De décembre le dix-neuf,
> Sur un échafaud fait de neuf,
> Fut amené le connétable,
> A compagnie grande et notable.
> Comme le veut Dieu, et raison,
> Pour sa très-grande trahison,
> Et là fut décapité,
> En cette très-noble cité.

Louis XI meurt laissant un fils âgé de treize ans, faible d'esprit et de corps, et ne pouvant par conséquent prendre lui même les rênes de l'État. Madame de Beaujeu est nom-mée régente par les états de Tours ; ni sous sa régence, ni sous le règne de Charles VIII, nous ne trouvons aucun fait saillant, touchant soit le Palais, soit l'administration de la justice.

Il fut durant son règne presque toujours absorbé par l'idée de faire triompher les droits que la maison d'Anjou, dont il avait hérité, avait au trône de Naples. Il entraîna la France dans une aventureuse guerre d'Italie qui, tout

en procurant de la gloire à la nation, retarda grandement ses progrès.

Mentionnons cependant que sous son règne (2 août
1497), le grand conseil, composé de conseillers, de maîtres
des requêtes, sous la présidence du chancelier, fut constitué et rendu sédentaire à Paris. Le grand conseil, avant
cette organisation, était chargé de juger les affaires d'État
dont les rois s'étaient réservé la connaissance. Sa juridiction était assurément vague et indécise, et nous la verrons
prendre un caractère plus ferme sous les règnes de Louis XII
et de François Ier; mais n'anticipons pas sur ce point. Il
rendit en outre une nouvelle ordonnance pour la rédaction des coutumes qui avait été décrétée sous Charles VII
sans être mise à exécution. Sous Charles VIII, l'ordonnance
touchant la rédaction des coutumes ne sera pas non plus
suivie d'effet immédiatement. Ce ne sera que sous le règne
de Louis XII que nous verrons enfin cette grande et importante mesure entrer dans des voies de réalisation.

Charles VIII, au début de son règne, fit mettre à mort
Olivier le Dain et punir Jean Doyac, tous deux odieux au
peuple et aux grands, pour l'abus qu'ils avaient fait de leur
autorité sous le règne précédent.

Le supplice de Doyac fut singulier : on le conduisit
d'abord par les carrefours de la ville, où il fut fustigé; on
lui coupa une oreille, et on lui perça la langue d'un fer
chaud; on l'envoya ensuite à Montferrand, en Auvergne,
sa patrie, où il eut encore le fouet, et on lui coupa l'autre
oreille. A l'égard d'Olivier le Dain qui, de barbier du roi,
était devenu son favori, il fut pendu au gibet de Paris, et
la confiscation de ses biens fut accordée au duc d'Orléans.
Ce même duc d'Orléans essaya vainement d'entraîner le
parlement dans des intrigues qui n'avaient d'autre objet
que de se faire conférer la régence que les états généraux
avaient remise à la dame de Beaujeu; mais ses efforts furent

vains, et le parlement fit savoir, par l'organe de son président de la Vaquerie, qu'il ne voulait pas sortir de ses fonctions judiciaires sans l'assentiment du roi, pour s'immiscer
dans la politique.

Le duc d'Orléans ne tint compte ni de la réserve du
parlement, ni des avis sages qu'il lui avait donnés, et voulant soutenir ses prétentions par les armes, il amena des
troubles. Ce fut pendant ces troubles que le parlement rendit un arrêt touchant les droits du grand *panetier de
France;* par cet arrêt il maintenait Jacques Odard, chevalier, seigneur de Cursay et de Saint-Marcel, grand panetier de France, dans l'exercice de sa juridiction sur la
boulangerie de Paris ; ce droit consistait dans le privilége
de pouvoir faire la visite chez les boulangers; mais il
n'avait aucune autorité pour les punir de leurs contraven-
tions, il les constatait seulement et envoyait un rapport au
prévôt de Paris et à ses lieutenants. Il lui était permis,
comme à ses prédécesseurs, d'avoir dans l'enceinte du
Palais un greffier, un procureur et un parquet.

Le parlement savait au besoin sévir contre ceux de ses
membres qui manquaient aux devoirs de leur profession,
et nous en trouvons une preuve bien manifeste sous le
règne de Charles VIII.

En 1496, on le vit faire le procès à un de ses membres,
nommé Claude de Chauvreux, conseiller clerc, accusé et
convaincu d'avoir fait résigner à la cour de Rome, en
faveur de Pierre de Rochechouart, au moyen d'une fausse
procuration. Les chambres s'assemblèrent pour délibérer
au sujet d'une opposition, soulevée par l'évêque de Paris,
qui, voulant soustraire Chauvereux à la peine qui le menaçait, demandait à ce qu'en sa qualité de clerc, il fût renvoyé devant la juridiction ecclésiastique. Le parlement
leva cette opposition, en déclarant Chauvereux déchu de la
cléricature. Après ce premier arrêt, on l'amena au par-

quet, vêtu de sa robe rouge et d'un chaperon fourré, pour entendre sa condamnation ; il se mit à genoux et, la tête nue, au milieu de l'assemblée, on lui lut son arrêt par lequel il était condamné, pour le faux qu'il avait commis à l'occasion de l'évêché de Xaintes, à être privé de son office de conseiller, et déclaré inhabile à posséder aucune charge de judicature. Les huissiers le conduisirent dans la grande salle, le placèrent sur la table de marbre, et là, on le dé-pouilla de sa robe rouge, de son chaperon et de sa ceinture ; on lui donna une autre robe et il fut ramené au parquet, nu-pieds et tête nue, avec torche de quatre livres à la main ; il se mit à genoux et fit amende honorable en de-mandant pardon à Dieu, au roi, à la justice et à ceux qu'il avait trompés. La fausse procuration dont il s'était servi fut alors lacérée. Le criminel fut mené dans la cour du Palais et livré au bourreau, qui le conduisit au Châtelet, et de là au pilori. Après y avoir fait trois tours, on le marqua au front d'une fleur de lis, avec un fer ardent, on le conduisit à la porte Saint-Martin, et il sortit du royaume.

— Louis XII tint en grand honneur son parlement. « Il quitta le Palais pour que les gens de justice se trouvassent moins à l'étroit et se retira au bailliage qui étoit tout contre le Palais; et parce qu'il avoit les gouttes, nous dit Laroche-Flavin, il se promenoit sur son petit mulet dans les jardins du bailliage, où il dirigeoit ses affaires d'Estat ; et lorsqu'il avoit besoin de son conseil, il montoit au parle-ment, demandoit les avis, et quelquefois assistoit aux plai-doiries, jugeoit les causes ; son chancelier prononçoit l'ar-rêt en sa présence. »

Afin de lui rendre l'accès du Palais plus commode, on fit dresser, depuis le bas des grands degrés jusqu'au haut, une allée faite d'ais et planchéiée de nattes, où son mulet le conduisait jusqu'à la porte de la grand'chambre. Arrivé là, les gentilshommes le prenaient et le portaient sur son trône.

Le trône était fixe et perpétuel ; quand le roi ne siégeait pas, il n'était couvert que de tapisserie semée de fleurs de lis. La grand'chambre avait des dénominations diverses, ainsi que nous l'avons vu plus haut ; on l'appelait tantôt grand'chambre, tantôt chambre du plaidoyer ou la chambre d'audience ; on la nomma aussi chambre dorée, mais ce fut seulement du temps de Louis XII. Lorsqu'il monta sur le trône, elle était singulièrement délabrée ; alors il la fit réparer avec grand soin, et elle fut, par son ordre, tellement dorée et semée de dorures, qu'on l'appela dès lors la *chambre dorée*.

Les lits de justice se tenaient dans la grand'chambre, et c'est là que se trouvait le trône où le roi prenait place, et à côté de lui, dans les grandes cérémonies, les pairs, tant ecclésiastiques que séculiers. Ce trône était recouvert de drap d'or. « Nos roys, dit Laroche-Flavin parlant de ce trône, n'ont voulu avoir ni chaise ni siège d'or ; ains de bois austrement bien paré de drap d'or. »

Monstrelet, parlant de ce trône, nous dit en la vie de Charles VI : «Si fut le jeune roi, en habit royal, et une chaise eslevée moult hault et parée de drap d'or, et tous les jeunes chevaliers dessous, à ses pieds, sur eschafauds couverts de drap d'or ; » et cette chaise, occupée par Charles VI, est ensuite appelée trône par cet historien.

« Elle fut lambrissée de culs de lampe dorés, dit Duchêne, et vermeillonnée avec un artifice singulier ; et la devise du porc-épic, qui étoit celle du roi, fut sculptée sur bois en plusieurs endroits. » On fit un nouveau dais, qu'on voyait encore du temps de Louis XIV ; et sur le trône royal de drap d'or, on plaça le porc-épic avec diverses devises. Le plafond était en bois de chêne tout entrelacé d'ogives qui n'étaient ni ovales ni en plein cintre et qui tenaient

15

les unes aux autres : on a conservé ce plafond jusqu'en 1722. C'est en l'année 1464 que se fit la grande réparation dont nous parlons; et comme le merveilleux se mêle toujours un peu en toutes les choses de ce temps-là, voici dans quelles circonstances et à quelle occasion elle eut lieu, circonstances que chacun peut apprécier, mais qu'en historiographe fidèle du Palais, nous ne pouvons pas omettre.

Le 25 juin 1464, on jugeait en la grande chambre, nous disent divers chroniqueurs, une cause entre l'évêque d'Angers et un riche bourgeois de Paris: celui-ci reprochait à l'évêque de lui imputer faussement d'être hérétique et d'avoir dit qu'il avait avoué à plusieurs gens de bien qu'il ne croyait ni à Dieu ni à diable. « Il advint, dit Monstrelet, qui raconte aussi ce procès, comme l'advocat de l'évesque en plaidoyant récita ces mêmes paroles avoir été dites par le bourgeois, que cette chambre du plaid commença à trembler très-fort et cheut une pierre de haut en bas sans blesser personne; et toutefois, il n'y eut homme en cette chambre qui n'eût très-grande peur et grand merveille, et vuidèrent tous de céans jusques au lendemain que la cause fut rappelée et plaidée. Mais en la plaidant, la chambre se prit à trembler comme dessus et issit un des sommiers de la chambre de sa mortoise et devala bien deux pieds en bas sans cheoir, dont cuydèrent tous mourir ceux qui étoient céans, et vuidèrent si impétueusement de la chambre, qu'aucuns y laissèrent leurs bonnets, les autres leurs chaperons, leurs patins et autres choses. » (Monstrelet, troisième volume). On ne plaida plus en cette chambre tant qu'elle n'eut pas été réparée.

On trouve dans les registres du parlement qu'en 1406 on avait refait les bancs, siéges et porches de cette chambre, parce qu'ils étaient délabrés, peu commodes et trop bas. Ils étaient si mal disposés, qu'on n'entendait pas bien les avocats.

La grand'chambre, ainsi que les autres salles d'audience, était parsemée de fleurs de lis. Par-dessus le trône royal où siége du chancelier, on voyait l'image du Christ.

Voici quel était l'ordre suivi dans les audiences pendant les plaidoiries. Les présidents et les conseillers étaient assis à savoir : les laïcs avec leurs robes rouges et chaperons fourrés, à la droite du président, et ceux d'église à gauche, vêtus de robes violettes et chaperons fourrés ; au premier rang et au-dessous étaient placés les baillis et sénéchaux, leurs lieutenants, et avec eux les anciens avocats de la cour : il n'était permis à personne autre d'y prendre place.

Le second rang suivant était laissé pour ceux dont la présence était nécessaire pour les plaidoiries ; le troisième pour les procureurs.

Le premier huissier, vêtu d'une robe rouge, portant un chaperon de drap d'or fourré avec une plume garnie de perles, appelait les causes indiquées au rôle.

Les audiences tenues par le parlement étaient appelées royales, solennelles, ordinaires et privées à huis clos.

Royales, quand il convenait au roi d'y assister et de les présider.

Elles étaient aussi dénommées *lits de justice*. « Lits de justice, nous dit Laroche-Flavin, parce que quand le roi y est, le siége est préparé et paré au-dessus d'un couvert, ciel ou dais de drap d'or ou de velours azuré semé de fleurs de lys d'or, qui sert de dossier à son trône et coulant par-dessous les oreillers où il sied. »

Les rois de France, lorsqu'ils tenaient leur lit de justice, étaient vêtus de leurs habits royaux, la couronne en tête et l'habit long semé de fleurs de lis, ayant le sceptre en une main et la main de justice en l'autre.

On a remarqué que les rois de France seuls tenaient tout
à la fois un sceptre et une main de justice : le sceptre dans
la main droite et la main de justice dans la gauche. Cette
main de justice signifiait que le royaume de France n'était
pas soumis aux caprices des rois, mais qu'il était régi par des
lois qu'ils devaient respecter ; et à leur sacre, ils juraient
deux choses, savoir : le maintien de la religion et de la
justice.

Le roi n'assistait pas d'ordinaire au jugement des coupables de lèse-majesté.

Dans les grandes affaires soumises au parlement, les
accusés, quels qu'ils fussent, princes ou autres, n'avaient
d'autre place qu'au bas du barreau sur un escabeau. Quand
le duc d'Angoulême fut interrogé devant le roi en pleine
cour, on le fit placer au milieu de la salle sur une espèce
de tabouret très-bas.

Le duc de Biron fut aussi placé sur un escabeau lors de
son procès ; son attitude devant le parlement fut souvent
inconvenante et ne lui attira pas la faveur de ses juges. Peu
de temps auparavant, le parlement ayant à juger un gentilhomme qui s'était montré peu retenu, qui avait souvent
porté la main à ses cheveux et à sa moustache comme par
bravade, le fit immédiatement déposer à la Conciergerie
avec ordre de lui couper les cheveux et la barbe, ce qui fut
exécuté.

La grand'chambre était seule compétente pour connaître des crimes qui emportaient la peine capitale ; la
Tournelle, instituée pour la soulager, ne connaissait que
de certaines causes criminelles. La grand'chambre jugeait les nobles, les ecclésiastiques, les magistrats des
cours supérieures ; seule, elle connaissait des causes des
pairs et des matières de régale. C'est à elle qu'appartenait la présentation des lettres de grâce, pardon et abolition, quoique le procès fût pendant à une autre chambre.

On y plaidait les requêtes civiles, même contre les arrêts de la Tournelle.

Les audiences de la grand'chambre étaient fixées à certains temps et à certains jours.

Les rôles de province se plaidaient les lundis et mardis, depuis la Saint-Martin jusqu'à l'Assomption (du 14 novembre au 15 août). Le jeudi, venait le rôle des appels comme d'abus et des requêtes civiles.

Les mercredis et samedis, il y avait audience à huis clos pour les oppositions aux enregistrements des lettres patentes, exécutions d'arrêts, appels en matière de police. Après le 15 août, on y plaidait, les lundis, mardis et jeudis, à huis clos, les causes importantes, et on y recevait les avocats au serment comme aux grandes audiences.

Les audiences du matin, tout aussi bien au parlement de Paris que dans ceux des provinces, commençaient dès sept heures du matin, pendant la saison d'été, et à huit heures ou neuf heures pendant l'hiver. Elles duraient de deux à trois heures.

Avant la Chandeleur, les audiences de relevée de la grand'chambre se tenaient de deux heures à quatre heures ; et passé cette époque, de trois à cinq.

« Audience des causes de la cour se commencera à Paris, Thoulouse et Bordeaux, à sept heures du matin et finira à dix ès jours ordinaires. Et en caresme, commencera à huit heures et finira à onze ; et ès jours de relevée, commencera à trois heures et finira à cinq. » (Ordonnance publiée en 1512 par Louis XII).

Nous n'avons pas besoin de dire que les audiences du parlement se tenaient avec dignité. Cependant des avocats généraux, dans leurs mercuriales, se plaignirent quelquefois du bruit des conversations de MM. les avocats et des procureurs, et l'un d'eux leur reprocha très-amèrement de se livrer à des risées malséantes s'il échappait à un plaideur quelque parole naïve ou plaisante ou si quelque incident grotesque se produisait dans le cours des débats. A la vérité, il arrivait parfois à messieurs du parlement eux-mêmes de ne pas échapper à l'hilarité générale et leur gravité avait à en souffrir.

Le comique est mêlé à toutes les choses de la vie humaine; partout il y a des procès où il se trouve à très-forte dose, alors il déborde de toutes parts et fait perdre le sérieux aux plus mélancoliques : c'est sans doute par cette raison qu'on mettait avec soin de côté certaines affaires qu'on appelait *causes grasses* et qu'on plaidait les lundi, mardi et jeudi gras. Ces jours-là, chacun se déridait à son aise et l'auditoire comme les juges se divertissaient de leur mieux. Les causes grasses étaient plaidées par de jeunes avocats qui obtenaient d'autant plus de succès qu'ils avaient excité l'hilarité générale.

Laroche-Flavin prétend que ces audiences avaient pris leur origine des bacchanales qui ont donné naissance à notre carnaval.

Aujourd'hui comme par le passé, les causes grasses ne manqueraient pas si on s'appliquait à en faire choix, mais nos mœurs nouvelles ne se prêteraient pas aux ébats que nos ancêtres se permettaient dans l'enceinte du Palais; et à tout prendre, on a parfaitement fait en supprimant les causes grasses du carnaval.

Le parlement vaquait depuis le 7 septembre jusqu'au lendemain de la Saint-Martin, jour auquel les présidents, en robes rouges à fourrures, tenant le mortier à la main, et les gens du roi en robes rouges et chaperons fourrés, faisaient leur rentrée : elle était précédée de la messe du Saint-Esprit dite dans la chapelle de saint Nicolas; et quand le parlement était entré dans ses fonctions, les compliments avaient lieu et le premier président recevait les serments des avocats.

Louis XII a reconnu expressément au parlement le droit de remontrances et d'enregistrement; et en 1499, il porta lui-même à son parlement de Paris une ordonnance à enregistrer.

Ce n'est pas Louis XII, qui diminua les impôts et qui mérita le titre de Père du peuple, qui aurait cherché à limiter ou à entraver la prérogative du parlement; — avant Louis XII, on avait déjà songé à la rédaction des coutumes, mais ce ne fut en réalité que sous son règne qu'on y travailla sérieusement. On dit que Louis XI avait exprimé le vœu qu'il n'y eût en France qu'une coutume, mais ce vœu ne put s'accomplir qu'après la révolution de 1789.

La coutume, confiée à la mémoire des hommes, était incertaine; les seigneurs dont elle gênait les prétentions pouvaient la nier, et le pauvre roturier sans défense succombait malgré la justice de sa cause. De là l'habitude de faire constater les usages dans les chartes; la diversité des coutumes devint fort embarrassante, surtout lorsque les provinces furent réunies sous l'obéissance du roi et que les appellations au parlement devinrent fréquentes.

Pour arriver à une bonne rédaction des coutumes, on envoyait dans chaque localité des commissaires du parlement pour présider les assemblées où se discutaient les dispositions à insérer dans la coutume; les trois ordres, la noblesse, le clergé et la bourgeoisie, y avaient des représentants. Lorsque les articles étaient arrêtés, les baillis, sénéchaux et autres officiers les envoyaient au roi. Après un nouvel examen fait par des jurisconsultes éminents, le roi ordonnait la publication de la coutume dans la province pour laquelle elle était rédigée; l'enregistrement du parlement achevait d'en faire une loi écrite.

La noblesse et le clergé repoussèrent autant qu'ils purent la rédaction des coutumes, ne voulant pas se soumettre à la juridiction du bailliage royal; mais Louis XII, à qui cette matière tenait fort à cœur, pour le bien et le soulagement qui en pouvait venir à ses sujets, ordonna dans son mandement spécial, daté de Blois le 8 septembre 1509, «qu'ils seraient contraints par la saisie de leur temporel, de leurs biens, meubles et immeubles, voire même de leurs personnes, à se trouver auxdits états, sans préjudice de leurs priviléges et exemptions pour cette fois. »

Nous voyons, à partir de ce jour, qu'on rédigea successivement les coutumes d'Auvergne et de Paris, de Troyes, Vitry, Meaux, Orléans et diverses autres. — C'est donc à sa volonté bien arrêtée qu'on doit la rédaction d'une grande partie des coutumes, et ce fut là un progrès légal dont on ne peut pas méconnaître la valeur.

C'est à Louis XII qu'on doit la construction de l'hôtel de la cour des comptes, devenu plus tard la résidence du préfet de police. Rien ne fut épargné pour donner au bâtiment la majesté et la grandeur que réclamaient son importance et son utilité. De vastes salles, de somptueux appartements ornés de tout ce que le luxe du seizième siècle pouvait s'imaginer de plus élégant, témoignaient encore dans ces derniers temps de la sollicitude du fondateur de l'hôtel de la cour des comptes. Il fut construit en l'an 1504 ; les dessins furent fournis par Jean Joconde, religieux de l'ordre de Saint-François.

La façade de ce bâtiment était fort chargée de sculptures et d'ornements gothiques. Les arcades qui bordaient le grand escalier étaient d'un dessin de bon goût et bien exécutées. Dans cette face du bâtiment, on voyait cinq statues de grandeur naturelle posées dans des niches et qui avaient chacune une inscription en lettres gothiques. Elles représentaient le roi Louis XII et les quatre vertus cardinales.

Au haut du grand escalier, au-dessus de la première porte, était un porc-épic qui portait les armes de France accolées de deux cerfs-volants. Le porc-épic était, ainsi que nous l'avons dit plus haut en parlant de la grand'chambre, le corps de la *devise* du roi Louis XII, et *cominus et eminus* en était l'âme. Cette devise se voyait en plusieurs endroits de ce bâtiment, qui fut en partie détruit par un incendie qui éclata le 27 octobre de l'année 1737.

CHAPITRE XV.

Le règne de Louis XII avait eu pour résultat la diminu-
tion des impôts, des améliorations dans l'administration de
la justice ; mais tous ces avantages seront en partie compromis par son successeur, François Ier.

Engagé dans de grandes guerres, ce roi fastueux, léger
et brave, aura sans cesse des besoins pressants d'argent ; et
pour remplir les coffres de son trésor, il ne reculera devant
aucun moyen fiscal et ne craindra pas de vendre les places
de la judicature. Pour fournir à ses fastueuses dépenses , il
donna les charges à ceux qui versaient entre ses mains les
sommes auxquelles il les avait taxées, mais avec déclaration
qu'il s'obligeait à les leur rendre : « C'étoit, comme dit
Loyseau, un prest à jamais rendre, vente déguisée du mot
de prest. »

La question de la vénalité des charges n'est plus à traiter
de nos jours, et les sophismes de Montesquieu ne méritent

pas même qu'on s'y arrête. — La vénalité est à jamais flé-
trie. — Qu'on en explique les causes, soit, mais on essaie-
rait en vain de la justifier.

En 1522, François Iᵉʳ, bien plus pour avoir de l'argent
que dans l'intérêt de la justice, crée une quatrième chambre tout entière au parlement, et se fait avec cela un
million.

Le mal fit de si rapides progrès, qu'en 1543, vingt-huit
ans après l'avénement de François Iᵉʳ, Michel l'Hospital,
alors conseiller au parlement de Paris, écrivait, en parlant
de la magistrature : « Combien elle s'est avilie depuis qu'on
en a ouvert l'accès à tout le monde, qu'on y a vu entrer une
foule de jeunes gens sans talent et sans application qui ne
connaissent pas même les premiers éléments du droit, et
dont les titres sont dans l'argent qu'ils ont compté ! Dans la
distribution des emplois, on n'a plus d'égard pour le mérite; la vertu est forcée de céder à l'opulence, et c'est cependant lorsque les vices s'accroissent, que la vertu, pour les
contenir, devrait avoir la puissance et l'autorité. » (Epi-
stolæ, p. 25).

Ces graves et sévères paroles de l'Hospital n'ont pas
besoin d'être commentées; la vénalité des offices de judicature une fois pratiquée, on vit le parlement perdre de son
autorité, et c'est ce qui faisait encore dire à l'Hospital :
« On a ouvert la porte aux dignes et aux indignes, à des
hommes sans vertu, mais dont la ceinture est garnie d'or.
Nous ne sommes plus ici qu'un petit nombre d'anciens qui
maintenons des pieds, des mains, et à grand'peine, l'antique dignité du parlement. »

La vénalité cependant ne prit pas position en France sans
soulever de vives protestations, et les états d'Orléans s'élevèrent avec une si grande force contre l'usage de vendre
les offices, que Charles IX dut condescendre à leurs observations. Il rendit une ordonnance à ce sujet qui ne fut pas

exécutée. — En 1579, les états de Blois réclament l'abolition de la vente des offices; on rend encore une ordonnance conforme aux réclamations des états qui n'est pas exécutée. Il a fallu, pour la détruire, la nuit mémorable du 4 août 1789.

Il n'est pas besoin de dire que par cela même que les offices judiciaires étaient devenus vénaux, tous les emplois qui se rattachaient à l'administration de la justice furent soumis à la vénalité.

François Ier, par la vénalité des charges, altéra profondément le caractère de la magistrature, et peu s'en fallut que, d'autre part, il ne portât aussi de rudes atteintes aux libertés de l'Église gallicane.

Afin de plaire à Rome et pour faciliter certaines prétentions qu'il avait sur l'Italie, il eut avec le pape un entretien à Bologne; on y conféra de la pragmatique sanction, que les gens de bien du royaume, dit Bossuet, regardaient comme le fondement de la discipline de l'Église gallicane; cette pragmatique déplaisait à la cour de Rome, et le pape à Bologne obtint de François Ier les bases d'un traité qui fut appelé *concordat*, qui attaquait dans plusieurs de ses points fondamentaux la pragmatique. Le pape présenta ce traité au concile de Latran, qui s'empressa de l'approuver.

Le roi étant revenu à Paris, l'évêque de Bayeux, nonce du pape, lui présenta deux cahiers scellés en plomb : l'un était le *concordat* couvert de damas blanc, ratifié par le concile de Latran ; l'autre, couvert de drap d'or frisé, contenait la révocation de la pragmatique. Le nonce demanda au roi que ces deux actes fussent enregistrés dans les parlements de France ; François Ier ne s'attendait pas à cette demande qui l'embarrassa, car il savait déjà que les cours n'étaient pas favorables au concordat ; et avant de faire cette présentation, il convoqua à Paris une assemblée composée de prélats, de présidents, de conseillers, de chanoines, de docteurs et de membres de l'université de Paris.

Le roi présida cette assemblée et le chancelier Duprat en fit l'ouverture par un discours dans lequel il s'efforça de prouver que le concordat était utile pour la sécurité de la France. Le cardinal Duprat ne traita que le côté politique du concordat, mais glissa sur le côté religieux.

Le roi n'eut pas lieu d'être très-satisfait des réponses qui furent faites à son chancelier et surtout du discours qui fut prononcé au nom du clergé par le cardinal de Boissy, et c'est ce qui lui fit dire que dans le cas de refus obstiné de la part de messieurs les évêques, il les enverrait à Rome pour y disputer avec le pape.

Après la tenue de cette assemblée, François Ier fit dresser des lettres patentes qui renfermaient le concordat et enjoignit au parlement et à tous les juges de son royaume d'en faire observer les articles et de s'y conformer dans les jugements. Puis, sachant quelles étaient les dispositions du parlement, il commit le bâtard de Savoie, son oncle, pour assister aux délibérations qui allaient s'ouvrir au Palais.

Le parlement, après avoir délibéré en sa présence, dit qu'il ne pouvait enregistrer le concordat, qu'il continuerait d'observer la pragmatique et qu'il appellerait de sa révocation. — Voilà qui était clair et net.

Le bâtard de Savoie instruisit aussitôt le roi des résolutions du parlement, qui demanda qu'on lui envoyât des députés pour lui soumettre les raisons qui empêchaient l'enregistrement. Les députés se rendirent à Amboise, où était alors François Ier, qui les fit attendre plus d'un mois sans avoir audience. — Enfin le grand maître de Montmorency les présenta au roi : ils lui soumirent les remontrances arrêtées dans le parlement; le roi les lut et dit que son chancelier avait satisfait à toutes leurs raisons; puis il ajouta avec émotion « qu'il n'y avait qu'un roi en France; que le parlement ne devait se mêler que de la justice; qu'il voulait que le concordat fût publié; que si l'on poussait sa

patience à bout, il ferait suivre son parlement comme le
grand conseil et qu'il ne mettrait plus de gens d'Église
dans la magistrature ; ils parlent, ils se conduisent comme
s'ils n'étaient pas mes sujets et comme si je n'osais leur
faire leur procès *et les condamner à perdre la tête.* »

Les députés, sans trop s'inquiéter des menaces du roi, lui
représentèrent que l'établissement du parlement était contraire à de pareilles résolutions. Le prince répliqua : « Je
suis roi, je puis disposer à ma volonté de mon parlement ;
allez et partez demain de grand matin. » Il se fit ensuite
entre le roi et le parlement une transaction, et s'il consentit à l'enregistrement, ce fut pour la forme, car, dans
cet enregistrement, il dit « qu'il vérifiait le concordat par
le commandement exprès du roi, plusieurs fois réitéré ;
qu'il n'entendait pas approuver la révocation de la pragmatique ; que dans les jugements des procès, il suivrait
toujours cette loi établie par Charles VII, et qu'il persiste-
rait dans l'appel que le procureur général avait interjeté
du jugement rendu par l'assemblée de Latran contre la
pragmatique sanction. » Pareil enregistrement n'a pas besoin de commentaire. Enfin, le 24 mars, le concordat fut
publié ; aussitôt de vives oppositions se manifestèrent de la
part de l'université ; le roi crut devoir l'assurer que le concordat serait modifié, ce qui eut lieu en effet, et il obtint du
pape Léon X diverses concessions.

Le pape, dans un rescrit, se contenta de l'annate des bénéfices consistoriaux à la nomination du roi, et déclara
qu'en demandant des provisions pour les autres bénéfices,
on ne serait point obligé d'exprimer leur juste valeur. Le
roi envoya ce rescrit au parlement, pour y être enregistré ;
il fut imprimé à la suite du concordat.

Les libertés de l'Église gallicane trouvèrent un point
d'appui jusqu'au théâtre. La *sotie* était alors fort en vogue :
c'était un drame destiné à faire la satire des mœurs et

des abus du temps. L'action était fantastique et les personnages allégoriques. Presque toujours les personnages représentaient des corps et non pas des individus. Au plus fort de la querelle touchant le concordat, parut une *sotie*, *le Jeu du prince des sots et de la mère Sotte*, qui fut représentée aux halles. Le peuple, personnifié dans *Sotte commune*, se plaint au roi, qu'il dépérit de jour en jour, et que l'Église enlève tout son bien. L'Église romaine, identifiée avec la Mère Sotte, déclare que le spirituel ne lui suffit pas ; elle prétend disposer à son gré du temporel et régir en souveraine les États ; elle fait même révolter le clergé contre les rois. Cette sotie était donc la défense dramatique de la pragmatique contre le pape et son légat, et elle ne fut pas sans doute l'un des moyens les moins efficaces pour arrêter François Ier dans ses prétentions.

Car, pour en finir avec les difficultés de toute espèce qui surgissaient à l'occasion de son traité de Bologne, il attribua à la juridiction du grand conseil la connaissance de toutes les affaires qui regardaient la nomination aux bénéfices. Les parlements lui ont toujours contesté sa juridiction, non-seulement sur cette matière, mais encore sur diverses autres.

En 1521, François Ier, qui résidait au Palais, rendit le pain bénit en l'église de Saint-Barthélemy, en qualité de premier paroissien.

Les doctrines nouvelles prêchées par Luther en Allemagne pénétrèrent en France dès les premières années du règne de François Ier et allèrent chaque jour gagnant des prosélytes. Louis de Berquin, gentilhomme picard, du diocèse d'Amiens, fut l'un des premiers qui distribuèrent a dans la France les livres de Luther, mais il ne fut pas heureux : on prit les livres et on s'empara de sa personne. Le parlement allait lui faire son procès ; mais le roi, sollicité en sa faveur par d'illustres savants, parmi lesquels on remarquait

Erasme, l'environna de sa protection, et il écrivit sur-le-champ au parlement pour que ce prisonnier fût mis en liberté et qu'au moins on lui permît de se promener dans le préau de la Conciergerie, ce qu'on lui refusait obstinément. Le parlement répondit que Berquin ne profiterait de son élargissement que pour semer les erreurs qui l'avaient fait arrêter et que, en ce qui concernait la permission de se promener dans le préau, on ne l'accordait jamais aux criminels qui avaient mérité la mort. Cependant, pour contenter le roi, on lui permit de s'y promener une heure le matin et une heure le soir, quand les autres prisonniers étaient renfermés. Le roi ayant demandé inutilement qu'il fût transféré au Louvre et remis entre les mains d'un lieutenant des gardes, le fit enlever des prisons de la Conciergerie par le prévôt de Paris, qui le remit entre les mains de ce lieutenant.

On lui fit son procès; il fut d'abord déclaré déchu de sa qualité de docteur en théologie et condamné en même temps à voir brûler tous les livres de Luther qu'il avait traduits et les autres qu'il avait composés lui-même; à faire amende et abjuration en place de Grève et enfermé ensuite dans une prison pour le reste de ses jours. Berquin appela de cette sentence, et le parlement, irrité de son obstination, le condamna à être brûlé vif : cet arrêt du parlement reçut son exécution.

Ce grand corps judiciaire crut alors qu'au moyen des rigueurs, on parviendrait à éteindre le luthérianisme : grande fut son erreur. François Ier la partagea, et on le vit assister en personne aux premiers auto-da-fé qui se firent à Paris. Ce fut dans le temps même du procès de Berquin qu'eut lieu la condamnation du comte de Saint-Vallier.

Le connétable de Bourbon, qui avait tant contribué à la gloire de la France à la bataille de Marignan, froissé par la perte d'un procès et maltraité par François Ier, se laissa entraîner par les sollicitations de Charles-Quint et alla commander ses armées.

Le connétable, en se jetant parmi les ennemis, leur avait promis le secours des partisans qu'il avait laissés en France : ils furent dénoncés et découverts ; on arrêta l'évêque d'Autun et autres personnages ainsi que messire Jean de Poitiers, seigneur de Saint-Vallier, père de la fameuse Diane de Poitiers, qui devint la maîtresse du roi.

Saint-Vallier fut condamné à avoir la tête tranchée comme traître au roi ; il fut ensuite remis en prison : on l'en tira le lendemain pour le conduire à la Grève. On vit alors avec étonnement ce que la crainte d'une mort prochaine pouvait produire sur l'esprit d'un homme, quoique courageux. Les cheveux du comte de Saint-Vallier, de bruns qu'ils étaient, étaient devenus blancs en une seule nuit, de sorte qu'on avait peine à le reconnaître lorsqu'on le tira de sa prison ; on le fit monter sur un cheval dont le bourreau tenait la bride : à ses côtés marchait son confesseur ; un archer, monté en croupe derrière lui, veillait sur sa personne ; puis venait le lieutenant criminel. Il monte d'un pied ferme sur l'échafaud, le bourreau tient en main sa hache : sa tête, prête à se pencher sur le billot, allait rouler sur le pavé, lorsque arrive un courrier qui fend la foule, ayant des lettres de grâce en sa main et criant : « Arrêtez ! le roi fait grâce. » Ces lettres, apportées du parlement à la Grève par ce courrier qui n'était autre que le greffier criminel, furent lues sur l'échafaud ; l'exécution fut suspendue et le comte de St-Vallier reconduit immédiatement en prison. Sa peine avait été commuée en une prison perpétuelle.

On a dit que ces lettres de grâce avaient été accordées aux prières et aux larmes de la belle Diane de Poitiers, sa fille. Elle avait d'abord été fille d'honneur de la reine Claude, et c'est au moment où l'arrêt de condamnation allait être exécuté, qu'elle alla se jeter aux genoux de François Ier et

16

obtint la grâce de son père : elle avait été mariée en 1514 à
Louis de Brezé, grand sénéchal de Normandie. Elle avait
plus de quatorze ans lorsqu'elle se jeta aux pieds de François Iᵉʳ, qui en devint amoureux.

Quant au connétable de Bourbon, il fut jugé par le parlement, le roi présent et accompagné de deux nouveaux
pairs; son procès marcha lentement; il n'était pas encore
terminé quand le roi fut vaincu à Pavie : le traité de Madrid y mit fin. Peu de temps après le procès du duc de Bourbon, eut lieu celui de Samblançay, surintendant des finances, qui fut pendu sur l'accusation de péculat (avril 1527).

Après la défaite de François Iᵉʳ à Pavie, Louise de Savoie
fit savoir au parlement que, d'après les ordres du roi, il
était chargé de pourvoir à la sûreté du royaume. Dans cette
occurrence, on vit le parlement agir avec énergie et patrio-
tisme. Il fit venir tous les fonctionnaires éminents de la ville
de Paris, leur donna ses instructions, ordonna que le guet
serait continué. Le prévôt des marchands et plusieurs échevins furent se loger à l'hôtel de ville avec un grand nombre
d'archers; le premier président donna l'exemple à toutes
les cours souveraines en montant le premier la garde aux
portes de la ville. Tout fut réglé alors par un conseil composé de quatre présidents à mortier, de quatre conseillers
de la grand'chambre et trois des enquêtes, auxquels s'ad-
joignirent l'évêque de Paris et six officiers du corps de
ville.

En 1526 eut lieu la délivrance du roi. On l'apprit avec
une grande joie; on chanta le *Te Deum* à la sainte Chapelle
et l'on fit une procession générale, à laquelle le parlement
assista.

Parmi les événements qui se sont passés sous son règne,
nous croyons devoir placer l'assemblée du parlement qui
eut lieu dans la grande salle au sujet du duel qu'il proposa
à Charles-Quint.

François Iᵉʳ ayant été fait prisonnier après la désastreuse bataille de Pavie, signa le traité que lui imposa son redoutable rival, et lui fit des concessions que l'honneur français ne pouvait ratifier (1527). Ce traité signé, il obtint la liberté et put rentrer en France. L'empereur l'accompagna au-delà de Madrid, et le conjura, chemin faisant, de lui dire franchement, et sur sa foi de gentilhomme, s'il était dans la résolution d'accomplir le traité. François Iᵉʳ répondit qu'il tiendrait sa parole, et on raconte que l'empereur lui répliqua : « Je vous crois, mais si vous y manquez, je publierai partout que vous n'en avez pas usé en homme d'honneur. » Ce colloque ne faisait rien au fond à l'affaire du traité; en le signant, François Iᵉʳ s'était engagé, autant qu'il le pouvait comme roi ; maintenant, le pourparler ne pouvait donc porter que sur une question de loyale intention de la part de François Iᵉʳ.

Charles-Quint le soupçonnait sans doute d'avoir quelque arrière-pensée, et c'est pour cela qu'il voulait le lier par un engagement plus étroit qu'un traité, par un engagement d'honneur. Ceci n'était pas superflu de la part de Charles-Quint, car dès que le roi fut rentré en France, il se fit à Cognac une assemblée de notables, qui déclara le traité de Madrid nul et non avenu, et le cassa. Cette assemblée se fonda sur ce que le roi « n'avait pas pu aliéner son domaine, et que s'il persistait à céder la Bourgogne à l'empereur, ils en appelleraient aux états généraux, à qui seuls il appartenait d'en juger. » François Iᵉʳ s'empressa d'obtempérer aux réclamations des états de Bourgogne, et ne songea plus à l'exécution du traité de Madrid. C'est alors que l'empereur reprocha au roi, que s'il avait combattu en brave chevalier à Pavie, il ne se conduisait pas en loyal chevalier en manquant à sa promesse, et il dit aux ambassadeurs de France que le roi, leur maître, avait procédé de mauvaise foi, et que quand il voudrait il le lui soutiendrait, seul à seul. Le roi, à qui on rapporta ce discours, présenta sa réponse par écrit à l'ambassadeur de l'empereur, qui s'excusa de la lire, parce qu'il avait déjà pris congé. « Vous l'entendrez au moins, » dit le roi, et il lui fit lire l'écrit signé de sa main et par Robertin, secrétaire d'État. Cet écrit portait ces propres mots : « Vous faisons entendre que si vous nous avez voulu, ou voulez nous charger que nous ayons fait chose qu'un gentilhomme avisant son honneur ne doive faire, nous disons que vous avez menti par la gorge, et qu'autant de fois que vous le direz vous mentirez. Etant délibéré de défendre notre honneur jusqu'au dernier bout de notre vie, pourquoi, puisque contre vérité, vous nous avez voulu charger, désormais ne nous écrivez aucune chose, mais nous assurez le camp, et nous vous porterons les armes, protestant que si après cette déclaration, et en autres lieux vous écriviez ces dites paroles qui soient contre notre honneur, que la honte du délai en sera votre, vu que venant audit combat, c'est la fin de toutes écritures. Fait en notre bonne ville et cité de Paris, le 28ᵉ jour de mars, de l'an 1527, avant Pâques : François. »

Le roi envoya ce cartel à l'empereur par un héraut d'armes ; Charles V envoya sa réponse par un autre héraut. Le roi le reçut dans la grande salle du Palais, le 10 septembre 1528. Il était sur un trône élevé de quinze marches, devant la table de marbre ; à sa droite, sur un grand échafaud, étaient assis le roi de Navarre, le duc d'Alençon, le comte de Foix, le duc de Vendôme, le duc de Ferrare de la maison d'Est, le duc de Chartres, le duc d'Albanie, régent d'Écosse. De l'autre côté étaient plusieurs cardinaux et évêques, notamment le cardinal Salviati, légat du pape. Au-dessous des princes étaient les présidents et les conseillers du parlement, et au-dessus du banc des prélats, les ambassadeurs. Mais ce grand appareil n'amena aucun résultat ; car le roi, ne voulant écouter le

héraut de l'empereur qu'en cas qu'il apportât *la sûreté
du camp*, c'est-à-dire la désignation du lieu où Charles V
voulait combattre, et comme le héraut n'avait pas mission
pour cela, la parole lui fut refusée, quelque effort qu'il fît
pour la prendre. Pour en finir avec cette affaire *d'honneur*,
disons qu'en 1537, le parlement s'assembla, sur l'ordre
exprès du roi, et condamna juridiquement l'empereur
Charles-Quint. Celui-ci faisait toujours la guerre à François Ier, et ne cessait de l'accuser devant l'Europe d'avoir
violé sa parole. Il vint au parlement, avec les princes et
les pairs ; l'avocat général fit un réquisitoire contre Charles-
Quint, qu'on avait ajourné comme vassal du roi pour les
comtés de Flandre et d'Artois, et rendit un arrêt portant
qu'on citerait Charles-Quint, empereur, à son de trompe,
sur la frontière, et l'empereur n'ayant pas répondu, le
parlement confisqua la Flandre, l'Artois et le Charolais,
mais l'empereur en resta maître.

En l'année 1529, on recommença à persécuter les luthériens ; on les accusa d'avoir abattu la tête d'une Vierge
placée dans le mur d'une maison de la rue de Rosières, du
côté où était la petite porte de Saint-Antoine. Le roi, qui
fut averti de ce fait, promit mille écus à celui qui découvri-
rait les auteurs de cet attentat et ordonna de faire faire une
Vierge d'argent de la grandeur de celle qui avait été mu-
tilée et déclara qu'il voulait la placer lui-même dans une
niche entourée d'une grille de fer. Il ordonna en même
temps aux cours souveraines de s'apprêter à l'accompagner
dans l'amende honorable qu'il voulait faire ; ce qui eut lieu.
Il posa en grande pompe la nouvelle image à la place de
l'ancienne. Mais la grille de fer, que le roi avait eu la précaution de faire mettre autour de la Vierge d'argent, n'empêcha pas qu'elle ne fût volée quelque temps après, et l'on
mit à sa place une figure de bois qui, plus malheureuse
encore que les deux précédentes, fut brisée par les protes-

tants. Enfin l'évêque de Paris en posa une de marbre qui y resta ; mais la colère populaire gronda en présence de cette obstination à briser l'image de la Vierge et le roi la partagea. On le vit plus tard stimuler le zèle du parlement au sujet des poursuites à intenter aux luthériens, et les supplices commencèrent.

Des luthériens furent condamnés, notamment en 1535, au supplice du feu comme auteurs d'écrits ou placards faits contre la religion. On saisit même tous ceux qu'on sut être de la religion luthérienne ; et après une procession expiatoire, François Ier assista au supplice de six d'entre eux qui furent exécutés sur les principales places de la ville : chaque victime était attachée à l'extrémité d'une balançoire qu'on abaissait sur le bûcher et qu'on relevait alternative·ment pour prolonger ses souffrances. La cérémonie terminée, le roi déclara solennellement au parlement, au clergé, aux ambassadeurs des pays étrangers réunis, en désignant sa propre famille, « que s'il savait un sien membre infecté de cette doctrine, il l'arracherait, de peur que le reste ne fût corrompu. »

Voltaire, dans son Histoire du parlement, demande où Mézeray a trouvé cet abominable discours de François Ier. Il est rapporté textuellement dans Théodore de Bèze, au livre premier de son Histoire ecclésiastique, et tous les actes qui suivirent en sont la confirmation. — En 1535, dix-huit protestants furent jetés dans les flammes ; et on fit paraître un édit qui abolissait l'imprimerie dans tout le royaume et défendait, sous peine de mort, d'imprimer quelque livre que ce fût (janvier 1535).

C'est à partir de cette époque qu'on se mit à chercher et à ajouter des raffinements aux supplices; pendant les deux siècles précédents, la pénalité s'était quelque peu adoucie, on la rendit féroce.

Jusqu'à présent, nous n'avons pas eu l'occasion de nous

arrêter suffisamment sur les peines qui étaient pratiquées en France, mais c'est ici le lieu de le faire, ce nous
semble.

Les exécutions, au seizième siècle, étaient de natures diverses : les unes qu'on pouvait appeler exécutions simples ,
les autres qui étaient mêlées de peines compliquées.

Les exécutions simples consistaient dans la privation de
la vie : s'il s'agissait d'une personne noble, on lui tranchait
la tête ; s'il s'agissait d'une personne de roture, on employait la strangulation au moyen d'une corde attachée à
une potence. — On était condamné à la potence pour
un très-grand nombre de cas : citons-en quelques-uns :
vol avec effraction, vol domestique, pour meurtre, infanticide, incendie, viol, rapt, contrebande avec attroupement,
fausse monnaie, libelles diffamatoires, coups et blessures
ayant fait perdre la vie. M. de Pastoret a énuméré cent
quinze cas où la peine de mort était prononcée tant par les
tribunaux que par les conseils de guerre.

Dans l'étendue du parlement de Paris, il y avait deux
sortes de questions : la question ordinaire et la question
extraordinaire à l'eau et aux brodequins. Dans d'autres
parlements, il s'en donnait de plusieurs sortes, comme les
mèches allumées entre les doigts, des poids aux pieds élevés
en l'air, par les bras derrière le dos, etc., etc. Mais nous
n'avons à traiter ici que de la question ordinaire ou extraordinaire mise en usage dans le ressort du parlement de
Paris.

Il y avait d'abord la question dite *à l'eau.* La plus ou
moins grande quantité d'eau qu'on faisait avaler à l'accusé
faisait la différence de la question ordinaire à l'extraordinaire.

Quand on avait lu à l'accusé la sentence qui le condamnait à subir la question, on le faisait asseoir sur une espèce
de tabouret de pierre ; on lui attachait les poignets à deux

anneaux de fer, distants l'un de l'autre, derrière son dos, puis les deux pieds à deux autres anneaux qui tenaient à un autre mur devant lui ; on tendait toutes les cordes avec force ; et lorsque son corps commençait à ne plus pouvoir s'étendre, on lui passait un tréteau sous les reins, ensuite on tendait encore les cordes jusqu'à ce que le corps fût bien en extension. Le questionnaire, homme destiné par sa charge à cette triste besogne, tenait d'une main une corne de bœuf creuse, de l'autre il versait de l'eau dans la corne et en faisait avaler au criminel quatre pintes pour la question ordinaire et huit pintes pour l'extraordinaire. Un chirurgien tenait le pouls du patient et faisait arrêter pour un instant, suivant qu'il le sentait faiblir. Pendant ces intervalles, on interrogeait le patient pour obtenir de lui des révélations.

Les brodequins. — La question dite des brodequins se donnait plus rarement que la question par *l'eau*, parce qu'elle pouvait estropier le patient.

On ne donnait guère cette question qu'aux accusés de grands crimes et dont la condamnation paraissait inévitable : on cherchait, au moyen de la torture des brodequins, à en obtenir des éclaircissements ou des aveux. Voici comment on procédait :

On faisait asseoir le patient, on lui attachait les bras, on lui faisait tenir les jambes à plomb, puis on lui plaçait le long des deux côtés de chaque jambe deux planches, une en dedans et une en dehors ; on les serrait contre les jambes ; on les liait sous le genou et au-dessus de la cheville du pied ; ensuite ayant placé les jambes près l'une de l'autre, on les liait toutes deux ensemble avec des cordes pareilles placées aux mêmes endroits ; ensuite on frappait des coins de bois dans les deux planches placées en dedans entre les genoux, et par en bas entre les deux pieds : ces coins serraient les planches de chaque jambe, de façon à faire craquer les os. La question ordinaire était de quatre coins, l'extraordinaire de huit.

On condamnait certains criminels à être pendus et brûlés; on les pendait d'abord, puis on les descendait de la potence pour être placés sur un bûcher et brûlés.

Enfin, dans les crimes horribles ou capitaux, on assemblait plusieurs supplices : 1° la question ordinaire et extraordinaire; 2° l'amende honorable; 3° quelquefois le poing coupé, ou les deux poings coupés, ou la langue coupée ou percée. Le dernier supplice consistait à être pendu, roué ou écartelé, brûlé. Le criminel condamné à être écartelé était démembré par quatre chevaux qu'on attachait à son corps au moyen de liens, et qu'on lançait en sens divers. Ce supplice était très-rare. On l'appliquait pour crime de lèse-majesté au premier chef. Damiens, Ravaillac, Jean Chatel ont été écartelés. Nous aurons sujet, en parlant de leurs procès, d'entrer dans des détails précis sur les tortures qui ont accompagné leur supplice.

Le criminel condamné, soit à la potence, soit à avoir la tête tranchée, était conduit devant la porte de l'église où il venait faire amende honorable, ou au lieu même du supplice qu'il allait subir.

Les supplices simples pouvaient avoir des aggravations de peines que nous allons indiquer.

Poing coupé. On faisait mettre le patient à genoux, puis on le forçait à mettre la main à plat sur un billot haut d'un pied ou environ, et d'un coup de hachette ou couperet, le bourreau lui faisait sauter la main et lui mettait tout de suite le moignon dans un sac rempli de son, qu'il liait à cause du sang.

Langue coupée. L'exécuteur la coupait avec un couteau. *Langue percée.* Il la perçait avec un fer rouge, pointu ou à froid, suivant l'arrêt.

Les criminels condamnés au même supplice étaient conduits ensemble au lieu du supplice; le plus coupable, ou celui qui était réputé tel, était exécuté le premier. On lisait au condamné son arrêt en sortant de la prison; voici comment on le menait au lieu du supplice : on lui passait une corde avec un nœud coulant qui lui entourait le milieu de l'avant-bras; on conduisait cette corde par derrière le dos, à l'autre avant-bras; l'ayant entouré, on ramenait la corde au premier, de là au second, et on l'arrêtait. Par ce moyen elle se trouvait double derrière le dos et aux deux avant-bras; préalablement il avait toujours les deux mains liées ensemble.

Quand il s'agissait d'un criminel qu'on allait pendre, on le faisait monter dans la charrette de l'exécuteur. Il était assis sur une planche de traverse, le dos tourné au cheval, et l'exécuteur derrière. Arrivé à la potence, où était appuyée et liée une échelle, le bourreau montait le premier à reculons, et aidait, au moyen des cordes, le criminel à monter de même. Le confesseur montait ensuite du bon sens. Pendant qu'il exhortait le patient, l'exécuteur attachait les tourtouses au bras de la potence, et, lorsque le confesseur commençait à descendre, le bourreau, d'un coup de genou et aidé du pied, faisait quitter l'échelle au patient qui se trouvait suspendu en l'air; les nœuds coulants des tourtouses lui serraient le cou; alors l'exécuteur, se tenant des mains au bras de la potence, montait sur les mains liées du patient, et à force de coups de genou dans l'estomac et de secousses, il terminait le supplice par la mort.

Couper la tête. On coupait la tête, ainsi que nous l'avons dit plus haut, aux gentilshommes. Pour ce supplice, on élevait un échafaud en planches de dix à douze pieds en carré et de cinq à six pieds de haut. On amenait le patient au pied de l'échafaud; quand il l'avait gravi, on lui ôtait son habit, il restait en chemise et le cou découvert; on lui liait les mains par-devant, il se mettait à genoux, et on lui coupait les cheveux; on lui faisait ensuite mettre la tête sur un billot, haut de huit pouces environ, placé sur l'échafaud; le confesseur alors se retirait et l'exécuteur, armé d'un sabre, lui abattait la tête, presque toujours d'un seul coup; s'il la manquait, il achevait de la couper sur le billot à coups de hache.

Quand on faisait trancher la tête en un parlement, on emportait la tête où le crime avait été commis, alors même que ce fût hors du parlement, et c'est pour cela que la tête du complice de Biron fut portée à Rennes. « M. de Montbar, dit Scaliger, en a été en peine et l'est encore, car on pense qu'il en soit la cause; mais c'est la coutume. Feu ma mère, voyant le bourreau porter un sac, demanda ce que c'étoit. Il répondit, en riant, que c'étoit deux prunes; elle les voulut voir; il tira des têtes qu'il portoit de Toulouse, chacun en son lieu où le mal fait avoit été commis, quoi vu, elle évanouit grosse de moi. »

Ces têtes étaient ensuite exposées pendant certain temps en place publique.

Les exécutions ordonnées à Paris ont été faites, suivant les temps, dans divers lieux : nous avons vu qu'on en a fait pendant longtemps à Montfaucon, puis aux Halles. En 1209, les sectateurs de l'hérésiarque *Armari* y furent brûlés. Il y avait alors attenant le pilori, un échafaud à demeure. Il est parlé de cet échafaud dans plusieurs anciens actes du parlement, et l'on a relevé, dans un compte du domaine de Paris, rendu en 1478 (folio 462), rapporté par Sauval, qu'on donna trente-cinq sols parisis à *Jehan Marchand*, charpentier, pour avoir fait l'échafaud *et coupe-tête* du pilori, qui était tout pourri, et sur lequel le duc de Nemours eut le cou coupé.

En 1562, on voyait, attenant au pilori, un échafaud qui tombait en ruine; on fut obligé d'en faire construire un autre à la place; mais on ne sait pas à quelle époque on a cessé de faire les exécutions en ce lieu ; la place de Grève a succédé aux Halles.

Il y avait, dans les cas de crimes énormes, des criminels qui étaient condamnés à être roués ou rompus. Tous les arrêts qui condamnaient les criminels à être rompus, disaient toujours qu'ils seraient rompus vifs : mais le plus souvent les juges mettaient un *retentum* au bas, qui disait, ou qu'ils endureraient un ou deux coups vifs, ou qu'ils seraient étranglés au bout de plus ou moins d'heures.

Quand on lisait l'arrêt aux criminels, on ne leur lisait jamais le *retentum :* il n'y avait que le bourreau qui en avait communication. — Nous verrons, en rendant compte de l'exécution d'un criminel condamné à la roue, comment on procédait à ce supplice.

On condamnait aussi au supplice du feu pour certains crimes, tels qu'hérésie, magie, sortiléges. Pour l'exécution, on plantait au lieu du supplice un poteau de sept à huit pieds de haut, autour duquel on construisait un bûcher en carré, composé alternativement de fagots, de bûches et de paille : on plaçait aussi autour du bas du poteau un rang de fagots et un second de bûches.

On laissait à ce bûcher un intervalle pour arriver à ce poteau ; on élevait le bûcher à peu près jusqu'à la hauteur de la tête du patient. On l'amenait ensuite au pied du bûcher ; là, on le déshabillait, on lui mettait une chemise soufrée, on le faisait monter sur les rangs de fagots de bois qui étaient au bas du poteau. Là, tournant le dos au poteau, on lui attachait le cou avec une corde, le milieu du corps avec une chaîne de fer, et les pieds avec une corde : ces troies liens entouraient le patient et le poteau ; ensuite on finissait la construction du bûcher, en bouchant avec bois, fagots et paille, l'endroit par lequel il était entré, de telle sorte qu'on ne le voyait plus, puis on mettait le feu au bûcher.

Quelquefois pour éviter au patient de trop longues souffrances, l'exécuteur des hautes œuvres, au moment où on
mettait le feu au bûcher, plaçait un croc de fer, ayant la
pointe tournée vers le cœur, de telle sorte qu'en poussant
ce croc, on donnait promptement la mort au condamné.

Au parlement de Paris, lorsqu'un accusé était déclaré
innocent, l'usage était de le mettre de suite en liberté par
la porte principale de la Tournelle, où il avait été jugé :
il traversait ensuite la galerie dite des Prisonniers, la salle
Mercière, escorté par les huissiers et les archers ; on ouvrait
ensuite les deux battants de la porte principale du Palais
de justice.

Peu de jours après les supplices des luthériens, eut lieu
l'exécution du capitaine Jouve, général des galères, décapité
aux Halles de Paris pour crime de lèse-majesté; le corps de
ce général fut mis en quatre quartiers, et sa tête, envoyée à
Marseille, fut exposée sur le port.

Le 10 août de l'année 1539, parut l'ordonnance dite de
Villers-Cotterets, qui avait été préparée par le chancelier
Guillaume Poyet ; cette ordonnance rendait général dans
tout le royaume, pour les actes de la procédure, l'usage de
la langue française, mais laissait subsister bien des abus de
l'instruction criminelle; elle limitait la juridiction ecclésiastique ; elle créait les registres de baptême dans les
paroisses.

Jusqu'à l'époque de cette ordonnance, les procédures criminelles, du moins dans un grand nombre de ressorts,
avaient lieu publiquement, mais l'ordonnance de 1539, qui
fit de la procédure secrète une loi générale pour tout le
royaume, mit fin, dit M. Bernardi (Origine et Progrès du
droit français, p. 447), à la diversité des styles, mais elle fit
aussi un présent bien funeste à la France.

La procédure secrète a excité les réclamations de tous les
bons esprits; Ayraud, lieutenant général d'Angers, homme

habile, qui vivait au temps de sa promulgation, en parle d'une manière peu avantageuse dans son livre de l'ordre judiciaire, et ce qu'il en dit prouve bien que la procédure secrète n'était pas aussi répandue que la procédure publique. On assure même que Poyet, qui en avait été le principal auteur, ayant été mis peu de temps après en jugement, fut frappé de la dureté de cette loi, dont il ne s'était pas douté jusqu'au moment où on lui en fit l'application. Le chancelier Poyet, après un procès qui dura trois ans, fut condamné pour malversation à une forte amende.

CHAPITRE XVI.

Nous n'aurions qu'une idée incomplète de l'administration de la justice en France, si nous ne nous rendions pas compte de ses ressorts principaux, si nous ne voyions pas avec quelle flexibilité elle se prêtait aux divers besoins de la sûreté publique.

Quoique les parlements eussent été rendus sédentaires, ils avaient conservé les avantages des cours ambulatoires. S'agissait-il de faire des poursuites, les provinces avaient-elles souffert par l'inertie de la magistrature locale, aussitôt ils désignaient des commissaires qui se rendaient sur les lieux, se formaient en cour spéciale de justice sous la dénomination de *grands jours*, et bientôt la sécurité renaissait dans la province, les faibles cessaient de trembler et les malfaiteurs, aussi puissants qu'ils fussent, nobles ou clercs, étaient traduits à sa barre et rendaient compte de leurs mauvaises actions.

Les grands jours n'étaient pas une justice exceptionnelle, comme on pourrait le croire, mais bien une justice régulière, quoique rapide.

Les grands jours se multiplièrent sous le règne de François I⁰ʳ, et il y en eut jusqu'à neuf différents à partir de 1530 à 1547. Laroche-Flavin, parlant des grands jours (des Parlements de France, livre XIII, p. 1086), nous dit : « François Ragneau, en son Indice des droits royaux et seigneuriaux, nous apprend que les grands jours se tiennent en certaine ville du ressort d'un parlement par lettres patentes et commissions du roi pour juger souverainement jusques à certaines sommes et de certaines causes des provinces, bailliages, sénéchaussées et pays dénommés par les lettres du roi et dedans le temps ordonné. » Puis il ajoute : « D'après les ordonnances, les grands jours ont accoutumé être tenus par les présidents et conseillers de la cour de parlement ès-lieux où anciennement ont accoutumé les tenir d'an en an par un président et treize conseillers de la dite cour, à sçavoir : huit de la grand'chambre et cinq des enquêtes, selon l'ordre de leur réception, à sçavoir : huit laïcs pour vacquer aux procès criminels et civils. » Les grands jours pouvaient connaître et juger tous les procès d'appel comme d'abus et toutes sortes d'instances.

Quand les *grands jours* s'installaient dans une ville, ils le faisaient avec grande pompe ; les présidents et conseillers étaient vêtus de leurs robes rouges, le président avec son chaperon et manteau fourré d'hermine, et tous les conseillers avaient aussi le chaperon fourré d'hermine sur l'épaule ; le premier huissier avait son bonnet de drap d'or ; on se rendait d'abord dans l'église cathédrale du lieu, afin d'entendre la messe, qui se disait avec solennité. Il y avait ensuite procession par la ville, et à cette procession se trouvaient tous les avocats, tous les procureurs ; le lendemain, à six heures du matin, les grands jours commençaient leurs travaux et écoutaient d'abord les réquisitions du procureur général du roi.

On trouve dans diverses histoires des provinces des récits détaillés des grands jours qui y ont été tenus, et on peut voir, en les lisant, jusqu'à quel point les grands jours étaient utiles pour consolider l'ordre social; on va en juger par les faits suivants relatifs aux grands jours tenus sous François Ier en Normandie. Ce roi y ayant fait un voyage, fut frappé des désordres nombreux dont la Basse-Normandie surtout était alors le théâtre. La fin des guerres d'Italie avait rejeté dans les provinces une foule de gentilshommes qui, par désœuvrement et par habitude, se livraient à des excès et des violences de toute espèce. Ils traînaient à leur suite des bandes de soldats sans emploi qui avaient servi avec eux dans les diverses guerres, gens adonnés à tous les vices et à qui le peuple journellement maltraité avait donné le nom d'*aventuriers*. Battre les paysans, enlever leurs bestiaux, insulter et violenter les femmes et les filles, vivre en un mot au milieu des populations paisibles, tout cela n'était pour eux qu'un jeu. Segrais, le poëte de Caen, en parlant de cette époque qui ne remontait pas très-loin avant lui, écrivait : « Le moindre gentilhomme faisait le petit tyran dans ses terres. Il n'y a que les Matignon et les Beuvron qui se soient conduits en braves seigneurs dans ce temps-là ; mais les Montgomery tyrannisaient et battaient leurs paysans. »

Le Cotentin et le Bessin, où vivaient un grand nombre de familles nobiliaires, étaient particulièrement dévastés. La justice ordinaire était impuissante contre de tels excès ; des juges qui avaient voulu s'y opposer avaient été insultés, frappés, d'autres tués. Jusque dans son prétoire, même sur son siége, le magistrat n'était pas en sûreté. François Ier résolut de ramener l'ordre en Normandie, et par un édit du 12 septembre 1540, il ordonna qu'une partie des mem-

17

bres du parlement resterait à Rouen pour l'expédition, sous le nom de *Tournelle*, des affaires criminelles, et qu'une autre partie irait de suite tenir à Bayeux les *grands jours*.

M. Floquet, dans son Histoire du parlement de Norman-die, donne des détails très-curieux sur les grands jours de Bayeux, sur les magistrats délégués et sur leur caractère. « Le premier président était, nous dit-il, François de Maril-lac, oncle de celui qui fut garde des sceaux de France, il avait été ambassadeur à Gênes et était un magistrat très-éclairé. L'un de ses collègues, B. Lechandelier, le peignait en ces termes : « Toujours premier président, toujours en fonc-tion, soit au Palais, soit dans sa demeure, toujours prêt à recevoir les requêtes et les répondre, à écouter les plaideurs avec une douceur, une bienveillance, une égalité d'humeur qui lui avaient gagné tous les cœurs et ne permettaient ni plainte, ni soupçon à ceux qui perdaient leur cause, tant ils connaissaient les lumières et l'inflexibilité de leur juge. »

Pairel, magistrat, secondé par d'autres juges fermes, probes et éclairés, sut bientôt mettre un terme aux excès qui se commettaient dans la Basse-Normandie. Les au-diences des grands jours commençaient à six heures du matin et se prolongeaient jusqu'à onze; les audiences de relevée reprenaient à deux heures et ne se terminaient qu'à cinq ou six heures du soir, et les magistrats dont la pré-sence n'était pas nécessaire pour les besoins journaliers du service se répandaient dans le pays, allaient de vicomté en vicomté faire des enquêtes, recueillir des preuves, s'assu-rer de la vérité des faits. On rechercha en même temps quelle avait été la conduite des magistrats de diverses loca-lités, et l'on put s'assurer que plusieurs d'entre eux avaient été de connivence avec les seigneurs qui avaient com-mis les excès les plus condamnables, et ceux qui furent trouvés en faute furent durement traités. Grand nombre de seigneurs s'enfuirent en voyant l'attitude sévère des grands jours; mais tous n'échappèrent pas à une juste répression. — Le temps des grands jours fut de trois mois.

En 1531, il y eut aussi des grands jours à Poitiers, et durant leur tenue, on jugea plus de cinq cents causes et ils prononcèrent des condamnations sévères contre un grand nombre de gentilshommes des provinces d'Anjou, Touraine, Angoumois, qui depuis sept ans ne reconnaissaient plus l'autorité du roi; ils se faisaient la guerre entre eux, s'emparaient des propriétés qui étaient à leur convenance et n'avaient plus ni frein ni loi.

François Ier, ainsi que nous l'avons dit plus haut, multiplia les grands jours, et c'est ce qui fit croire que la nécessité où il se trouva d'y avoir recours provenait de la vénalité des offices qui s'était propagée depuis son avénement au trône et qui avait détendu le ressort de la justice.

On doit à François Ier la suppression du droit d'asile; l'asile était un lieu de sûreté où il n'était pas permis de violenter ceux qui s'y étaient réfugiés. Les églises, les maisons royales étaient un lieu d'asile; mais une ordonnance de François Ier, de 1539, abolit ces franchises dangereuses et autorisa les juges à ne pas les maintenir.

Les jésuites s'établissent en France sous François Ier; nous les verrons bientôt agiter le royaume.

Il se fit sous ce règne des réformes utiles dans la législation; une ordonnance du 26 juillet 1539 défendit qu'à l'avenir les amendes et condamnations prononcées contre les coupables fussent distribuées à leurs ennemis; et l'ordonnance à jamais célèbre de Villers-Cotterets, août 1539, réforma la procédure, substitua le français à un latin barbare dans les actes publics et posa des limites plus précises que par le passé entre la juridiction civile et la juridiction ecclésiastique; enfin elle établit dans les paroisses des registres pour constater les naissances et les décès.

— Henri II, inférieur à son père sous tous les rapports, renouvelle les ordonnances contre les réformés, et en 1851 il publie le cruel édit de Châteaubriand.

Ici nous entrons dans cette longue et désastreuse période de notre histoire dite *des guerres de religion*, période pendant laquelle les notions du juste et de l'injuste seront souvent obscurcies.

C'est sous le règne de Henri II qu'on établit des chambres ardentes pour juger les réformés ; elles furent souvent impitoyables, mais leur zèle ne paraissant pas encore suffisant, on insinua à Henri II qu'il y avait lieu à installer en France l'inquisition, et il ne dépendit pas de lui que cette odieuse institution qui cherchait à pénétrer en France, n'y jetât de profondes racines. Néanmoins, les apparitions qu'elle y a faites méritent qu'on s'y arrête.

Les évêques, comme dépositaires de la foi et de la tradition, ont toujours revendiqué le droit qu'ils avaient d'être juges de la foi dans leurs diocèses et dans les conciles. Mais Innocent III, peu satisfait du zèle des évêques et des officiaux contre les Albigeois du Languedoc, chargea Rodolphe, Pierre de Châteauneuf et Arnaud, moine de Cîteaux, de s'informer en chaque ville du nombre des hérétiques, de la diligence des évêques à extirper les erreurs, et du zèle des princes à poursuivre les mécréants. Ils envoyèrent leurs informations à Rome pour y être pourvu par le pape, et de ces recherches est venu le nom d'inquisiteur. Le pape augmenta ensuite l'autorité de ces inquisiteurs et leur adjoignit de nouveaux collègues. En 1229, le pape nomma les dominicains de Toulouse pour faire seuls les fonctions d'inquisiteurs. Ils se constituèrent en tribunal pour faire les procès des hérétiques et les punir, et ils déployèrent dans l'exercice de leurs fonctions une telle ardeur et une telle cruauté, qu'ils soulevèrent contre eux les haines les plus vives, et que le comte et le peuple de Toulouse les chas-

sèrent de leur ville. Jean, archevêque de Vienne, les rétablit par ordre du pape ; mais afin de modérer leur sévérité,
il leur donna pour adjoints des frères mineurs. Enfin
Innocent IV voulut en composer un tribunal fixe dont il se
proposait de régler la compétence et les procédures : son
dessein était d'établir ainsi de plus en plus son autorité en
France, et il avait ce dessein bien arrêté d'enlever aux juges
laïcs le pouvoir de faire le procès aux hérétiques.

Il y avait bien des difficultés à vaincre pour introduire
ainsi l'inquisition dans toute la France, pour généraliser un
fait que l'hérésie des Albigeois avait pu faire juger utile en
ce temps-là dans la province de Toulouse; le pape réussit
cependant à l'établir dans quelques villes de France, mais
une opposition très-vive ne cessa jamais de se manifester et
des soulèvements populaires chassèrent les inquisiteurs de
la plupart des villes où ils étaient parvenus à s'établir.

Enfin, devenus l'objet de la haine publique, ils instituè-
rent leur tribunal à Avignon et dans le comtat Venaissin
qui, quoique faisant partie de la Provence, appartenait au
pape.

De toutes les inquisitions, il n'y eut que celle de Toulouse
qui se soutint après l'extermination des Albigeois, et l'inquisiteur de Toulouse prit le titre d'inquisiteur en tout le
royaume de France, spécialement député par le saint-siége
apostolique et par l'autorité royale (quinzième siècle). Un
siècle après et pendant les grands jours tenus à Evreux en
1540, François Ier rendit un arrêt qui déclarait frère Tho-
mas Laurentic inquisiteur général de Normandie. Les
dominicains d'Évreux eurent la direction du tribunal qu'on
constitua dans cette localité afin de réprimer le protestantisme.

On voyait encore dans leur couvent, avant la révolution
de 1789, les prisons de ce terrible tribunal et le sceau qu'on
employait pour sceller ses sentences. C'était un morceau de

cuivre ovale avec une poignée, sur lequel étaient gravées les images de saint Dominique et de saint Pierre, martyr. Cette juridiction, bien loin de contribuer à la conversion des calvinistes, ne servit qu'à les aigrir contre le gouvernement. Mais ce tribunal ne put pas prendre racine en Normandie; et au mois d'août 1552, les parlements de Rouen et de Paris, par leurs arrêts, défendirent d'observer le *chapitre inquisitionis* qui refusait ou différait d'exécuter les lois qui portaient peine de mort contre les hérétiques.

A Lyon on vit aussi se constituer, en 1555, un tribunal de l'inquisition.

Il paraît qu'il exerça ses fonctions avec modération. Le cardinal de Lorraine voulut à son tour avoir des inquisiteurs à Paris. Il s'en ouvrit à Henri II, qui opposa quelque résistance à ses vues. Néanmoins, ce cardinal parvint à obtenir qu'il serait enjoint à quelques évêques de donner des lettres de vicariat à des conseillers clercs pour faire le procès aux novateurs. Henri leur donna pour adjoints quelques docteurs : Démochares ou de Mouchi, membre de la faculté de théologie, exerça sa commission avec tant de rigueur, qu'on le nomma l'*inquisiteur*. Ses espions furent appelés *mouchirs* ou *mouchards*.

Mais le cardinal de Lorraine ne s'en tint pas là : ce qu'il voulait avant tout, c'était d'établir en France une inquisition sur le modèle de celle de Rome; et le pape, sur les pressantes sollicitations de ce cardinal, nomma pour la France un inquisiteur général : le roi lui accorda des lettres patentes qui furent vérifiées au parlement; mais elles ne le furent pas sans d'importantes restrictions, et il fut convenu que pour le délit commun, il communiquerait les procédures aux juges diocésains et pour le cas privilégié aux juges laïcs. Les lettres patentes ainsi modifiées sont du 14 janvier 1550. Mais cinq ans après, le parlement s'opposa avec plus de vigueur à l'édit donné contre les relaps. Il y eut à l'occasion de cet édit une délibération qui ne dura pas moins de douze jours. Commencée le 11 septembre 1555, elle ne se termina que le 23 du même mois. Elle fut suivie de remontrances qui furent présentées au roi. Le roi les ayant goûtées, ne fit plus d'instances pour faire vérifier son édit; il chargea même son parlement de recevoir le serment des juges désignés par les cardinaux inquisiteurs, dont l'autorité alla toujours en diminuant en France. Après la mort de Henri II, le cardinal de Lorraine fit de nouveaux efforts pour rétablir et même augmenter le pouvoir des inquisiteurs; mais le parlement traversa de nouveau ses projets et les fit échouer; et depuis ce temps, on ne parla plus en France de l'inquisition; on laissa encore subsister le tribunal de Toulouse; mais, nous dit l'auteur de la Jurisprudence du grand conseil, t. I, p. 207, ses décisions étaient rares et fort peu respectées. C'est donc au parlement qu'on doit surtout en France d'avoir échappé à l'inquisition; et s'il eût faibli, si les populations, de leur côté, n'avaient pas aussi résisté à cette entreprise venue de Rome, nous aurions eu le même sort que l'Espagne.

Le parlement, depuis son institution sous Philippe, ne cessa jamais de défendre l'autorité civile contre les prétentions cléricales, et c'est encore un point historique sur lequel il importe que nous jetions un coup d'œil rapide.

Les ecclésiastiques qui acquéraient des fiefs étaient placés dans la même position que les autres seigneurs féodaux; ils exerçaient la justice seigneuriale dont nous connaissons déjà l'étendue et les principaux caractères; mais nous n'avons à parler ici que de la juridiction du clergé comme clergé.

Les affaires réservées exclusivement aux tribunaux ecclésiastiques concernaient le dogme et la discipline, matières qui, par leur nature même, sortaient de la compétence des tribunaux séculiers; mais cette compétence incontestée s'étendit successivement : d'abord il fut défendu aux clercs, sous peine d'excommunication, de porter leurs différends devant des juges autres que l'évêque ; et s'ils étaient en procès avec un laïc, demandeurs ou défendeurs, ils devaient obtenir de l'évêque l'autorisation de plaider, afin de ne pas soutenir des contestations injustes. Il fut admis ensuite en principe que la volonté des parties pouvait les soumettre à la juridiction ecclésiastique, que là régularité de sa procédure recommandait au choix des plaideurs.

Des restrictions furent apportées à cette règle dans les neuvième et onzième siècles sans que les documents qui nous restent permettent de bien en préciser l'étendue ; ce qu'on sait, c'est que les tribunaux ecclésiastiques connaissaient de beaucoup d'actes importants de la vie civile. D'autres causes leur étaient encore déférées, telles que celles relatives aux dîmes et à l'usure.

Enfin, une réaction se manifesta dès l'année 1139, et Arnaud de Bresse était condamné pour avoir attaqué la juridiction ecclésiastique ; en 1225, les barons se liguaient pour empêcher les entreprises des clercs, et Louis XI lui-même dut les suivre dans la même voie.

Les tribunaux ecclésiastiques eurent une grande puissance dans l'opinion jusqu'à l'avénement de Philippe le Bel ; on préférait en beaucoup de cas leurs décisions aux décisions des cours féodales, les juges avaient plus de lumières, et on remarquait qu'ils usaient plus volontiers du droit écrit ; mais quand le parlement fut devenu sédentaire, quand les réformes se furent introduites dans la législation, et que les jurisconsultes y eurent pris la place prépondérante, les juges civils furent préférés aux juges cléricaux, et les officiaux virent leur puissance décroître. — Elle fut aussi singulièrement ébranlée par les appels comme d'abus : la pragmatique sanction de 1438 éleva aussi un rempart solide contre la théocratie po-

litico-judiciaire qui avait été sur le point de s'implanter
en France.

L'officialité de Paris connaissait des matières ecclésiastiques, qu'on trouve énoncées dans des ouvrages spéciaux,
des appellations interjetées des sentences rendues par les
officiers des évêques suffragants; mais on pouvait appeler
de ses décisions de l'officialité au parlement.

Les impôts, déjà lourds sous François Ier, le furent plus
encore sous Henri II. Il y eut des soulèvements sur plusieurs
points de la France (1558), notamment dans le Languedoc.
On accusa le parlement de Bordeaux de s'être joint à la
population au lieu de lui résister, et d'avoir été cause du
meurtre du seigneur de Monins, commandant de Bordeaux :
les séditieux l'avaient massacré sous les yeux de plusieurs
membres du parlement qui marchaient, dit-on, avec eux
habillés en matelots. Le connétable Anne de Montmorency,
gouverneur du Languedoc, vint avec un maître des requêtes, nommé Etienne de Neuilly, interdire le parlement
pour un an; il fit exhumer le corps du seigneur de Monins
par tous les officiers du corps de ville, qui furent obligés de
le déterrer avec leurs ongles, et cent bourgeois passèrent par
les mains du bourreau. Ce traitement indisposa tous les
parlements du royaume. Le parlement de Paris se montra
surtout plus aigri que les autres.

Le roi, pour le dominer, le rendit semestre, et augmenta
le nombre des charges et en vendit soixante-dix nouvelles.
Les édits n'en furent point vérifiés, mais ils furent exécutés
dans l'espace d'une année, après quoi le parlement ne fut
plus semestre; mais il demeura surchargé de soixante-dix
membres inutiles qui avaient acheté leurs charges.

On poursuivait, ainsi que nous venons de le voir plus
haut, les réformés avec une impitoyable rigueur : tant de
supplices excitèrent enfin la pitié, et plusieurs membres du
parlement, ceux surtout qui étaient éclairés, pensèrent que

l'Eglise devait plutôt réformer ses mœurs et ses lois que verser le sang des hommes, ou les faire périr dans les flammes.

Il arriva au mois d'août 1559, dans une assemblée qu'on nomme mercuriale, que les membres les plus savants et les plus modérés du parlement proposèrent d'user de moins de cruautés et de chercher à réformer l'Eglise.

Le roi fut avisé de ce qui s'était passé dans cette mercuriale, et excité par les Guises, qui commençaient à avoir une grande part dans les affaires publiques, il tendit un piége odieux à ce grand corps, qui commençait enfin à comprendre que brûler n'est pas répondre.

Le 15 juin 1559, il se rend au parlement sans y être attendu, et sachant qu'on délibérait sur la question de la liberté de conscience. Dès qu'il eut pris place, il voulut que la délibération continuât, et fit engager tous les parlementaires à dire franchement et sans arrière-pensée leur sentiment, ce que plusieurs firent, ne soupçonnant pas qu'un piége leur fût tendu. Ils représentèrent qu'on ne devait point être étonné du progrès rapide de l'hérésie, que le mauvais exemple des ecclésiastiques y donnait lieu; d'autres ajoutèrent qu'ils croyaient qu'on devait suspendre les châtiments, ou du moins en suspendre la rigueur jusqu'à la tenue du concile général qui devait concilier tous les différends de la religion. Arnaud de Ferrier, président des enquêtes, fut celui qui insista le plus sur ce point, et son avis fut généralement goûté.

Claude Viole, Louis du Faux et Anne du Bourg s'élevèrent contre ceux qui portaient le roi à traiter les novateurs avec tant de sévérité; ceux-mêmes, disaient-ils, qui vivent dans les plus affreuses débauches, qui voient, sans en être scandalisés, des adultères et des parjures, ne peuvent souffrir un parti tranquille et fidèle à son roi. L'animation que mirent ces conseillers dans leurs discours fit comprendre au roi qu'ils étaient partisans de la réforme.

Rejetant alors le masque dont il s'était couvert, Henri II, quand les membres du parlement eurent ainsi fait connaître leurs sentiments, dit qu'il voyait par ses propres yeux, que dans le sein du parlement même, la religion avait des ennemis, qu'il ne s'en prenait point au parlement en général, mais qu'il saurait punir avec cette rigueur que l'on blâmait tant en lui ceux qui avaient parlé avec tant de hardiesse, et il ordonna sur-le-champ au connétable de Montmorency de faire arrêter les conseillers du Faux et du Bourg, ce qui fut immédiatement exécuté par le comte de Montgomery, qui les conduisit à la Bastille. On mit en même temps aux arrêts Paul de Foix, Antoine Fumée et Eustache de La Porte, conseillers. Du Ferrier, du Val et Viale, craignant qu'on attentât aussi à leur liberté, se cachèrent chez leurs amis.

On commença sans délai le procès des deux conseillers qui avaient été mis à la Bastille, et on nomma pour l'instruire le président de Saint-André, deux conseillers, Eustache du Bellay, évêque de Paris, et Antoine de Mouchy, inquisiteur de la foi. Ils firent comparaître du Bourg, qui refusa de répondre, disant qu'il ne reconnaissait d'autres juges que les chambres du parlement assemblées, mais après avoir fait ses protestations pour ne pas perdre le privilége que lui donnait son titre de conseiller au parlement, il finit par subir l'interrogatoire.

Il fut déclaré hérétique par l'évêque de Paris et livré au bras séculier. Du Bourg appela de cette sentence à l'archevêque de Sens. Sur ces entrefaites, Henri II, blessé à mort par le comte de Montgomery dans un tournoi, vint à décéder, François II lui succéda, mais le procès ne fut pas interrompu pour cela, tant les passions haineuses étaient fortes et persistantes.

La sentence rendue contre Anne du Bourg fut confirmée par l'archevêque de Sens et par le primat de Lyon. Tandis que son procès se poursuivait avec le plus d'ardeur, le président Minart, qui était un de ses juges et qu'il avait récusé, fut assassiné d'un coup de pistolet. Les présidents Lemaître et de Saint-André n'auraient pas évité un pareil sort, s'ils avaient été ce jour-là au Palais, et cet événement fit décider par le parlement que les relevées d'hiver cesseraient à quatre heures après midi. On soupçonna du Bourg d'avoir été l'auteur de l'assassinat du président Minart, sans cependant avoir aucune preuve ; mais les commissaires qui le jugeaient, craignant pour eux-mêmes, se hâtèrent de prononcer sa sentence, et le condamnèrent à être étranglé et ensuite jeté au feu.

Du Bourg, qui n'avait pas voulu sauver sa vie par des détours équivoques, ni par des réponses ambiguës, comme l'avaient fait les autres conseillers arrêtés avec lui, soutint ses sentiments au milieu du supplice, comme il les avait déclarés au milieu du parlement, et en présence du roi même ; son exécution se fit sur la place de Grève.

Les calvinistes l'ont mis avec raison au nombre de leurs martyrs. Aucun des conseillers arrêtés en même temps que lui ne fut condamné, et après avoir été quelque temps sans exercer les fonctions de leurs charges, ils furent renvoyés absous au parlement. Le président de Thou, magistrat intègre et ferme, brava le péril qu'il y avait alors à parler en faveur de gens soupçonnés d'hérésie, et grâce à ses sollicitations, les magistrats suspects purent rentrer dans leurs fonctions.

Le président Hénault, parlant du procès de Anne du Bourg, dit qu'on accusa un Ecossais nommé Jacques Stuart de l'assassinat du président Minart, qui eut lieu entre cinq et six heures du soir (12 décembre 1559), le président étant sur sa mule au retour du Palais ; puis il ajoute que la condamnation de du Bourg donna lieu à la conjuration d'Amboise et aux guerres qui suivirent.

En 1552, Henri II institua les présidiaux, et par son édit il ordonna qu'en chacun des principaux bailliages et sénéchaussées du royaume il y aurait un présidial, composé de neuf conseillers magistrats pour le moins, y compris les lieutenants généraux et particuliers, civils et criminels ; ce qui faisait par ce moyen sept conseillers érigés en titre d'office pour juger tous les procès civils et criminels, et par un second édit du mois de mars de la même année, il fixa les bailliages et sénéchaussées dans lesquels les présidiaux devaient être établis. Ces présidiaux furent créés au nombre de trente-deux, mais le nombre en fut encore augmenté. D'après les premiers édits, leur juridiction se bornait à pouvoir juger, en dernier ressort, jusqu'à la somme de deux cent cinquante livres, et par provision jusqu'à cinq cents livres, tant en principal que dépens.

Par un édit du mois de juin 1557, le pouvoir des présidiaux fut augmenté, et ils pouvaient connaître et juger en dernier ressort jusqu'à mille livres de principal, ou cinquante livres de rente. Nous n'avons presque point d'auteurs qui se soient occupés de la juridiction des présidiaux. Les juges présidiaux étaient tout à la fois juges civils et criminels, juges de première instance en certains cas, et juges d'appel dans d'autres.

Dans le ressort du parlement de Paris, il y avait quarante-trois présidiaux.

Les juges du présidial ne faisaient qu'une même compagnie avec les juges des bailliages et des sénéchaussées où ils étaient établis.

Les présidiaux, en matière criminelle, jugeaient en dernier ressort, et leur compétence était fort étendue ; ils connaissaient même de tous excès, oppressions ou autres crimes commis par les gens de guerre, tant dans leur marche que dans les lieux d'étape ou d'assemblée (déclaration de 1731).

Les séditions, les sacriléges, les attroupements et assemblées illicites avec port d'armes, la fabrication de fausse
monnaie, étaient de leur compétence.

Ils ne pouvaient connaître d'aucuns crimes, quoique
prévôtaux ou présidiaux, lorsqu'il s'agissait de crimes commis dans l'étendue de la ville où les cours de parlement
étaient établies et faubourgs desdites villes.

Les ecclésiastiques, en aucun cas, ne pouvaient être jugés
par les présidiaux.

Les jugements criminels, rendus par les présidiaux en
dernier ressort, devaient être rendus par sept juges au
moins.

L'institution des présidiaux fut une grande mesure judiciaire: elle avait un but d'utilité incontestable: d'une part,elle
rapprochait les plaideurs de juges qui pouvaient décider en
dernier ressort; d'autre part, elle donnait, par la composition même du présidial, des garanties en matière criminelle.

Les présidiaux se constituèrent en empiétant tant sur la
juridiction des bailliages et des sénéchaussées que sur la
juridiction même du parlement.

Au moment où les présidiaux s'installèrent, on donna
pour motif principal, qu'il fallait venir en aide aux cours
souveraines qui étaient saisies d'un trop grand nombre de
procès. Nous croyons parfaitement à la sincérité de ce motif,
mais nous croyons aussi qu'on peut également admettre
qu'on n'était pas fâché de diminuer par cette voie l'importance des cours souveraines, d'amoindrir leur compétence.

Voici ce que nous trouvons dans le préambule de l'ordonnance de 1551. « Considérant, y est-il dit, que les dernières
ordonnances rendues pour l'établissement, ordre et conduite de la justice, n'ont pas produit les biens qu'on en
attendoit; mais, qu'au contraire, par la mauvaise foi des
parties, ou souvent par l'excessif gain ou profit qu'en

tirent les ministres ou suppôts de la justice par les mains desquels il faut passer, lesdites ordonnances ont fourni moyen de prolonger l'expédition des procès et de pervertir l'ordre et formalité de la justice, de sorte que la plupart de nos sujets délaissent et abandonnent leur forme et manière de vivre, avec leurs arts et industrie, et tous autres vertueux et notables exercices auxquels ils sont appelés, emploient le temps de leur vie à la poursuite d'un procès, sans en pouvoir voir la fin, et consument leurs biens en chose si serve et si illibérale qu'est cette occupation, comme chacun sait.

« D'avantage venons à noter que nos cours souveraines ont été principalement établies pour juger des grandes matières dont il y auroit appel interjeté, et qu'en l'autre moindre, l'on acquiesçoit ordinairement au jugement des premiers juges , sans en appeler , chose qui démontre assez que l'usage de plaider n'étoit si commun et si fréquent qu'il est à présent, et usoient nosdits sujets les uns avec les autres de meilleure foi, ne craignant point d'encourir le nom de plaideurs, etc., etc. Pour à quoi obvier, après avoir mis ce fait en délibération de notre conseil privé, par avis d'icelui, avons dit, déclaré et statué qu'en chacun des bailliages et sénéchaussées de notre royaume, il y aura un siége présidial pour le moins. »

Nous ne savons pas comment cet édit fut accueilli en ce temps par les parlements; ils l'acceptèrent sans doute comme étant d'une utilité pratique incontestable, mais ils n'en restreignait pas moins dans certaines limites leur autorité; et s'il diminua l'autorité des parlements , il diminua bien autrement celle des bailliages et sénéchaussées. Dans toutes les localités où il y eut présidial, le bailliage et les sénéchaussées furent absorbés en grande partie.

Ainsi en matière criminelle notamment, les présidiaux eurent à connaître de tous les cas prévôtaux sans appel ;

avant, dans beaucoup de cas on appelait des sentences prévôtales devant le bailliage ou la sénéchaussée.

La constitution des présidiaux était encore une réaction contre la justice féodale, qu'on avait bien modifiée, mais sans en changer complétement les caractères. On avait exigé des seigneurs féodaux d'avoir, pour rendre la justice, des délégués ; de là les prévôts, les baillis, les sénéchaux ; mais on avait fait de vains efforts pour parvenir à n'avoir dans ces fonctions que des jurisconsultes éclairés. On ne pouvait pas obtenir ce résultat d'une manière satisfaisante. Le préambule de l'ordonnance de Henri II, de 1551, en dit plus sur ce point que tous commentaires. Les présidiaux eurent donc une raison d'être majeure et déterminante, et leur création fut un progrès réel. Ce fut le plus considérable, dans notre organisation judiciaire, depuis l'ordonnance de Philippe le Bel, touchant la sédentaréité du parlement.

—Alors qu'on poursuivait avec acharnement les réformés et qu'on exerçait sur eux les dernières rigueurs, par un contraste scandaleux, on ne s'occupait à la cour que de plaisirs, que de galanteries criminelles ; mais ces fêtes, ces jeux, ces plaisirs eurent une fin bien funeste. Le roi ayant voulu, dans un tournoi, courir une lance contre le comte de Montgomery, reçut un violent coup dans l'œil, dont il mourut peu de jours après. On rapporte, qu'un moment après avoir reçu sa blessure, il tourna les yeux vers la Bastille, et que les fixant sur des murs qui lui retraçaient ses violences, il dit qu'il craignait bien d'y avoir fait enfermer des innocents. Le cardinal de Lorraine, qui était auprès de lui, le rassura en lui disant qu'une telle pensée venait du démon.

Le duc de Montgomery, aussitôt après l'accident arrivé au roi, fut arrêté et mis dans une des tours du Palais, qu'on a depuis appelée de son nom Tour de Montgomery. Puisque nous avons à parler de ce seigneur, disons ce qui lui advint après son arrestation. Quoique le monarque mourant eût défendu de l'inquiéter, la reine, veuve de Henri II, le poursuivit avec autant d'acharnement que s'il eût commis un assassinat; mais comme on ne put trouver aucun indice capable de le compromettre, on dut le mettre en liberté; la persécution dont il fut l'objet le détermina à se faire calviniste. Montgomery, ayant pris les armes avec les réformés, tomba prisonnier, et eut la tête tranchée en place de Grève en 1574. Il mourut avec courage, et laissa neuf fils, qui tous furent de braves capitaines. Sa mémoire fut réhabilitée deux ans après sa mort.

François II monte sur le trône le 10 juillet 1559, âgé de seize ans, meurt à Orléans le 5 décembre 1560. Charles IX lui succéda, âgé de dix ans. Catherine de Médicis prend les rênes de l'État avec l'autorité de régente.

Les états généraux étaient réunis à Blois au moment de l'avénement au trône de Charles IX; ils ne purent pas produire le bien qu'on en attendait; néanmoins, il faut remarquer la célèbre ordonnance qui y fut rendue au sujet des matières ecclésiastiques et sur le fait de la justice. Les substitutions furent réduites à deux degrés; il fut ordonné que les baillis et sénéchaux seraient de robe courte. Louis XII avait ordonné que les baillis et sénéchaux seraient gradués, parce que la justice souffrait d'être exercée par des hommes de guerre qui n'avaient nulle idée de jurisprudence; mais comme les degrés qu'ils prenaient ne les rendaient pas plus savants, le chancelier de l'Hospital jugea qu'il serait plus court de leur ôter l'administration de la justice, en ordonnant qu'ils seraient tous de robe courte, au moyen de quoi l'administration de la justice resta à leurs lieutenants, ce qui acheva de faire deux états distincts de la robe et de l'épée, institution qui balançait la force par la loi. Par l'article 50 de cette ordonnance, le roi réduisit à un seul les deux siéges de justice qui se trouvaient dans une seigneurie qui n'était pas royale, ce qui évitait un degré

18

de juridiction. Mais ce qui est le plus à remarquer dans cette ordonnance, c'est l'article par lequel le roi ordonnait que les minutes des actes fussent signées des parties. Cette ordonnance rétablissait la pragmatique sanction. Dans les premières années du règne de Charles IX, on se départit un peu des sévérités exercées jusque-là contre les protestants. Le 10 janvier 1562, parut un édit qui leur accordait l'exercice public de leur religion : c'est le premier qui fût un pas véritable vers la liberté religieuse. On le dut à Catherine de Médicis. Le parlement refusa de l'enregistrer, alléguant qu'il ne pouvait, qu'il ne le devait. Il finit pourtant par obtempérer après deux lettres de jussion; mais les troubles ne cessèrent pas pour cela, et, chose remarquable, ce fut au milieu de ces troubles que furent rendues les ordonnances touchant la justice; elles améliorèrent considérablement la législation.

L'Hospital, persuadé que le meilleur moyen de pacifier la France était de cesser les persécutions dirigées contre les réformés, prépara plusieurs édits qu'on pouvait considérer comme des édits de pacification; le parlement n'entra pas malheureusement dans ses vues et se montra alors opiniâtre et récalcitrant; il suivait le courant des idées du temps. L'Hospital marchait au contraire en avant : alors il se heurta contre le parlement, et voulant vaincre sa résistance, il lui enjoignit, par une ordonnance dite de Moulins, d'observer toutes les lois qui n'avaient pas été révoquées; cette ordonnance admettait le droit de remontrances, mais portait que lorsque le parlement aurait fait des remontrances, il serait tenu de procéder à l'enregistrement sans pouvoir en faire de nouvelles.

Le chancelier de l'Hospital devint suspect à la reine, qui le fit exclure du conseil de guerre. Voyant que sa présence était importune, il se retira de lui-même en 1568 dans sa maison de campagne de Vignay. Quelques jours après, on lui fit demander les sceaux ; il les rendit sans regret, disant que les affaires du monde étaient trop corrompues pour qu'il pût encore s'en mêler.

L'éloge de l'Hospital serait chose superflue de notre part ; son visage austère, qu'on appelait à la cour visage de saint Jérôme, déplaisait aux flatteurs et aux intrigants tout autant que sa morale sévère.

Pour le perdre, on l'accusa d'être intérieurement partisan de la réforme, de là ce proverbe ou plutôt cette raillerie qui courait de son temps de bouche en bouche : « Dieu nous garde de la messe du chancelier, » ce qui voulait dire qu'on était persuadé qu'il n'y ajoutait pas de croyance. Dans sa retraite, il avait commencé une histoire de son temps en langue latine ; mais la crainte d'être enlevé à tout moment par ses ennemis l'empêcha de continuer cet ouvrage. Il est mort en 1573 âgé de 68 ans.

CHAPITRE XVII.

Massacres de la Saint-Barthélemy. —La cloche de la tour de l'Horloge donne
le signal. —Prédications violentes.— Le curé Guincestre en l'église Saint-
Barthélemy. — Son interpellation à M. le premier président de Harlay. —
Les ligueurs donnent l'ordre à Bussy-Leclerc d'arrêter ce magistrat et
plusieurs conseillers. — Belle attitude du parlement. — Le président de
Harlay est conduit à la Bastille avec les membres de sa compagnie. —
Henri III crée un parlement à Tours, un autre à Châlons. — Jacques
Clément l'assassine. — Le comité des ligueurs fait pendre le président
Brisson. — Grande érudition de ce magistrat. — Arrêt courageux du
parlement de Paris, touchant la succession au trône. — Henri IV rentre
dans Paris. — Sa conversion. — Conspiration du maréchal de Biron. —
Procès et mort de ce maréchal. — Détails inédits sur son exécution. —
Assassinat de Henri IV. — Supplice de Ravaillac.

Le 23 août, à deux heures du matin, la cloche de la tour
du Palais sonne le tocsin ; bientôt celle de l'église Saint-
Germain l'Auxerrois lui répond. Paris s'éveille à ce bruit
lugubre, et aussitôt ses rues, ses quais sont ensanglantés.
On n'entend partout que des cris confus mêlés à des coups
d'arquebusade. — C'est le massacre de la Saint-Barthélemy
qui commence.

« Action exécrable, dit avec grande vérité Péréfixe, qui
n'avoit jamais eu et qui n'aura, s'il plaît à Dieu, jamais
de semblable. »

L'amiral de Coligny, âgé d'environ cinquante-cinq ans,
assassiné par un misérable nommé Besme, fut la première
victime de cette tuerie.

Elle avait été traîtreusement préparée, et pour dissiper

les soupçons des huguenots, il n'est sorte de paroles miel-
leuses et d'hypocrites caresses qu'on ne leur prodiguât; on
eut même grand soin, sous un prétexte ou sous un autre, de
rassembler les victimes qu'on tenait surtout à immoler. —
Catherine de Médicis fut l'âme de ces massacres, les Guises
en furent les exécuteurs. Dans un conciliabule tenu la veille
des massacres, elle expose dans une réunion de ses courtisans, de ses familiers, que le moment est venu de frapper
un grand coup. « L'amiral, leur dit-elle, est au lit, le roi
de Navarre et le prince de Condé sont nos prisonniers; les
Parisiens, bien armés et bien conduits, feront main-basse
sur tous les huguenots, pendant la nuit, lorsqu'ils s'y atten-
dront le moins. » Puis elle donne ses instructions au duc
de Guise, qui, ayant fait convoquer à l'hôtel de ville le
prévôt des marchands, les quarteniers, les dizainiers et
leurs gens bien armés, s'y rendit à minuit, et là il leur
annonça que la reine et le roi avaient résolu qu'on massa-
crât les ennemis de l'Etat et de la religion. « Afin, leur
dit-il, que l'on ne confonde point l'ennemi avec l'ami, ayez
chacun au bras gauche un linge blanc et une croix blanche
au chapeau ; le premier coup de tocsin de l'horloge du
Palais sera le signal. Obéissez, le roi et Dieu vous l'ordon-
nent. »

Chacun écouta en silence le duc de Guise, et quand
l'horloge du Palais donna le signal, les scènes de meurtre
et de carnage commencèrent. Le roi fut vu tirant d'une
fenêtre du Louvre sur ses malheureux sujets qui s'enfuyaient éperdus par les quais.

Les égorgements durèrent deux jours. Catherine elle-
même se lassa à la vue du sang et pria les Guises d'épar-
gner ce qui restait de religionnaires.

Puis on conduisit Charles IX au parlement; il voulait
nier qu'il eût donné l'ordre des massacres, mais il fut contraint par les Guises de le déclarer, et là il avoua, mais en

rougissant, que tout ce qui avait été fait l'avait été par son ordre ; et pour colorer sa cruauté de quelque apparence de justice, il adopta un système de calomnie qui consistait à dire que l'amiral avait préparé avec ses coreligionnaires une conspiration contre la famille royale et qu'on n'avait pas pu agir autrement pour paralyser ses desseins.

Le parlement, dans ces circonstances critiques, oubliant ses meilleures traditions, se courba sous les injonctions royales et rendit un arrêt que l'histoire ne peut enregistrer sans blâme, par lequel l'amiral fut déclaré criminel de lèse-majesté, chef de la conspiration tramée contre le roi, et comme tel condamné à être traîné sur la claie, pendu à la place de Grève et ensuite à Montfaucon, et que son château de Châtillon-sur-Loiret serait rasé.

Cet arrêt fut exécuté sur une effigie de paille et envoyé dans toutes les cours de l'Europe.

Le 30 mai 1574, Charles IX meurt âgé de vingt-quatre ans au milieu de tortures, de remords et de visions effrayantes, terrible expiation du sang innocent qu'il avait fait verser.

Henri III, apprenant la mort de Charles IX, son frère, qui ne laissait pas d'enfants, abandonne incontinent le royaume de Pologne qu'il avait été appelé à régir depuis une année environ. Il vient en hâte à Paris et monte sur un trône déjà miné par les factions ; la Ligue se forme, il s'en déclare le chef ; mais ce chef impuissant sera forcé sous peu de s'enfuir de Paris (1588) et le duc de Guise y régnera en maître.

Durant la Ligue, des violences de toute nature furent exercées contre divers membres du parlement. On les insultait, on les emprisonnait, et souvent on les plaçait dans les positions les plus délicates. Le président de Harlay lui-même ne fut pas exempt des outrages des ligueurs et les faits suivants nous en fournissent la preuve.

Le roi Henri III, impatient de la domination des Guises, crut qu'il ne pourrait y parvenir que par ce qu'on appelait alors *un coup du ciel*. Le 23 décembre 1588, il fait assassiner dans la ville de Blois, où il tenait ses états, le chef de la Ligue, le duc de Guise ; mais Mayenne lui succède ; la Ligue, au lieu de s'affaiblir, semble prendre de nouvelles forces et sa fureur n'a plus de limites. Les prédicateurs de la Ligue tonnent dans toutes les églises de la capitale contre Henri III ; il y avait foule pour les entendre, et dans l'église Saint-Barthélemy, située en face du Palais, on remarquait dans l'affluence des auditeurs bon nombre de magistrats. Le docteur Guincestre y prêchait ; il exigea de ses auditeurs le serment de venger la mort du duc de Guise ; le peuple, charmé de son sermon, leva la main à l'instant, et jura tout ce que le prédicateur voulut. Mais il se trouva dans son auditoire un magistrat qui ne pensa pas devoir s'associer à une pareille œuvre : c'était Achille de Harlay, premier président, qui sans doute le suivait des yeux, et voyant son attitude, Guincestre l'interpelle et lui crie: Levez la main, monsieur le premier président, et voyant qu'il n'obéissait pas à cette injonction, Levez donc, lui criat-il impérieusement, et levez haut, encore plus haut, afin que le peuple le voie.

Le premier président imita le peuple, qui commençait à murmurer, et leva la main.

Quoiqu'il se fût ainsi laissé entraîner dans l'église Saint-Barthélemy à jurer de venger la mort du duc de Guise, il était peu disposé à tenir cette promesse qu'on lui avait en réalité imposée, et il déplorait amèrement les troubles de l'Etat ; il s'abstenait d'y prendre part, ainsi qu'un assez bon nombre de membres du parlement.

Leur réserve déplut aux ligueurs, qui les tinrent pour suspects et dangereux.

Il fut résolu qu'on arrêterait plusieurs d'entre eux.

Le lundi 16 janvier, Jean Leclerc, ardent ligueur, autrefois procureur, et devenu gouverneur de la Bastille, fut chargé de cette mission, qu'il s'empressa d'accepter. Comme il craignait quelque émeute en faveur d'un corps respectable qui avait dans Paris de nombreuses relations, il se saisit d'abord des portes du Palais, puis entra dans les chambres et présenta une requête, par laquelle les ligueurs demandaient que le parlement déclarât le roi déchu de ses droits à la couronne, ses sujets dégagés du serment de fidélité, et ordonnât que les arrêts ne fussent plus publiés sous son nom.

Il sortit ensuite pour laisser à messieurs du parlement le temps de délibérer; mais voyant que le parlement ne se décidait pas vite à obtempérer à la requête qu'il lui avait présentée, il rentra dans la grand'chambre, le pistolet au poing, suivi d'une troupe de furieux, armés et couverts de cuirasses. « *C'est trop délibérer*, dit-il, *on trahit l'Etat;* » et tirant de sa poche une longue liste, il lut les noms des conseillers et présidents soupçonnés d'être du parti du roi.

Achille de Harlay, les présidents de Thou et Potier, qui se trouvaient en tête de la liste, se récrièrent d'abord contre l'insolence de Leclerc, et lui reprochèrent de violer le sanctuaire des lois et le respect dû à ses organes; mais Leclerc, sans s'émouvoir, les interrompit, et leur dit d'un ton bref et impérieux de le suivre et de se hâter. La cour tout entière et d'un mouvement spontané se leva et déclara qu'elle suivrait son premier président partout où on le conduirait. — A votre aise, messieurs, dit Bussy-Leclerc. Le parlement, son président en tête, quitta la grand'chambre, et suivit Bussy et sa troupe armée; on le vit traverser Paris au milieu de cette troupe et d'une grande quantité de forcenés ameutés, qui se répandaient en invectives et en huées, tant contre le premier président que contre les parlementaires. On les conduisit tous à la Bastille. A la vérité.

Bussy fit sortir tous ceux qui passaient pour bons catholiques. Il en resta une cinquantaine prisonniers.

Le mardi 17 janvier, qui était le lendemain de l'emprisonnement des cinquante magistrats, le parlement tint ses séances comme à l'ordinaire. L'audience fut présidée par le président Barnabé Brisson, qui accepta ce dangereux poste ; il crut qu'il dégagerait sa responsabilité vis-à-vis du roi en faisant une protestation secrète par-devant notaire ; pareil acte ne pouvait guère que le compromettre. Le conseiller Molé remplit les fonctions de procureur général ; deux avocats furent créés à l'instant avocats généraux.

Dans cette première audience de ce parlement décimé, les ligueurs apportèrent un crucifix, et firent jurer à tous les conseillers de ne jamais se départir de la Ligue et de poursuivre sans relâche la vengeance de la mort du duc et du cardinal de Guise, et de punir les auteurs et les complices de leur mort.

Les greffiers, les avocats, les procureurs, les notaires firent le même serment au nombre de trois cents.

Un conseiller nommé Bastou, ligueur exalté, voulut signer l'acte de son sang ; pour cela il se piqua la main légèrement, mais la légère blessure qu'il s'était faite s'étant envenimée, il resta estropié toute sa vie.

Le duc de Mayenne, après la mort tragique de son frère, le duc de Guise, se rendit à Paris pour prendre l'autorité. Il vint à bout de modérer la fougue du conseil des Quarante, en lui adjoignant quatorze membres plus calmes, et qui lui étaient entièrement dévoués. Ce conseil ainsi modifié prit le titre de conseil général de l'Union. En échange de l'autorité qu'ils venaient de recevoir, les membres de ce conseil lui déférèrent sur-le-champ le titre de lieutenant général du royaume jusqu'à la tenue des états généraux ; les provisions de cette charge furent scellées au parlement d'un sceau frappé exprès pour la circonstance, et portant pour inscription : *Scel du royaume de France.*

Henri III, réfugié à Blois, envoya à Paris (1589) un édit portant translation du parlement de Paris à Tours. Le 3 mars de cette année, l'ouverture de ce parlement se fit avec pompe dans la grande salle de l'abbaye de Saint-Julien, au milieu d'une assemblée considérable présidée par le roi, et où assistèrent plusieurs cardinaux, présidents et conseillers en robes rouges; mais la plupart des membres du parlement dévoués à la cause royale étant toujours emprisonnés, on dut créer pour les besoins de ce parlement un certain nombre d'officiers. Le roi, après avoir fait lire et publier son édit de translation, séant en son lit de justice, nomma les membres qui devaient le composer; mais la ville de Poitiers ayant réclamé contre l'installation du nouveau parlement, Henri en établit un second à Châlons; ainsi il se trouva alors trois parlements régulièrement institués et chargés des mêmes fonctions.

Henri III, se voyant gravement menacé de perdre sa couronne, se rapproche du roi de Navarre; ils réunissent leurs armes et marchent sur Paris; tout aussitôt après ce rapprochement, il mourut sous le poignard.

L'assassinat de Henri III, par Jacques Clément, jacobin, sembla un moment devoir donner à la Ligue une force nouvelle, mais il n'en fut rien. Cet attentat, qui eut lieu le 2 août 1589, ne produisit en France qu'une médiocre impression.

Pour la seconde fois une branche de la dynastie capétienne se terminait par trois frères incapables. Henri III, ne laissant pas d'enfants, le trône appartenait à Henri, roi de Navarre, qui prit dès lors le nom de Henri IV.

Mais, appartenant à la religion réformée, il allait avoir à combattre les ligueurs pleins de fanatisme et le roi d'Espagne. Le duc de Mayenne exerçait entièrement l'autorité royale; il fait élire un simulacre de roi, et, le 14 août 1589,

le parlement déclare roi de France le cardinal de Bourbon
sous le nom de Charles X.

En 1591, le comité des ligueurs se livre à de nouveaux
excès, et le 15 novembre, il fait arrêter, sous prétexte de
sûreté générale, un grand nombre de citoyens notables suspects d'incliner vers la cause de Henri IV, et plusieurs
d'entre eux furent mis à mort.

Le parlement eut aussi ses victimes. Deux années auparavant, Bussy-Leclerc avait arrêté et conduit à la Bastille le
premier président de Harlay et cinquante conseillers. Cette
fois, on ne se contentera pas de mettre en prison le premier
président du parlement, on le pendra. Le premier président
est Barnabé Brisson ; après l'arrestation du premier président de Harlay, il avait consenti à le remplacer.

Ce fut là un acte de faiblesse qu'il paya cher.

Au moment de son acceptation, soit pour se mettre en paix
avec sa conscience, soit pour se réserver un moyen de grâce
vis-à-vis du roi, s'il venait à triompher, il avait secrètement
fait une protestation contre son acceptation, disant qu'elle
n'était que le fait de la violence. Mais cette protestation ne
fut pas tellement secrète qu'on n'en sût quelque chose, elle
le compromit vis-à-vis de la Ligue; d'autres faits se joignant
peut-être à celui-là, le président Brisson devint suspect. Les
Seize, ayant découvert qu'un procureur de la ville, nommé
Brogard, avait envoyé une lettre à Saint Denis, occupé alors
par les troupes royales, le déférèrent au parlement, pour lui
faire son procès. Le premier président, Barnabé Brisson,
sauva la vie à ce malheureux. Les Seize soupçonnèrent
Brisson d'être dans le cœur du parti du roi, et voici comment ils s'en vengèrent : « Bussi le Clerc (*Histoire du parlement*, par Voltaire, page 209), gouverneur de la Bastille,
celui-là même qui avait déjà emprisonné une partie du parlement, commença d'abord par exiger un blanc seing signé
de dix des principaux factieux, en leur disant que c'était

pour consulter la Sorbonne. Dès qu'il eut leur signature, il remplit le papier d'une sentence de mort contre le premier président. On épia le moment où il avait l'imprudence d'aller à pied dans la rue, il fut saisi, conduit au Petit-Châtelet; et, dès qu'il y fut entré, un conseiller au grand conseil, nommé Crome, se présenta à lui revêtu d'une cotte d'armes, le fit mettre à genoux, lui lut la sentence qui le condamnait à être pendu pour crime de lèse-majesté divine et humaine. Le président Brisson demanda aussitôt à être confronté avec les témoins qui l'accusaient : Crome ne lui répondit que par un grand éclat de rire. Il demanda ensuite qu'on différât l'exécution jusqu'à ce qu'il eût fini un ouvrage de jurisprudence qu'il avait commencé; Crome rit davantage, et le malheureux Brisson fut pendu à une poutre. »

Une heure après, le lieutenant du grand prévôt, nommé Chouiller, alla saisir dans le Palais, Larcher, conseiller de la grand'chambre, le doyen des conseillers, vieillard septuagénaire, accusé aussi d'être partisan du roi. Il fut mené au même endroit où était le corps de Brisson. Dès que Larcher aperçut ce spectacle, il demanda lui-même à mourir et on le pendit à la même poutre. Le lendemain, les corps de ces deux conseillers, plus celui du conseiller au Châtelet, Tardif, furent exposés sur la place de Grève et pendus à une potence, avec un écrit qui les déclarait traîtres, ennemis de Dieu et hérétiques.

Le président Brisson, dont la mort fut si lamentable, avait été élevé, par Henri III, aux charges d'avocat général, de conseiller d'État et de président à mortier, puis envoyé ambassadeur en Angleterre. A son retour, on le chargea de recueillir les ordonnances de Henri III et de son prédécesseur. Son érudition était vaste; on a de lui plusieurs ouvrages remarquables; mais les ligueurs se souciaient bien de sa science! on a vu que lorsqu'il demanda qu'on lui permît de terminer un ouvrage qu'il était sur le point de finir, il ne fit qu'exciter l'hilarité de ses bourreaux.

Le duc de Mayenne, qui était alors absent de Paris, prit enfin quelque émoi de pareils attentats ; il revient en toute hâte et, sans aucune forme de procès, fait mettre à mort dix membres du comité de sûreté ; et, comprenant la nécessité de rétablir le parlement dans toute son activité, il le complète et nomme aux places vacantes. — L'élection est délaissée.

Mais le moment approche où la Ligue sera brisée : Henri IV, vaillant et adroit, gagne tous les jours des partisans, et le supplice de Brisson n'empêchera pas le parlement de préparer son avénement au trône par un important arrêt.

Il était fortement question de la prochaine conversion de Henri IV ; les Espagnols et le légat du pape, qui en étaient avisés, se mirent en tête de faire élire au plus vite un roi par les états que Mayenne avait convoqués.

Ils proposèrent la nomination au trône d'un prince français, qui régnerait solidairement et par indivis avec l'infante Isabelle.

« Quand le parlement eut appris cela, nous dit Péréfixe (*Histoire de Henri le Grand*, p. 185), et que les états ne s'éloignoient pas de cette proposition, ce grand corps, quoique captif et estropié, se souvenant de son ancienne vigueur, ordonna que remontrances seroient faites au duc de Mayenne, à ce qu'il maintînt les lois fondamentales de l'État et qu'il empêchât que la couronne, dont on lui avoit commis la lieutenance, ne fût transférée aux étrangers. De plus, il déclaroit nuls tous les traités, faits et à faire, qui seroient contraires à la loi de l'État. »

On a souvent dit et répété, mais sans aucun fondement, que cet arrêt avait été rendu, par collusion, avec le duc de Mayenne, mais il n'en est rien.

Les divers articles de cet arrêt choquèrent au contraire le duc de Mayenne, qui fit paraître son mécontentement aux députés du parlement, et qui lui renvoya immédiatement dire de suspendre toutes ses délibérations.

Le président Lemaître et les conseillers d'Amours et de Fleury se rendirent alors chez le duc de Mayenne, pour lui demander la cause d'un ordre de cette nature. Le duc de Mayenne leur déclara qu'il fallait changer cet arrêt, ou qu'il ferait souvenir la cour de l'affront qu'elle venait de lui faire. L'archevêque de Lyon, grand ennemi du parlement, qui était présent, répeta le mot d'affront, et ajouta que la cour en avait effectivement fait un grand au duc de Mayenne.

Le président, qui n'avait pas répondu au prince, fit sentir à l'archevêque qu'il ne se croyait pas tenu envers lui à la même déférence. « La cour, lui dit-il sèchement, n'est pas une affronteuse, et ce qu'elle a fait, elle l'a fait justement. Le respect qu'elle a pour monsieur le duc de Mayenne m'a empêché de relever le mot de sa bouche; mais elle ne vous doit nul respect. »

Le duc de Mayenne se tut, et la ferme réponse du président l'engagea à laisser aller les députés sans leur parler davantage de l'arrêt; mais ses conseillers lui ayant représenté que sa publication pourrait causer quelque sédition, il envoya une seconde fois au parlement, qui ne lui accorda rien.

Villeroi, le plus grand homme d'Etat de ce temps, a rendu au parlement ce témoignage, qu'il rendit cet arrêt de son propre mouvement, n'ayant point d'autres motifs que ceux de l'honneur et du devoir. La vigueur de sa décision aida grandement Henri IV, qui du reste menait ses affaires bon train.

Brave et habile, il acheva de les améliorer par son abjuration, il abandonna le protestantisme, disant ces mots, devenus historiques : *Paris vaut bien une messe!* Il y fait son entrée le 24 mars 1594.

Le parlement reçut le prix de l'acte courageux qu'il n'avait pas craint de faire et que nous avons mentionné, et fut maintenu dans ses attributions.

Quoique le roi eût rétabli les cours souveraines à Paris, nous dit un historien, tous les membres que la Ligue avait dispersés ne s'étaient point encore rassemblés ; il y en avait à Tours, à Châlon-sur-Saône qui composaient un parlement dans ces deux villes : ils furent rappelés et ils rentrèrent en triomphe dans la capitale. Le roi, pour leur faire honneur, avait envoyé au-devant d'eux le gouverneur de la ville, qui fut accompagné dans cette entrée par les plus notables bourgeois.

« Le président et les conseillers, en corps, allèrent aussitôt saluer le roi, qui les exempta de prêter serment de fidélité à cause de leur grand attachement à son service. Les cours souveraines tinrent alors leurs séances, avec la même tranquillité que si l'on n'avait jamais entendu parler de guerre civile. » (Desfontaines, *Hist. de Paris*, t. III, p. 519.)

Neuf mois environ après son entrée dans Paris, Henri IV, revenant de Picardie, se penchait pour relever un courtisan qui s'était jeté à ses pieds, quand un jeune homme lui porta un grand coup de couteau qui l'atteignit à la mâchoire supérieure, lui fendit la lèvre, et lui rompit une dent. On l'interroge, il déclare se nommer Jean Châtel, fils d'un bourgeois ; on le fouille, on découvre le couteau dont il a frappé le roi ; il avoue son crime et le déclare méritoire, Henri n'étant pas réconcilié avec l'Église.

Le roi voulait lui pardonner, mais ayant appris qu'il était élève des jésuites, il le fit conduire au For-l'Evêque, avec sa famille et plusieurs jésuites. Chez l'un d'eux, le père Guignard, on trouva des écrits régicides. Dans son interrogatoire, Châtel ne chargea pas ses précepteurs ; il se déclara seul coupable, et subit courageusement le plus affreux supplice. Les ligueurs le proclamèrent martyr ; Jean Boucher, curé de Saint-Benoît, composa son éloge.

Guignard, coupable d'un ouvrage qui n'avait pas vu le jour, périt sur la potence, son corps fut brûlé et sa cendre mise au vent ; sur l'emplacement de la maison de Châtel, vis-à-vis le Palais de justice, on éleva une pyramide portant des inscriptions françaises et latines contre le coupable et les jésuites. Ces pères furent déclarés par le parlement perturbateurs du repos public, et condamnés, comme tels, à sortir dans trois jours de Paris, et dans quinze du royaume (1594). Les jésuites avaient en ce moment même un grand procès au parlement contre la Sorbonne, qui avait conclu à les en chasser.

Henri IV, faisant la guerre à Philippe II, se trouva avoir un besoin pressant d'argent ; on dut aviser à en trouver au moyen de quelques impôts, mais il fallait pour les obtenir que les édits qui les concernaient fussent enregistrés au parlement. Il rencontra de la résistance, et fut obligé d'envoyer plusieurs lettres de jussion, et de se rendre lui-même au parlement pour les faire enregistrer. Avant de s'y rendre, il avait cru devoir faire sortir de la ville le président Séguier et le conseiller de la Rivière ; mais il révoqua l'ordre immédiatement après l'avoir donné.

Il tint son lit de justice avec dignité et bonté. « On le vit au milieu de son parlement, comme s'il eût été dans sa famille, parlant familièrement à ces mêmes magistrats, qui, trop occupés de la forme, s'étaient trop opposés à un édit utile au salut public ; louant ceux qui avaient les intentions droites, réprimandant doucement les jeunes conseillers des enquêtes, en leur disant : « Jeunes gens, apprenez de ces bons vieillards à modérer votre fougue. » (Histoire du parlement par Voltaire.)

Quand il s'agit du mémorable édit de Nantes, qui garantissait enfin aux protestants la liberté de conscience, le parlement montra fort peu d'empressement à l'enregistrer. Henri IV fut encore obligé de s'y rendre, et là il maintint les raisons déterminantes de l'édit, avec une fermeté et une douceur remarquables. Nous n'avons pas le texte même de son discours. « Il dit d'abord qu'il prenait les avis de tous ses serviteurs, que lorsqu'on lui en donnait de bons il les embrassait, et que lorsqu'il trouvait une opinion meilleure que la sienne, il la changeait volontiers. »

Il se défendit du reproche qu'on lui faisait de vouloir favoriser ceux de la religion réformée; parla de l'utilité qu'il y avait d'en finir avec les distinctions de catholiques et de huguenots et de voter promptement l'édit qui avait cela pour objet. « Si j'avais envie, ajouta-t-il, de ruiner la religion catholique, je m'y conduirais de la façon : je ferais venir vingt mille hommes, je chasserais d'ici ceux qu'il me plairait, et quand j'aurais commandé que quelqu'un sortît, il faudrait obéir. — Je dirais : Messieurs les juges, il faut vérifier l'édit ou je vous ferai mourir, mais alors je ferais le tyran. Je n'ai point conquis ce royaume par tyrannie, je l'ai par nature et par mon travail. » Il dit ensuite qu'il aimait son parlement de Paris par-dessus tous les autres, et après avoir énuméré certains troubles provenant du retard qu'on mettait à l'enregistrement, il termina en ces termes : «Empêchez que de telles choses n'arrivent plus, je vous prie, que je n'aie plus à parler de cette affaire. » Ce discours du roi n'empêcha pas qu'il n'y eût de grands débats pour la vérification de l'édit, qui fut pourtant enregistré.

On a souvent reproché à Henri IV d'avoir été dur et impitoyable envers le maréchal de Biron ; ce reproche n'est pas fondé. On ne peut pas mettre en doute que Biron ne se soit engagé à diverses reprises dans des machinations avec les ennemis de l'Etat; Henri IV en eut les preuves écrites et

sut notamment, à n'en pas douter, qu'il était fortement
question entre le maréchal et le duc de Savoie de démem-
brer le royaume de France ; le duc de Savoie devait
avoir la Provence et le Dauphiné, Biron la Bourgogne et
la Bresse avec la troisième fille de ce duc en mariage et
cinquante mille écus de dot; quelques autres seigneurs
d'autres provinces avec la qualité de pairs, et tous ces
petits souverains auraient relevé du roi d'Espagne.

Toutes ces propositions avaient été faites au temps de la
guerre de Savoie, et Biron y avait prêté l'oreille et s'était
engagé bien avant par suite du refus qui lui avait été fait
par Henri IV de lui donner la citadelle de Bourg.

Il avait fait d'abord à ce sujet quelques aveux au roi, puis
s'en était repenti et avait continué ses menées à l'étranger. Biron était un vaillant capitaine, mais plein de vanité et ne sachant mettre aucune réserve dans ses propos; il parlait fort
mal du roi, disant à chacun que c'était lui qui avait mis la
couronne sur sa tête, enflant ses services outre mesure et
rabaissant sa gloire en toute occasion.

Le roi ayant été de nouveau informé de ses intrigues à
l'étranger par un nommé Loffin, qui le trahissait, le
manda près de lui : il se trouvait alors à Fontainebleau.
Quand il fut en sa présence, il l'adjura de ne rien lui cacher,
de racheter sa faute par des aveux complets, ce que Biron
ne voulut pas faire : loin de là, il se montra arrogant et
soutint qu'il était innocent.

Dans une seconde entrevue, le roi l'engagea de nouveau
à reconnaître ses torts et à les avouer. Il y eut de la part de
Biron mêmes protestations d'innocence et même forfan-
terie.

Il en fut de même dans une troisième. Alors le roi,
fatigué de ses rodomontades et de son opiniâtreté, le quitta
en lui disant pour dernières paroles : « Eh bien! il faudra
apprendre la vérité d'ailleurs, » et au moment où il sor-

tait de la chambre de la reine, où il avait joué la prime, Vitry, capitaine des gardes du corps, lui demanda son épée et l'arrêta prisonnier. Praslin, aussi capitaine des gardes, s'assura du comte d'Auvergne, et le lendemain on les mit dans des bateaux sur la Seine et on les conduisit avec bonne escorte par eau à la Bastille. Cette arrestation jeta la stupeur parmi les amis de Biron et aucuns ne bougèrent. Le parlement fut saisi du procès et le roi envoya commission particulière au président Blancmesnil et à deux conseillers pour en dresser l'instruction. Les preuves étaient fortes et l'instruction ne fit qu'en augmenter l'importance. L'instruction terminée dans la prison de la Bastille par les commissaires désignés par le roi, Biron fut conduit au Palais par la Seine bordée du régiment des gardes.

Il fut entendu par le parlement, assis sur la sellette, toutes les chambres assemblées. Mais les pairs ne s'y présentèrent pas, quoiqu'ils y eussent été appelés, puis il fut reconduit à la Bastille.

Le lendemain 31 juillet, on alla aux opinions, et de cent cinquante juges, il n'y en eut pas un qui ne conclût à la mort. Il fut déclaré atteint et convaincu de crime de lèse-majesté pour les conspirations faites par lui sur la personne du roi, entreprises sur son Etat; puis l'arrêt portait que pour réparation de ces crimes, il serait privé de ses honneurs et dignités, ses biens confisqués, et le condamnait à avoir la tête tranchée en place de Grève. — Mais le lieu du supplice fut commué en la Bastille.

On craignait qu'il n'y eût quelque tumulte dans le cas où son exécution aurait eu lieu place de Grève, car Biron, nous disent les historiens du temps, était fort aimé des gens de guerre et avait de nombreux amis à la cour. On a pu remarquer qu'aucun pair ne prit place au parlement pour son jugement. — Biron était en quelque sorte l'instrument d'une pensée féodale qui s'agitait encore sous

Henri IV et qui tentait à substituer la décentralisation à l'unité nationale constituée si fortement depuis Louis XI : ceci prouve combien il y a de persistance dans les idées rétrogrades quand elles caressent les intérêts et la vanité des hommes.

Biron représentait donc tout à la fois un système qu'on croyait vaincu et qui tendait à renaître, système qui menaçait la royauté tout autant que le tiers état, et ce système avait pour moyen la guerre civile et la guerre étrangère, et pour résultat final le démembrement de la France.

Après que l'arrêt qui condamnait Biron eut été prononcé, le chancelier se rendit à la Bastille avec le premier président ; on amena Biron dans la chapelle et on lui prononça son arrêt qu'il entendit un genou en terre avec assez de patience, hormis quand on vint à ces paroles : *Conspirations sur la personne du roi* ; alors il se leva et s'écria : « Il n'en est rien, cela est faux, ôtez cela. » Ensuite le chancelier, selon les formes, lui redemanda le collier de l'ordre, sa couronne ducale et le bâton de maréchal. Il n'avait pas les deux derniers avec lui, mais seulement le premier : il le tira de sa poche et le donna. C'est vers dix heures qu'eut lieu la lecture de son arrêt, et son exécution se fit dans la cour de la Bastille à cinq heures et fut accompagnée de circonstances douloureuses bien peu connues, mais nous en garantissons la véracité.

Lorsque le maréchal arriva dans la cour de la Bastille, il jeta les yeux sur les soldats qu'on y avait postés et s'écria : « Oh ! que je voudrais bien que quelqu'un de vous autres me donnât d'une mousquetade au travers du corps ! Hélas ! quelle pitié ! » Il tira son mouchoir de sa poche et se tourna vers l'exécuteur, sur lequel il jeta un regard terrible ; on crut d'abord que c'était pour lui arracher son coutelas, mais l'exécuteur ne l'avait point encore : il était entre les mains d'un valet qui le tenait caché. On lui dit alors qu'il était nécessaire de lui couper les cheveux ; l'exécuteur se prépara à le faire, alors le maréchal, en fureur, se mit à jurer : « Qu'on ne m'approche pas ! cria-t-il, je ne saurais l'endurer ; si l'on me met en fougue, j'étranglerai la moitié de ce qui est ici. » Il prononça ce peu de mots avec un tel emportement, que plusieurs des assistants s'effrayèrent et on les vit chercher des yeux un endroit pour se mettre en sûreté.

Comme il fallait au moins retrousser les cheveux pour lui couper la tête, l'exécuteur, qui n'osait approcher après les menaces qu'il avait faites, se trouvait fort embarrassé ; mais le maréchal prit enfin son parti : il appela Barenton, l'un de ceux qui l'avaient gardé pendant sa prison, et le pria de venir lui rendre ce service. Barenton monta sur l'échafaud, lui banda les yeux et lui retroussa les cheveux. Biron dit alors à l'exécuteur : « *Dépêche ! dépêche !* » Celui-ci, qui craignait encore quelque mouvement de sa part, lui dit pour l'occuper un instant : « Monsieur, dites votre *in manus.*» Mais dans le même moment, ayant pris le coutelas des mains de son valet, le coup partit avec tant d'habileté et de promptitude, qu'à peine le vit-on passer. La tête du maréchal bondit par trois fois sur l'échafaud et il en sortit plus de sang que des trous du corps. Il fut porté en l'église de Saint-Paul : on l'inhuma sans aucune cérémonie, mais au milieu d'un grand concours de peuple qui s'apitoyait beaucoup sur sa fin malheureuse.

CHAPITRE XVIII.

Henri IV est assassiné par Ravaillac. — Le parlement instruit son procès.
— Il est mis à la question. — Détails sur son exécution ; on le déchire
avec des tenailles ardentes ; son corps est traîné dans les rues par le peuple. — Le Pont-Neuf achevé sous le règne de Henri IV. — Physionomie
de ce pont. — Théâtre de Tabarin. — Le cheval de bronze. — On place
sur ce cheval la statue de Henri IV. — La place Dauphine. — Buste de
Desaix. — Le Pont-au-Change et le Pont-Saint-Michel. — Mort du maréchal d'Ancre. — Procès de la maréchale. — Son interrogatoire. — On
la condamne pour crime de magie. — Elle est exécutée place de Grève.

Henri IV, toujours poursuivi par la haine des ultra-
montains et croyant agir en bon politique, rappela les jésuites ou plutôt permit leur rentrée en France. Le parlement vérifia avec grand regret les lettres patentes qui
permettaient leur retour (1644, janvier). Toutefois il y mit
certaines restrictions que leur crédit parvint ensuite à faire
supprimer. Ils rentrèrent en France après huit ans de bannissement, et leur père Cotton devint confesseur et prédicateur du roi. Il sollicita de lui la démolition de la pyramide qui avait été élevée sur l'emplacement de la maison
de Jean Châtel ; le roi ordonna que la démolition eût lieu
dans la nuit, mais le père Cotton insista pour qu'elle se fît
de jour ; François Miron, prévôt des marchands, fit établir
une fontaine sur son emplacement, fontaine qui fut depuis
transférée dans la cour du Palais.

Henri IV, malgré ces complaisances pour les jésuites, ne

parvint pas à calmer la haine de ses ennemis, et le vendredi 14 mai 1510, à quatre heures du soir, son carrosse
s'étant trouvé arrêté dans la rue de la Ferronnerie, un
homme s'en approcha, se hissa sur les roues de la voiture
et lui porta droit au cœur un coup de couteau qui lui arra-
cha ces paroles, les dernières qu'il ait prononcées : « *Je
suis blessé!* » Mais l'assassin qui venait de le frapper, sans
s'effrayer, redoubla et le frappa d'un second coup dans le
cœur, dont il mourut en jetant un grand soupir. Ce second
fut suivi d'un troisième, tant l'assassin était animé contre
le roi ; ce dernier coup porta dans la manche du duc de
Montbazon. L'assassin se nommait Ravaillac, il avait été
novice chez les feuillants de Paris ; comme Jacques Clément et Jean Châtel, il respirait le fanatisme de la Ligue et
croyait expier ses crimes par le martyre.

Marie de Médicis, dont on a dit qu'elle ne fut peut-être
pas assez surprise ni assez affligée de la mort funeste d'un
de nos plus grands monarques, sortit de son appartement
à la nouvelle de l'assassinat et rencontrant le chancelier de
Sillery : « Le roi est mort? lui dit-elle. — Madame, répondit
le chancelier sans marquer d'émotion, Votre Majesté m'ex-
cusera, les rois ne meurent pas en France. »

Le lendemain 15 mai, le parlement, dans un lit de justice tenu par Louis XIII âgé de neuf ans, rendit un arrêt
qui déclarait Marie de Médicis régente du royaume. Le duc
d'Epernon, aussitôt après la mort du roi, s'était rendu au
Palais à la tête des gardes françaises et des cent-suisses et
avait, en réalité, intimé l'ordre au président de procéder
immédiatement à la déclaration de régence, ce que le parlement fit sans désemparer.

Après la mort de Henri IV, les soupçons les plus graves
planèrent sur divers grands personnages, et la reine sa
veuve elle-même fut accusée de complicité ; on accusa surtout le père Cotton et quelques autres jésuites.

Mézeray, dans son Abrégé chronologique d'histoire de France, s'exprime très-nettement à cet égard et dit que ceux qui avaient prémédité de se défaire du roi trouvèrent dans Ravaillac un instrument propre à exécuter leur des·sein et qu'ils surent bien le confirmer dans les sentiments qu'il avait de tuer le roi.

Ravaillac était fils d'un praticien d'Angoulême dont il suivit quelque temps la profession : il prit ensuite l'habit chez les feuillants; ses idées noires, ses visions et ses extravagances le firent chasser du cloître six semaines après. Accusé d'un meurtre sans pouvoir en être convaincu, il échappa au châtiment qu'il méritait, et redevint solliciteur de procès. La perte d'un procès le réduisit à la misère; les discours des ligueurs avaient fait une grande impression sur son esprit; au seul nom des huguenots, il entrait en fureur; il regardait Henri IV comme un fauteur de l'hérésie, et se persuada que ce serait un grand bien pour la religion catholique de l'assassiner.

Le parlement se saisit du procès de Ravaillac, qu'il instruisit en grande diligence.

Il fut interrogé par le premier président de Harlay et par d'autres conseillers délégués, et dans ses interrogatoires, il soutint constamment qu'il n'avait pas de complices.

Voici la substance de ses réponses. Après avoir dit qu'il avait depuis quelque temps le désir de tuer le roi, il donna les détails suivants :

« Il y a environ trois semaines que je suis à Paris, de ce dernier voyage. Le désir de retourner dans ma patrie m'en avait fait prendre le chemin ; mais lorsque je fus à Étampes, celui de tuer le roi s'étant rallumé dans mon cœur, me fit aussitôt retourner en arrière. Je ne pouvais souffrir que ce monarque ne forçât point les huguenots à embrasser la religion catholique, chose que je croyais aisée. Mais avant d'exécuter mon dessein, je voulus parler au roi, pour voir si je pourrais l'engager à ce que je désirais. Je fis à cet effet plusieurs démarches au Louvre, à l'hôtel d'Angoulême, chez le cardinal du Perron : toutes furent vaines.

« J'ai déclaré au père d'Aubigny, jésuite, quantité de visions qui m'agitaient. J'ai éprouvé comme des sensations de feu, de soufre et d'encens; j'ai cru, en chantant des psaumes, entendre des trompettes de guerre; et la nuit, en soufflant mes tisons pour les rallumer, il m'a semblé voir sortir de mon soufflet des hosties de communion. Pour me guérir de cette maladie d'esprit, le père d'Aubigny m'exhorta à réciter le chapelet, à prier Dieu, et à m'adresser à quelque grand pour être présenté au roi. Après Noël, je rencontrai le roi dans son carrosse, auprès des Innocents, et lui criai : *Sire, au nom de Notre-Seigneur Jésus-Christ et de la sacrée Vierge Marie, qu'il me soit permis de dire un mot à Votre Majesté!* mais on me repoussa avec un coup de gaule, et je ne pus lui parler. Déterminé à retourner dans mon pays, j'y arrivai ayant renoncé à la pensée de tuer ce monarque. Mais elle se réveilla, lorsqu'à Pâques dernier je revins à Paris, à pied, en huit jours... Dans l'auberge près des Quinze-Vingts, où on refusa de me loger, je volai le couteau qui me parut propre à mon dessein. Ayant renoncé de nouveau à mon horrible pensée, je repartis, et l'épointai en chemin dans une charrette où je me trouvais; mais à Étampes, pressé plus vivement par la tentation, accrue par le bruit qui se répandait que le roi voulait faire la guerre au pape et transférer le saint-siége à Paris, j'y revins encore pour tâcher de le rencontrer. Je me suis rendu plusieurs fois au Louvre, pour l'assassiner; là même, le vendredi, jour où je fis le coup, je l'épiai entre les deux portes, et voyant qu'il partait dans son carrosse, je le suivis jusque vis-à-vis les Innocents,

presqu'à l'endroit même où le hasard me l'avait fait rencontrer ci-devant, et où il avait refusé de m'entendre. Là,
voyant son carrosse arrêté par certaines charrettes, et le roi
ayant la tête et le corps penchés vers le duc d'Épernon, je
lui portai deux coups dans le côté, en avançant le bras par-
dessus une des roues. Je reconnais maintenant que j'ai commis une faute énorme, dont je demande pardon à Dieu, à la
reine, au dauphin et à tous ceux qui peuvent en sentir du
préjudice... J'ai été excité à l'attentat par la voix générale
des troupes, qui assuraient que si le roi voulait faire la
guerre au pape, elles l'y serviraient et mourraient pour
lui. Cela m'a fait succomber à la tentation de le tuer, parce
que le pape et Dieu sont une même chose... Je n'ai osé déclarer mon dessein ni à curés, ni à autres prêtres, parce
que j'étais sûr qu'ils m'auraient fait arrêter et livrer à la
justice, pour la raison que, quand il s'agit de chose concernant l'État, ils sont dans l'obligation de révéler le secret.
Je priai seulement, d'une manière vague, un religieux de
Saint-François de me dire si, dans le cas où un homme se
sentant tenté de tuer un roi, s'en confesserait, le prêtre
serait obligé de le déclarer. Mais il ne décida pas mon cas,
parce que nous fûmes interrompus par des religieux qui
survinrent...

« Maintenant que j'ai déclaré la vérité en entier et sans
aucune réserve, j'espère que Dieu, tout bon et tout miséri-
cordieux, m'accordera le pardon de mon péché, parce qu'il
est plus puissant pour effacer la faute, moyennant l'absolution du prêtre, que les hommes n'ont de pouvoir pour
l'offenser. »

Pour l'ébranler et l'engager à nommer ses complices, le
premier président lui dit :

« La cour vient d'envoyer chercher à Angoulême votre
père et votre mère, qu'on fera mourir cruellement en
votre présence, puisque vous ne voulez rien déclarer. Les

lois divines et humaines autorisent une pareille rigueur, quand il s'agit d'un crime aussi énorme que le vôtre. »

Ravaillac répondit qu'on n'avait jamais rien pratiqué de semblable. Il parut cependant fort troublé de la menace qu'on venait de lui faire, mais il ne confessa rien de plus qu'auparavant.

Le père d'Aubigny, jésuite, qui avait confessé Ravaillac, fut aussi interrogé par le premier président, pour savoir si ce scélérat lui avait avoué son crime. Le jésuite lui répondit : *Je ne me souviens jamais de ce qu'on m'a dit en confession.*

Enfin, on procéda au jugement de l'assassin. Les bouchers de Paris proposèrent de l'écorcher vif. On proposa aussi la question de Genève, la plus terrible qu'on ait imaginée, et ces excès fournissaient une nouvelle preuve de l'amour extraordinaire qu'on avait pour Henri IV.

Le 27 mai, Ravaillac, conduit devant la grand'chambre, entendit à genoux la lecture de son arrêt. En voici la teneur :

« La cour a déclaré et déclare François Ravaillac dûment atteint et convaincu du crime de lèse-majesté divine et humaine, au premier chef, pour le très-méchant, très-abominable et très-détestable parricide commis en la personne du feu roi Henri IV, de très-bonne et très-louable mémoire ; pour réparation duquel l'a condamné et condamne à faire amende honorable devant la principale porte de l'église de Paris, où il sera mené et conduit dans un tombereau ; là, nu et eh chemise, tenant une torche ardente du poids de deux livres, dire et déclarer que, malheureusement et particulièrement, il a commis ledit très-méchant, très-abominable et très-détestable parricide, et tué ledit seigneur roi de deux coups de couteau dans le corps ; dont se repent, demande pardon à Dieu, au roi et à la justice ; de là conduit à la place de Grève, et sur un échafaud qui y sera dressé, tenaillé aux mamelles, bras, cuisses et gras des jambes, la main droite y tenant le couteau duquel a commis ledit parricide, ardée et brûlée de feu de soufre ; et sur les endroits où il sera tenaillé, jeté du plomb fondu, de l'huile bouillante, de la poix-résine brûlante, de la cire et soufre fondus ensemble. Ce fait, son corps tiré et démembré à quatre chevaux, ses membres et corps consommés au feu, réduits en cendres, jetés au vent. A déclaré et déclare tous et chacun de ses biens acquis et confisqués au roi. Ordonne que la maison où il a été né, sera démolie, celui à qui elle appartient préalablement indemnisé, sans que sur le fonds puisse à l'avenir être fait autre bâtiment, et que dans quinzaine après la publication du présent arrêt, à son de trompe et cri public dans la ville d'Angoulême, son père et sa mère videront le royaume, avec défense d'y revenir jamais, à peine d'être pendus et étranglés sans autre forme ni figure de procès. A fait et fait défense à ses frères, sœurs, oncles et autres, de porter ci-après le nom de Ravaillac ; leur enjoint de le changer en un autre, sur les mêmes peines ; et au substitut du procureur général du roi, de faire publier et exécuter le présent arrêt, à peine de s'en prendre à lui ; et avant l'exécution d'icelui Ravaillac, ordonne qu'il sera derechef appliqué à la question, pour la révélation de ses complices. »

Après lui avoir fait prêter serment de dire la vérité, on exhorte Ravaillac de prévenir la torture, en déclarant qui l'avait induit à la scélératesse qu'il avait commise. Il répondit, sur la damnation de son âme, que ni homme, ni femme, qui que ce fût, n'en avait rien su. Appliqué à la torture, il s'écria :

Mon Dieu, ayez pitié de mon âme! pardonnez-moi ma faute! mais ne me la pardonnez point si j'ai quelques complices et que je ne le déclare pas...

Les tourments de la question étant plus forts, Ravaillac jeta des cris terribles en disant :

Mon Dieu, recevez cette pénitence pour les grands péchés que j'ai commis dans ce monde!... Par la foi que je dois à Dieu, je ne sais rien de plus que ce que j'ai confessé... De grâce! ne me faites pas désespérer de mon âme!

Le bourreau mena Ravaillac à la chapelle pour le faire dîner. Là, il trouva deux docteurs qui lui parlèrent long-temps de son salut, mais n'en obtinrent que les réponses précédentes. Il ajouta même : *Je veux que ma confession soit imprimée et publiée.*

Le moment de l'exécution étant arrivé, on mit Ravaillac dans un tombereau pour aller faire amende honorable devant l'église Notre-Dame. On eut une peine infinie à le faire parvenir à la Grève, parce que le peuple en fureur voulait le massacrer. S'il eût été traîné au lieu du supplice sur une claie, suivant l'usage observé jusqu'alors pour les crimes de lèse-majesté, on n'eût jamais pu empêcher le peuple de se jeter sur lui. Il arriva à la Grève sur les quatre heures. Les princes de la maison de Guise étaient aux fenêtres de l'hôtel de ville, avec beaucoup d'autres seigneurs, et autour de l'échafaud il y avait quatre à cinq cents gentilshommes à cheval. Les deux confesseurs, d'abord à cheval, montèrent ensuite sur l'échafaud avec le criminel.

Après une courte prière, Ravaillac fut couché sur le dos par l'exécuteur, qui lui lia les deux pieds et les deux bras à quatre chevaux, laissant son corps serré entre deux poteaux qui étaient au milieu de l'échafaud; dans cette situation, et après de nouvelles exhortations inutiles, un des docteurs commença à entonner le *Salve;* le peuple irrité empêcha que cette antienne fût chantée, en vomissant mille imprécations contre Ravaillac, et criant : *Point de prières pour un méchant qui est damné comme Judas.*

Alors l'exécuteur le tenailla par tout le corps avec des tenailles ardentes; sa main droite, dont il tenait le couteau
fatal, fut mise sur le feu et brûlée lentement jusqu'au-delà
du poignet; et, durant ce supplice, l'exécuteur versait dessus, de temps en temps, des cornets de soufre. Lorsque sa
main fut brûlée, on versa du plomb fondu sur les plaies
que les tenailles avaient faites, ensuite de l'huile bouillante, de la poix-résine, de la cire et du soufre fondus ensemble. A chaque tourment, on l'exhortait, mais en vain,
à avouer ses complices. On anima ensuite les chevaux, qui
le tirèrent avec violence pendant une heure au moins. Un
gentilhomme qui était présent, voyant que les chevaux
étaient hors d'haleine, descendit du sien, détacha l'autre,
mit à sa place celui sur lequel il était monté, et l'aida lui-
même à tirer.

L'exécuteur voyant Ravaillac près d'expirer, acheva de
séparer les membres de son corps avec des couperets, et
chaque cheval emporta son quartier. On ne put alors retenir le peuple; il se jeta sur le cadavre, le foula avec les
pieds, divisa tous les membres, et les traîna par les rues.
Ainsi, l'on ne brûla que ce que l'on put en recueillir; mais
le peuple brûla lui-même, en différents quartiers de la ville,
ce qu'il avait emporté.

Des paysans, ayant trouvé moyen d'en avoir quelques
morceaux, les brûlèrent dans leur village.

Ainsi périt Ravaillac, dont la mémoire doit être en exécration à tous les Français.

Pierre de l'Estoile dit que Ravaillac pria l'un des docteurs
de lui donner l'absolution, et que le docteur ayant persisté
à la lui refuser, à moins qu'il ne voulût dévoiler ses complices, Ravaillac lui répondit qu'il n'en avait point; que le
docteur ayant répliqué qu'il ne pouvait l'absoudre, il demanda qu'on lui donnât au moins l'absolution sous condition, c'est-à-dire, au cas qu'il fût vrai qu'il n'avait ni com-

plices ni fauteurs, et qu'alors le docteur lui dit : *J'y con-
sens à cette condition; mais en cas que cela ne soit pas, votre
âme, au sortir de cette vie, s'en va droit à tous les diables.* —
Je l'accepte et la reçois à cette condition-là, répliqua Ravaillac.

Ce furent là, dit-on, les dernières paroles de ce misérable.

Après la mort de Ravaillac, on accusa à la fois Alagona,
jésuite, oncle du duc de Lerme, tout le conseil espagnol, la
reine Marie de Médicis, madame de Verneuil, maîtresse de
Henri IV, et le duc d'Epernon.

Germain Brice dit : « qu'à la question qui fut donnée à
Ravaillac dans toute la rigueur, il avança *des choses si
étranges* , que les juges, surpris et effrayés, jurèrent entre
eux, sur les saints évangiles, de n'en jamais rien découvrir,
à cause des suites terribles qui en pourraient arriver ; ils
brûlèrent même les dépositions et le procès-verbal au milieu de la chambre, et il n'en est resté que quelques légers
soupçons sur lesquels on n'a pu fonder, jusqu'à présent,
aucun véritable jugement. »

Il paraît certain que Ravaillac dit *des choses étranges*
avant de mourir, mais on ne sait pas au juste si ce fut alors
qu'on lui donna la question ou au moment de son supplice; et voici ce que nous trouvons dans un document
sérieux touchant Ravaillac :

A la première tirade des chevaux, Ravaillac demanda à
être relâché. On prétend qu'il dicta un testament de mort ;
et *s'il avoua des choses étranges,* ce fut sans doute dans cet
instant; ce qui a pu le faire présumer, c'est que le greffier
Voisin s'attacha, dit-on, à écrire si mal , que jamais on ne
put lire ce qu'il avait écrit, chose qui semble fort extraordinaire. On en conclut que les juges, effrayés sans doute
du nombre et de la qualité de ceux qui avaient trempé
dans ce forfait, évitèrent d'en trop approfondir les causes

et n'en firent retomber la peine que sur le monstre qui avait prêté sa main sacrilége à l'exécution.

La mort de Henri IV fut une calamité pour la France, à laquelle il avait rendu le calme. Sully aidant, on avait mis de l'ordre dans les finances, et donné aux arts et à l'industrie une énergique impulsion.

Sous son règne on acheva le Pont-Neuf, qui avait été commencé sous Henri III, et qu'on avait laissé inachevé pendant les troubles de la Ligue. Ce pont était d'une grande importance, ayant pour objet de relier entre eux le faubourg Saint-Germain et les quartiers du Louvre et Saint-Honoré.

Il fut terminé en 1604, sous la direction du célèbre architecte Guillaume Marchand.

Ce pont fut alors réputé l'un des plus beaux de l'Europe; mais sa célébrité ne lui vient pas tant de sa remarquable construction, que du mouvement de population qu'on y remarque. « Sa longueur est au moins de cent quarante-quatre toises, disent les auteurs du *Dictionnaire historique de Paris*, et sa largeur, qui est de douze, a été partagée en trois parties.

« Celle du milieu avait cinq toises avant les réparations de 1776, et servait pour les carrosses et autres voitures.

« Les deux autres formaient deux banquettes élevées pour la commodité des piétons.

« Ces banquettes s'élargissaient en demi-cercle sur chaque pile du pont, et c'est là qu'on tendait, tous les jours ouvriers, des tentes où se plaçaient des marchands ambulants et des saltimbanques de toute espèce. »

Le Pont-Neuf fit abandonner le Pont-au-Change, dès qu'il fut terminé; cela se conçoit, il était mieux placé, mieux construit, et avait beaucoup plus d'étendue.

Les petits marchands y affluaient, y prenaient place chaque soir et y étalaient leurs éventaires de petits objets et de colifichets à la mode. C'était le centre des nouvelles; c'est là qu'on chantait les couplets satiriques qui prirent le nom de *ponts-neufs*.

C'était une foire perpétuelle. Les petites boutiques, placées à l'aplomb des piles, qui ont disparu seulement en 1854, étaient les derniers restes des splendeurs du Pont-Neuf.

C'est sur le Pont-Neuf que venaient aussi s'établir les tréteaux des joueurs de gobelets, des chanteurs, des vendeurs d'orviétan et de thériaque, et des charlatans de toute espèce que la police ne molestait pas.

Le Pont-Neuf était aussi peuplé et fréquenté le jour qu'il était désert et redouté la nuit. Quand on cherchait à rencontrer quelqu'un, disait-on, on n'avait qu'à se placer en sentinelle à l'entrée de ce pont, et l'on voyait bientôt venir la personne à qui l'on avait affaire. Cette hyperbole, imaginée pour représenter la circulation active et incessante des passants sur le Pont-Neuf, avait été prise à la lettre par les mouchards, qui restaient postés deux ou trois jours à la même place, attendant, guettant leur homme, et qui affirmaient ensuite, s'ils ne l'avaient point aperçu, que le quidam ne pouvait pas être à Paris.

Les *farceurs* du Pont-Neuf étaient en grande réputation; le premier de tous, celui qui n'attendit pas que le pont fût achevé pour y jouer son personnage, fut le fameux Tabarin, auteur des chansons qu'il chantait, et des *coq-à-l'âne*, *rencontres*, *fantaisies* et gaillardises qu'il débitait avec une joyeuseté intarissable. Tabarin, sur ses tréteaux, balança la renommée des comédiens ordinaires du roi; il eut des successeurs, mais ne fut jamais remplacé, de l'avis de ceux qui avaient assisté à ses parades.

Le théâtre de Tabarin, théâtre en plein vent, avait des pièces variées, toujours bouffonnes et souvent même cyniques: en ce temps-là, la censure théâtrale n'avait pas été inventée, ou du moins elle ne fonctionnait guère pour le théâtre de

20

Tabarin. On y jouait notamment *la Farce du Cornard*, pièce dont les amateurs sont très-friands, qui est devenue très-rare et qui fut publiée vers 1620, d'après la représentation, avec figures représentant les portraits des *farceurs* de la place Dauphine. Au-dessus du nom des personnages, on lit leurs noms : Fanforlippe, valet; le docteur Cornute ; Francisquine ; Gigogne ; Suer. Dans cette pièce se trouvent des vers, en voici un échantillon :

> Cornards nous devons être,
> Bientôt tous deux confus d'écus,
> Puisque maintenant notre maître
> Est couronné roi des coqueus.
> Allez, ne craignez plus de cornes,
> Vous êtes plus fort de moityé,
> Depuis qu'on a fortifié
> Votre front d'un ouvrage à cornes.

On voit bien que toute la pièce roulait sur des facéties de ce genre, qui ont toujours eu assez bonne vogue chez nos ancêtres. On jouait aussi sur le théâtre Tabarin , le procès comique; cette pièce, ou farce à huit personnages, tous écloppés, a été imprimée en 1661. Le juge du procès tenait aux plaideurs qui l'obsédaient le magnifique langage que voici :

> Allez, allez de par le diable,
> Je perds ici tout mon latin,
> Et mon esprit infatigable
> Ne peut fournir votre avertin.
> Accommodez-vous par ensemble,
> Faictes des lois, tirés au sort,
> On remettra, si bon vous semble,
> Vos différends après la mort.

En 1603, on avait construit sur le Pont-Neuf, qui n'était pas encore achevé, une pompe dite *la Samaritaine*, qui amenait les eaux de la Seine dans les bâtiments du Louvre et des Tuileries. Elle était l'un des ornements du Pont-Neuf: elle était placée à la seconde arche du pont, du côté du Louvre. Elle fut détruite en 1712, parce qu'elle périssait de vétusté, et rétablie au même endroit, mais avec plus d'art et de goût qu'auparavant. Les faces des restes de ce petit édifice étaient percées de cinq fenêtres à chaque étage, et de deux sur le devant. Ces deux dernières étaient séparées par un avant-corps en bossage rustique, vermiculé et cintré au-dessus du cadran. Ce cadran était placé dans un enfoncement dont le bas était rempli par un groupe qui représentait Jésus-Christ, avec la Samaritaine auprès du puits de Jacob, figuré par un bassin dans lequel tombait une nappe d'eau, qui sortait d'une coquille placée au-dessus.

Parmi la population du Pont-Neuf, les badauds et les filous étaient toujours en nombre; et si l'on y arrêtait volontiers les passants la nuit, on y faisait très-joliment la montre, la tabatière, durant le jour.

« Sous Louis XIII et sous Louis XIV, nous dit le chroniqueur (P. L. Jacob, *Curiosités du vieux Paris*, p. 344), en dépit du guet, du lieutenant de police et des lanternes du cheval de bronze, les voleurs à main armée s'emparaient du pont dès le coucher du soleil, et rançonnaient quiconque s'aventurait dans ce coupe-gorge; il ne faisait pas bon se défendre contre ces malfaiteurs, qui poignardaient la victime, et la jetaient à l'eau, morte ou en vie. Les jeunes seigneurs de la cour, Gaston d'Orléans, frère du roi, s'étaient quelquefois divertis à dévaliser les passants et à se faire tireurs de laine du Pont-Neuf. »

Les raccoleurs avaient aussi choisi le Pont-Neuf pour y faire leurs opérations peu loyales, comme on sait; de la sorte, la civilisation parisienne pouvait être étudiée sous bien des aspects sans sortir du Pont-Neuf.

Après la mort de Henri IV, Cosme II, grand-duc de Tos-
cane, envoya à sa fille Marie de Médicis, sa veuve, un cheval
de bronze modelé par Jean de Bologne et destiné d'abord à
une statue équestre du grand-duc Ferdinand. Marie de Médicis résolut d'élever une statue à Henri IV sur le terre-
plein du Pont-Neuf; elle en posa la première pierre le
16 août 1614, et bientôt on y mit sur un piédestal le cheval
de Jean de Bologne. Il resta longtemps sans cavalier, et la
statue de Henri IV, quoique depuis un certain temps exécutée par le sculpteur Dupré, ne fut placée sur le cheval
et inaugurée qu'en 1666.

Il y avait diverses inscriptions latines placées tant sur la
face principale du piédestal que sur les autres faces; on y
rappelait diverses victoires remportées par Henri IV. Ces
inscriptions ont été attribuées à M. Gaulmin, conseiller
d'Etat en 1663, qui était l'un des plus savants hommes de
son temps.

La statue était fort belle, mais on remarquait quelques
défauts dans les traits de la figure du cheval. Un historien
de la ville de Paris, parlant de cette statue, fait mention de
cette singulière particularité : Quand on parlait de ce
monument, dit-il, on ne le désignait que par cette dénomination : *le cheval de bronze*, sans jamais parler de la statue
de Henri, ce qui a inspiré à un poëte les vers suivants :

> Superbe monument, que votre vanité
>   Est inutile pour la gloire !
>   Des grands héros dont la mémoire
>   Mérite l'immortalité,
> Que sert-il que Paris, au bord de son canal,
> Expose de nos rois ce grand original,
> Qui sut si bien régner, qui sut si bien combattre?
>   On ne parle point d'Henri Quatre,
>   On ne parle que du cheval.

On regrettait jadis qu'on n'eût pas placé la statue de

Henri en face l'ouverture de la place Dauphine et de la porte du Palais. On avait raison, car une statue doit toujours être exposée de telle sorte qu'elle soit vue de face par les gens qui circulent.

Cette statue fut fondue à l'époque de notre première révolution; on l'a depuis remplacée par une autre qui fait face à la place Dauphine.

Cette place, un des derniers vestiges du Paris de Henri IV et du commencement du règne de Louis XIII, est bordée de maisons dont le style rappelle celui des maisons de la place Royale. La maçonnerie est en briques ornées de pilastres et d'arcades trapues en pierres de taille à refends. Elle a la forme d'un triangle, au centre duquel on a érigé en 1803 une fontaine monumentale en l'honneur du général Desaix. Ce monument, restauré en 1830, représente la figure de la France couronnant le buste de Desaix porté sur un cippe. Au-dessous on lit ces belles paroles : « *Allez dire au premier consul que je meurs avec le regret de n'avoir pas assez fait pour la postérité.* »

Les ennemis du général Desaix l'appelaient le Juste ; ses soldats, comme ceux de Bayard, aimaient à répéter qu'il était sans peur et sans reproche. Il était né près de Riom, en Auvergne, d'une ancienne famille de ce pays, et avait été élevé à l'école militaire d'Effiat.

Lorsque la révolution de 1789 éclata, il en adopta les principes avec enthousiasme, et en 1792, il s'élança vers la frontière pour repousser l'étranger ; sa valeur et ses talents militaires le firent rapidement parvenir au plus haut grade. La journée de Marengo menaçait d'être funeste à nos armes ; nos troupes avaient perdu la confiance de la victoire, lorsque le général Desaix arriva sur le champ de bataille au pas de course à la tête des deux divisions qu'il commandait: bientôt la face des choses change, l'aile gauche de l'armée ennemie est coupée: c'est alors qu'une balle frappe Desaix en pleine poitrine et l'ensevelit au milieu de sa gloire; c'est alors qu'il prononça les belles paroles que nous voyons inscrites sur le monument qui fut élevé à sa mémoire. Il n'avait encore que trente-deux ans. Etranger aux intrigues, il ne connaissait que son affaire, la gloire et la patrie, selon l'expression du premier consul. Il aimait les lettres, les beaux-arts; il était d'une modestie rare, simple dans sa mise, frugal dans ses goûts; sa probité et son désintéressement égalaient son courage. C'était, en un mot, un homme de Plutarque; on élèvera sans doute sa statue là où l'on a seulement mis son buste.

Après avoir parlé du Pont-Neuf comme faisant en quelque sorte corps avec le Palais, nous pensons devoir aussi mentionner, comme étant l'une des dépendances, le Pont-au-Change, ou plutôt, l'ancien Pont-au-Change qui a été démoli dans le cours de l'année 1859. Le nouveau n'est pas encore reconstruit, malgré la grande activité avec laquelle les travaux sont poussés. On traverse la Seine au moyen d'une passerelle qui n'est accessible qu'aux piétons.

Le pont qu'on construit reliera, comme l'ancien, le marché aux Fleurs et le quai de l'Horloge aux quais de la Grève et de la Mégisserie. L'ancien pouvait avoir environ 420 pieds· de longueur sur 100 de largeur : ce pont était l'un des plus larges de Paris.

Le nom de Pont-au-Change, qu'il prit vers le milieu du treizième siècle, lui vint de ce que les changeurs y avaient établi leur domicile. Ce pont a été détruit à plusieurs reprises par la violence de la Seine, et notamment en 1408 et 1510. Réparé avec la plus grande négligence, il fut emporté en partie, et plusieurs des maisons qu'il supportait détruites par le débordement du mois de janvier 1616. Quelques mois après, il devint la proie des flammes. Averti par des accidents si multiples, le gouvernement le fit construire en pierres en 1619; les travaux ne furent achevés qu'en 1627. Il fut à la même époque couvert de maisons qui furent démolies en 1788, moyennant une indemnité de 1,200,000 fr. accordée aux propriétaires. Il reposait sur sept arches à plein cintre. Les historiens contemporains rapportent qu'à l'entrée d'Isabeau de Bavière, un Génois fit tendre une corde depuis le haut des tours Notre-Dame jusqu'à une des maisons de ce pont, qu'il descendit en dansant sur cette corde avec un flambeau allumé à chaque main, qu'il passa entre les rideaux de taffetas bleu à grandes fleurs de lis d'or qui couvraient ce pont, et qu'ayant posé une couronne sur la tête d'Isabeau de Bavière, il reparut en l'air. Ces mêmes historiens ont l'ingénuité de raconter que, comme il était déjà nuit, cet homme fut vu de tout Paris. Ils rapportent également que les marchands d'oiseaux, à qui l'on accordait la permission de vendre sur ce pont, étaient obligés d'en lâcher deux cents douzaines aux entrées des rois et des reines.

Le Pont-Saint-Michel, qui conduit en droite ligne au Pont-au-Change, ne remonte pas à une époque aussi reculée, puisqu'on projeta seulement de le bâtir en 1378, comme expédient et profitable tant à la ville qu'au public, qu'on l'acheva en 1387. Les architectes qui le construisirent n'ont pas imité les constructions si solides des ponts romains, car ce pont fut enlevé en 1407. Il fut refait des deniers du roi, qui concéda par bail à des officiers de sa cour le privilége d'y élever des *loges* et des maisons : aussi ce pont avait été envahi par des marchands de toute espèce. Sous Henri II, en 1556, il s'écroula de nouveau, mais on se décida enfin à le faire reconstruire avec solidité.

— Louis XIII est roi à neuf ans. Marie de Médicis, en vertu d'un arrêt du parlement, réunit la tutelle de son fils et la régence du royaume.

En 1611, le duc de Sully se retire de la cour. Ce grand

ministre a reconnu qu'un terrain semé de divisions et d'intrigues ne convient plus à son austérité.

La régente abandonne le système politique de Henri IV.

En 1612, Concini, marquis d'Ancre, et sa femme se sont rendus maîtres de l'esprit de la reine mère et remplissent la cour de cabales et d'inimitiés.

Les finances, qui étaient en bon état sous Henri, sont bientôt épuisées et l'on a recours aux états généraux (1614) pour trouver des moyens de combler le déficit et de remédier aux abus. Quatre années avaient suffi pour changer la face de l'Etat.

A la séance d'ouverture, qui eut lieu le 27 octobre, Marquemont, archevêque de Lyon, parla d'abord pour le clergé debout, mais appuyé sur un accoudoir et demanda la publication du concile de Trente. Le baron de Saint-Pierre, pour la noblesse, et demanda en son nom la suppression de la paulette ou droit annuel des charges de judicature. Miron, prévôt des marchands, parla pour le peuple; il fit sa harangue à genoux, mais dans laquelle il peignit en termes sévères la situation du pays; il dit « qu'il y avoit un dévoyement général dans tout le royaume, de toutes règles, en tout ordre et toutes professions; » puis il ajouta : « Nous sommes ici assemblés pour recevoir le remède de Votre Majesté; ce remède est demandé par tous : aussi nous sommes tous obligés d'y porter la main, puisqu'il dépend aucunement de nous-mêmes. »

Le soulagement qu'on attendait des états ne put s'effectuer ; ils se séparèrent sans avoir rien produit. Ce fut la dernière tenue des états généraux de France jusqu'en 1789.

Le maréchal d'Ancre était devenu odieux au peuple ; on lui attribuait, non sans raison, la mauvaise situation du royaume; le mécontentement public se traduisit en émotion populaire. Le maréchal, pour y mettre fin, fit planter dans Paris plusieurs potences, dont il menaça ceux qui oseraient le censurer à l'avenir.

Auprès de Louis XIII se trouvaient de jeunes courtisans qui étaient impatients de sa domination : l'un d'eux notamment sut prendre un grand ascendant sur l'esprit du roi, lui peignit Concini sous des couleurs odieuses, et l'amena bientôt à se décider à employer quelque moyen violent pour s'en débarrasser. — Le roi flotta quelque temps, ne sachant trop à quel moyen s'arrêter. Il était d'avis de le faire arrêter dans sa chambre par son capitaine des gardes, et de le faire mener à la Bastille, pour lui faire faire son procès par le parlement ; mais on lui insinua que sa mère ne laisserait pas mettre son favori en jugement, et qu'il serait trop périlleux de l'arrêter et de ne pas le faire juger. — Il paraît que le roi eut un moment la pensée de quitter Paris, pour se soustraire aux obsessions de sa mère et du maréchal, mais on le fit aussi renoncer à ce projet, et il prit une résolution définitive et extrême, qui fut celle de faire tuer par surprise, ou plutôt assassiner, le maréchal d'Ancre. — Le 24 avril 1617, le roi se leva de bonne heure, et fit dire qu'il voulait aller à la chasse, et que tous ses ordinaires et chevau-légers eussent à être prêts pour l'accompagner. Son départ fut différé d'heure en heure, tantôt sous un prétexte, tantôt sous un autre. Le baron de Vitry, capitaine des gardes du corps, ne quitta pas le roi ; on l'avait choisi pour tuer le maréchal ; il avait mis aux aguets diverses personnes, pour l'avertir quand le maréchal viendrait.

Vers les dix heures, le maréchal d'Ancre fut vu venant au Louvre ; il sortait de son logis, il s'avançait du côté de la barrière septentrionale, fort lentement, ayant à son côté un sieur Camigny, qui lui avait remis une lettre. Vitry vint alors auprès du maréchal, et lui porta la main sur le bras droit, lui disant : « Le roi m'a commandé de me saisir de votre personne. » Le maréchal, en grand étonnement, dit :

A me en italien, et, faisant un pas en arrière, s'avança contre la barrière du pont, et fit semblant de vouloir mettre sa main à la garde de son épée, et Vitry, tout aussitôt, répliqua : « Oui à vous. » L'empoignant de plus près, il fit signe à ceux qui le suivaient de charger, et à l'instant de Hallier, frère de Vitry, Perray, Guichaumont, Mersains et le Buisson se jetèrent sur lui, tirant tous en même temps chacun un coup de pistolet, sans que l'on puisse savoir qui fut le premier, dont deux ne portèrent que sur les bois de la barrière ; les autres trois portèrent, l'un dans la tête, entre les deux yeux, l'autre dans le gosier, et le troisième à la joue, sur l'oreille droite.

Il reçut en outre plusieurs coups d'épée, soit dans le cou, soit dans le corps. Enfin, il tomba sur les genoux, s'appuyant contre la barrière, et Vitry, criant *vive le roi!* lui donna un coup de pied qui l'acheva d'étendre par terre, et aussitôt toutes les portes du Louvre furent fermées et les gardes mis en bataille. Le corps fut incontinent emporté dans une petite chambre des soldats de garde.

Voici comment la reine apprit la mort de son favori : Vitry, le coup fait, rentra dans la cour du Louvre, où il se promena quelque temps tout au milieu, allant çà et là ; alors une des femmes de la reine, qui avait entendu les coups de pistolet, ouvrit un des châssis de la chambre de la reine, qui donnait sur cette cour, et demanda à Vitry ce que c'était. Il répondit que c'était le maréchal d'Ancre qui était tué. Elle demanda qui avait fait le coup, Vitry dit que c'était lui qui l'avait fait par commandement du roi ; alors elle referma le châssis, et alla porter cette nouvelle à la reine. « J'ai régné sept ans, dit-elle, et je n'attends plus qu'une couronne au ciel. »

La maréchale d'Ancre se promenait dans sa chambre, lorsque des gardes s'y présentèrent ; la porte ayant été ouverte, elle les vit paraître tout à coup. Elle demanda ce

qu'ils voulaient, et entendant en même temps du bruit au
Louvre, elle voulut savoir ce que c'était, on lui répondit que
c'était une querelle dans laquelle Vitry était mêlé, et ayant
entendu des coups de pistolet, elle dit : « Comment ! Vitry ?
et des coups de pistolet dans le Louvre ? Vous verrez que
c'est contre mon mari ! » Et là-dessus arriva un domestique,
qui vint dire : « Madame, il y a de mauvaises nouvelles,
monsieur le maréchal est mort ! » Elle répliqua : « Il a
été tué ! — Oui, lui dit ce domestique, et c'est Vitry qui
l'a tué. » Elle ajouta aussitôt : « C'est donc le roi qui l'a
fait tuer, » et en même temps, elle mit ses pierreries dans
la paillasse de son lit, et s'étant fait déshabiller, elle se
coucha dessus.

Quant au roi, quand il sut que le maréchal était mort,
il cria tout haut : Grand merci ! à cette heure, je suis
roi.

On fit enterrer le cadavre du maréchal d'Ancre, tout
aussitôt après sa mort, dans l'église Saint-Germain-
l'Auxerrois : dès que cela fut su dans Paris, il y vint
un grand nombre de curieux et d'ennemis du maréchal ; on cracha d'abord sur sa tombe, on se mit à tré-
pigner dessus, puis quelques-uns commencèrent à gratter à
l'entour avec les ongles, et firent tant, qu'ils aperçurent
les jointures des pierres, qu'ils finirent par enlever ; et,
ayant découvert le corps par le côté des pieds, ils s'ingé-
nièrent tellement, qu'ils parvinrent à le déterrer, et qu'ils
l'arrachèrent hors de terre en criant *Vive le roi !* On tira le
corps hors de l'église par la grande porte, on le traîna
jusque dans le logis d'un nommé Barbin qui était vis-à-vis,
où ils firent une première pause ; puis ils partirent de là,
et le traînèrent au bout du Pont-Neuf, où ils le pendirent
à une potence qu'il avait lui-même fait dresser pour punir
ceux qui parleraient contre lui. Ils le dépendirent ensuite,
le traînèrent dans les rues du faubourg Saint-Germain.

et devant sa maison, située près l'hôtel du prince de Condé, où ils le brûlèrent avec de la paille et des fagots. Ils se ravisèrent ensuite et le ramenèrent au pont, où ils achevèrent de le brûler. Les os qui ne purent être consumés par le feu furent jetés à la rivière.

Nous avons vu que des gardes s'étaient présentés dans la chambre de la maréchale d'Ancre, au moment même où l'on tuait son mari à coups de pistolet dans la cour du Louvre; peu de temps après, elle fut saisie, dépouillée de tout, conduite à la Bastille, et de là à la Conciergerie. Il était difficile de trouver contre elle les motifs sérieux d'une condamnation à mort, et pour y parvenir, on l'accusa de sorcellerie; on croyait encore en ce temps aux sortiléges et à la magie comme à un point de religion; et voici sur quel fait principal se fonda cette accusation. La maréchale d'Ancre avait fait venir d'Italie un médecin juif, nommé Montalto; elle avait même cru devoir en demander la permission au pape. On prétendit que le juif Montalto était magicien, qu'il avait sacrifié un coq blanc chez la maréchale; mais il ne put guérir ses vapeurs; elles furent si fortes qu'elle se crut ensorcelée. Marie de Médicis lui dit que le dernier cardinal, Henri de Lorraine, ayant eu la même maladie, s'était fait exorciser. Elle eut la faiblesse de faire venir deux exorcistes milanais, qui dirent des messes aux Augustins pour la guérir, et ils l'assurèrent même qu'elle était guérie. On l'interrogea sur le meurtre de Henri IV, et se montra très-affectée de ce qu'on paraissait la soupçonner d'y avoir pris part; mais elle se prit à rire quand on l'accusa de magie. Des deux rapporteurs qui instruisirent le procès, l'un était vendu à Luynes, nouveau favori de Louis XIII, et l'autre était le conseiller Deslandes Payen, homme intègre, qui ne voulut jamais conclure à la mort. Cinq juges s'abstinrent; quelques-uns opinèrent pour le seul bannissement; mais Luynes sollicita avec tant

d'ardeur, que la majorité se laissa entraîner, et la condamna à être brûlée comme une sorcière. La maréchale
fut fort surprise quand elle entendit prononcer son arrêt,
ne s'étant attendue à autre chose qu'à perdre tout son
bien et à être renvoyée à Florence. Elle dit pour se sauver
qu'elle était grosse, mais le contraire s'étant bientôt vérifié,
elle se résolut à la mort.

Elle fut traînée dans un tombereau à la place de Grève;
et voyant dans la Grève, comme elle passait, un gentilhomme du commandeur de Sillery qu'elle connaissait, elle
le pria de lui dire, et à M. le chancelier, qu'elle leur demandait pardon de tout le mal qu'elle leur avait fait, déclarant encore sur l'échafaud que plusieurs choses qu'elle
avait dites contre eux n'étaient point véritables ; et puis se
recommandant à Dieu, elle mourut fort courageusement.
Toute la grâce qu'on lui fit fut de lui couper la tête avant
de jeter son corps aux flammes.

Le maréchal d'Ancre et sa femme avaient amassé de
grandes richesses, qui devinrent la proie des meurtriers du
maréchal ; le roi réclama même quatre ou cinq cent mille
livres de *lieux de monti* que le maréchal avait achetés à
Rome, faisant voir que c'était de son argent qu'ils avaient
été payés.

Peu de jours après la mort du maréchal d'Ancre, un
appelé Fravail, qui connaissait mal la cour et les divers
ressorts qu'on y fait jouer, croyant qu'il flatterait la passion
de M. de Luynes s'il lui parlait contre la reine mère, lui fit
des propositions peu connues, mais qu'on a taxées d'extra-
vagantes, sur son sujet. M. de Luynes le fit arrêter et mener à la Conciergerie, d'où il ne sortit que pour être condamné à être rompu, et puis brûlé. M. de Luynes fit voir
ainsi qu'il ne voulait pas qu'on médît de la mère du roi. A
la vérité, il le fit voir d'une manière bien cruelle.

La maréchale d'Ancre fut donc, ainsi que nous venons

de le voir, condamnée pour fait de magie, et en ce temps, ce n'était pas encore chose rare que de voir des procès intentés à des malheureux pour ce crime. La politique, dans le procès de la maréchale d'Ancre, employa ce ressort pour se débarrasser d'une femme pour laquelle la reine avait grande amitié; et dans son interrogatoire, quand on demanda à la maréchale comment elle avait fait pour s'emparer de l'esprit de sa maîtresse et si elle n'avait pas employé quelque sortilége, elle répondit avec un grand sens : « Je n'ai pas eu d'autre sortilége que l'influence d'un esprit fort sur une tête faible. »

Dans son procès, on voulut voir des débris d'envoûtement dans certaines boulettes de cire et on lui demanda si elle avait voulu envoûter le roi; d'abord elle se mit à rire, puis elle fondit en larmes et s'écria qu'on l'accusait d'avoir voulu la mort de son roi, du fils de sa reine et de sa maîtresse.

On lui demanda ensuite s'il était vrai qu'elle avait porté la nuit, à l'église, un coq vivant tout plumé ou n'ayant plus de plumes; mais elle haussa les épaules et refusa de répondre.

Cet interrogatoire sur des coqs plumés et des boulettes de cire avait lieu au commencement de juillet 1617; on ne put pas même prouver ces accusations ridicules, et quand on les aurait prouvées, les juges auraient-ils dû les prendre au sérieux? La maréchale n'en fut pas moins condamnée au feu, et son fils, enfant de treize ans, dépouillé par le même arrêt.

Tallemant, parlant de cette condamnation, dit « que le parlement, qui ne croyoit pas aux sorciers, condamna la maréchale comme sorcière.»

Nous ne savons pas cependant si tous les juges de la maréchale d'Ancre ne croyaient pas aux sortiléges; mais si les membres du parlement de Paris n'avaient plus cette

319 DU PALAIS DE JUSTICE.

croyance, il n'en était pas de même de tous les gens de robe de province, et nous voyons, par exemple, Jean Chenu, jurisconsulte, né à Bourges, mort en 1627, bailli de la sénéchaussée de Brécy en Berry, inscrire dans la deuxième série de ses *Questions notables* (98°. Paris, 1620, in-quarto) une pièce d'un grand intérêt historique intitulée *Sortiléges*, procès fait en 1617 à des sorciers en la châtellenie de Brécy. En sa qualité de bailli, Chenu dirigea la procédure et fit imprimer les interrogatoires au nombre de dix-huit; cette procédure incroyable commence par cet exorde :

« La mécroyance d'aucuns juges a rendu jusqu'à ce temps le crime de sortilége comme impuni, et cette impunité a fait que le nombre des sorciers a merveilleusement multiplié, il a infecté une grande partie de la chrétienté, et *tanquam serpens irrepens*, il s'est glissé jusque dans les meilleures villes, et au lieu que les sorciers se tenoient séparés ès-montagnes désertes et retirées, ils ont pris place partout et habitent les lieux les plus peuplés. »

Pour crime de sorcellerie, on condamnait toujours à mort, et Louis XIV, dans son édit de 1682, enregistré au parlement, ne porta à cette pénalité aucune modification. Le titre premier de cet édit touchant la magie et les sortiléges (art. premier) portait « que toutes les personnes se mêlant deviner et se disant devins ou devineresses, vuideroient immédiatement les maisons après la publication de la présente déclaration, à peine de peine corporelle, » et l'article II voulait que ceux qui avaient enseigné ou pratiqué des choses n'ayant aucun rapport avec les choses naturelles et qui s'en seraient servis pour quelque sujet que ce pût être, fussent punis exemplairement et suivant l'exigence des cas ; ainsi les juges avaient toute latitude pour l'application des peines et l'on vit des prétendus sorciers condamnés à être pendus et ensuite brûlés pour des sorts jetés sur des bestiaux, notamment à Pacy en Brie.

Cependant au fur et à mesure que les lumières se répandirent au sein des populations, on vit le nombre des procès pour sorcellerie diminuer ; en 1672, le parlement de Rouen avait fait arrêter quantité de bergers et autres gens accusés d'être sorciers auxquels il avait commencé de faire le procès ; mais le roi, par un arrêt du conseil, les fit tous relâcher, et depuis ce temps-là, on n'entendit plus parler de sorciers en Normandie.

———

CHAPITRE XIX.

Depuis le règne de Louis XI, on n'avait rien changé au Palais, aucun architecte n'y avait mis la main ; on avait vu le parlement augmenter son personnel, mais on était parvenu à le caser convenablement. Le Palais semblait être alors à son apogée ; mais tout à coup, dans la nuit du 5 au 6 mars 1618, il fut en proie à un épouvantable incendie qui faillit le détruire de fond en comble. Le feu commença par la charpente de la grand'salle, dont le bois sec et vernissé fut enflammé à l'instant. Les solides et les poutres qui soutenaient le comble de cet édifice, séparés par l'ardeur du feu, tombèrent tout embrasés sur les boutiques des marchands et sur les bancs des procureurs, qui augmentèrent encore l'incendie ; un vent du midi, soufflant avec violence, porta la flamme en différents endroits ; les requêtes de l'hôtel, le greffe du trésor, la première chambre des

21

enquêtes et le parquet des huissiers furent consumés en peu de temps; les prisonniers enfermés dans la Conciergerie, à demi étouffés par la fumée, appelèrent au secours; quelques-uns furent assez heureux pour se sauver, d'autres furent transférés au Châtelet; le feu était déjà à la tour de l'Horloge et c'était fait du Palais, si l'on n'eût découvert cette tour; on vint enfin à bout d'arrêter le feu et de conserver la grand'chambre, la cour des aides, la galerie aux Merciers et plusieurs autres appartements du Palais. Piganiol de la Force donne les détails suivants sur cet incendie épouvantable : « Il eut lieu, dit-il, dans la nuit du 5 au 6 mars; il se déclara avec une incroyable violence dans la charpente et la magnifique boiserie de la grand'salle; en une minute, ce fut une mer de feu roulante et suspendue, sans qu'on ait jamais su positivement comment il avoit pris; mais l'opinion du plus commun, ajoute-t-il, est que ce fut par la faute d'une servante qui y avoit laissé un réchaud allumé; d'autres disent que ce furent les complices de la mort de Henri IV, qui prétendoient par là brûler le greffier et le procès de Ravaillac. »

Chacun en jugea comme il voulait sans qu'on pût lui prouver le contraire; ce qu'il y a de certain, c'est que sans les soins du greffier Voisin, qui fit enlever et mettre en un lieu de sûreté les registres du parlement, ces précieux monuments eussent été brûlés.

Au moment où l'incendie se manifesta, il soufflait du midi un vent si impétueux, que des vagues ardentes s'enfuyaient dans les airs, que des ardoises furent portées jusqu'auprès de Saint-Eustache. En moins d'une heure, la table de marbre ne fut plus qu'un amas de ruines; les statues de rois furent brisées et perdues et toutes les salles entourant la grand'salle, à l'exception de la grande chambre du parlement, furent détruites.

Au moment où ce fatal événement vint frapper le Palais

de justice, il avait, ainsi que l'a fait remarquer avec raison M. de Charencey dans son discours de rentrée du 4 novembre 1844, atteint son plus haut degré de splendeur. Il ne pouvait alors que décroître, et c'est ce qui est arrivé. La grande table de marbre fut détruite par cet incendie, mais il y en avait une autre qui était en bas dans la cour du Palais, qui disparut aussi après cet incendie. — C'est celle dont il est parlé dans la Chronique de Saint-Denis et de laquelle nous avons déjà fait mention ; car c'est sur cette même table que furent mis les corps des maréchaux de France qui furent tués dans la chambre du dauphin.

Dès le lendemain de l'incendie, le désastre était attesté par un arrêt du parlement, enjoignant à « toutes personnes ayant trouvé des sacs des procès, registres ou autres papiers, de les remettre entre les mains de Jean de Villet, greffier de la cour, défendant expressément à tous autres, apothi_caires, merciers, papetiers, épiciers, de les acheter, sous peine de punition exemplaire. »

Pour réparer les dommages causés par l'incendie, le roi ordonna à l'habile architecte Jacques de Brosse de se mettre à l'œuvre immédiatement pour la reconstruction, et une ordonnance royale statua que les terrains vagues qui se trouvaient auprès des fossés Saint-Germain-des-Prés seraient vendus, que le prix en serait affecté à cette reconstruction.

En 1622, Jacques de Brosse avait rendu au Palais sa grande salle voûtée en pierres de taille avec une suite d'arcades au milieu, soutenues par de gros piliers garnis de boutiques. En 1683, on ouvrit six fenêtres dans la voûte pour donner plus de jour ; on y construisit aussi en même temps une riche chapelle à un des bouts, fermée par des balustrades de fer doré ; cette chapelle a encore été réparée et enrichie de dorures et autres ornements, en 1723, aux dépens de la communauté des procureurs du parlement. Au-dessus se trouvait un cadran qui réglait les séances du parlement. On lisait au-dessus le vers de M. de Montmar, de l'Académie française :

Sacra Themis mores ut pendulo dirigit horas.

La salle, reconstruite par Jacques de Brosse, et que l'on admire encore aujourd'hui, a 73 mètres de longueur sur 28 mètres de largeur, et elle a pris le nom de salle des *Pas-Perdus*. Elle se nommait antérieurement salle des Procureurs, puis grand'salle. Elle sert de rendez-vous et de promenoir aux plaideurs de toute espèce et à tous les habitués du Palais. On y voit les entrées des diverses salles d'audience des tribunaux dont les noms sont inscrits au-dessus de chaque porte.

Elle est éclairée par de grandes ouvertures cintrées et vitrées qui se trouvent aux extrémités de chaque nef et par des œils-de-bœuf pratiqués sur les flancs des deux voûtes.

La nouvelle construction de de Brosse fut conduite, comme on voit, avec célérité. Le Palais restauré ne laissa rien à désirer, la nouvelle grande salle fut même plus spacieuse que l'ancienne ; M. Victor Hugo, entraîné sans doute par son amour pour les vieilles constructions, s'est récrié, dans son beau livre de Notre-Dame de Paris, contre Jacques de Brosse, qu'il accuse de lui avoir gâté son ancienne grand'salle, mais nous croyons que le reproche que lui a adressé l'illustre écrivain n'est pas bien fondé : rien ne s'opposait à ce que l'on plaçât dans la nouvelle salle les statues de nos rois, qu'on n'y mît des bancs en suffisance, que les vitraux ne fussent refaits comme ceux qui ont inspiré tant de regrets à M. Victor Hugo ; et ces choses faites, la nouvelle grande salle aurait eu peut-être des avantages sérieux sur l'ancienne. Quant à sa grande table de marbre, quoiqu'on ait dit qu'on n'en avait jamais vu une semblable, il nous semble qu'en faisant de suffisantes recherches, on aurait pu la remplacer. Rien ne s'opposait aussi à ce que son parquet fût refait en marbre blanc et noir, car le parquet de marbre fut détruit par cet incendie tout aussi bien que la table de marbre.

Louis XIII avait fait tuer Concini au Louvre à coups de pistolet pour être enfin *roi* et échapper à l'influence de la reine mère et de son favori; mais il ne tarda pas à retomber sous un joug plus pesant encore. Le cardinal de Richelieu, devenu son premier ministre, le plaça en réalité sous sa dépendance ; nous n'avons pas, sous le ministère de Richelieu, de faits judiciaires importants à constater. La fameuse ordonnance de 1629 amena de vives remontrances de la part du parlement : l'enregistrement se fit en lit de justice, mais elle ne fut pas appliquée et tomba bien vite en désuétude.

Richelieu n'intimida pas le parlement, et à plusieurs reprises, il rencontra dans son sein une vive opposition; opposition qu'il parvint à vaincre et à contenir au moyen des lits de justice et en frappant plusieurs magistrats d'interdit ou en les envoyant soit en prison, soit en exil.

On pourrait croire en lisant certains historiens, que sous Louis XIII nul n'osa résister à son impérieux ministre, que son despotisme fut sans bornes, sans limites, sans contrôle; mais pour l'honneur du pays il n'en fut rien, et quand il voulut commettre des actes trop empreints d'arbitraire, le parlement fit entendre de sévères remontrances qui ne furent pas toujours sans action sur le ministre impérieux qui faisait plier devant lui tous les courtisans.

En 1626, l'Etat ayant besoin d'argent pour soutenir la guerre contre les huguenots, le parlement se montra peu disposé à enregistrer les édits bursaux qui lui furent sou-

mis. Le roi alla lui-même au parlement tenir un lit de justice et faire vérifier les édits. Il arriva dans cette audience
royale un fait tout à la fois étrange et douloureux. L'avocat
général Servin fut frappé de mort subite en prononçant sa
harangue au roi. « Vous acquérez, disait-il, une gloire plus
solide en gagnant le cœur de vos sujets qu'en domptant vos
ennnemis. » A ces dernières paroles, la voix lui manqua,
une apoplexie le saisit et on l'emporta expirant.

Le jésuite Auvrigny, auteur de Mémoires chronologi-
ques, d'ailleurs exacts, prétend qu'il mourut en parlant
contre les jésuites dans une affaire qui survint immédiatement après.

Il était toujours question alors, dit Voltaire (Parlement,
t. II, p. 92), de cet horrible système de la puissance du pape
sur les rois et sur les peuples. Il semblait que le sang
de Henri IV eût fait renaître les têtes de cette hydre.
Santarelli, jésuite italien, publia cette doctrine dans un
nouveau livre approuvé par le général de cet ordre. Jamais
on ne s'était exprimé d'une manière si révoltante. Il fut
brûlé à Paris, selon l'usage, et on agita dans le parlement
la question de savoir si on chasserait les jésuites une seconde fois.

On ordonna au provincial, à trois recteurs et à trois
profès de comparaître le lendemain.

Ils arrivèrent au Palais au milieu du peuple indigné qui
en bordait les avenues.

Le jésuite Cotton, alors provincial, porta la parole et
répondit aux questions qui lui furent adressées d'une manière fort équivoque et qui pouvait amener leur expulsion;
mais ils en furent quittes pour signer quatre propositions
concernant les libertés de l'Église gallicane.

En 1634, le cardinal de Richelieu établit une chambre de
justice à l'Arsenal, pour connaître d'un complot contre la
sûreté de l'Etat dans lequel grand nombre de gentils-

hommes se trouvaient compromis. Gaston, frère du roi, y était même impliqué.

La chambre de justice de l'Arsenal fut composée de deux conseillers d'Etat, de six maîtres des requêtes et de six conseillers du grand conseil. Elle commença ses séances le 10 septembre. Le parlement, qui n'approuvait pas cette institution irrégulière, défendit, par arrêt, à cette chambre de s'assembler : l'arrêt fut cassé par le conseil du roi, et les arrêts de la chambre de l'Arsenal furent exécutés, mais le parlement ne fit pas moins un énergique effort pour que la justice suivît son cours habituel.

En 1635, nous le voyons encore braver le courroux du cardinal dans une occasion délicate : il s'agissait d'édits de finance. Afin d'avoir de l'argent, on avait imaginé de créer vingt offices de conseillers au parlement, puis en même temps on avait décidé diverses mesures fiscales qui ressemblaient fort à une banqueroute. Les rentiers que ces mesures frappaient vinrent se plaindre chez le chancelier Châteauneuf. Pour réponse, le cardinal envoya à la Bastille trois des plaignants, un édit frappa d'interdiction la chambre des enquêtes ; des magistrats furent arrêtés et exilés et les rentiers perdirent leurs arrérages, mais il ne dépendit pas du parlement que justice ne leur fût rendue.

Ce sont là des faits dont l'histoire doit tenir compte, et auxquels jusqu'à présent on n'a pas donné une attention suffisante ; ils démontrent, selon nous, d'une manière certaine, que Richelieu ne faisait pas trembler tous les Français sous son joug, et que le sentiment de la justice n'était pas étouffé dans le parlement ; ils servent à nous faire bien comprendre le caractère de nos institutions ; ils prouvent aussi que le pouvoir royal, qu'on a toujours présenté depuis François Ier comme ayant été en quelque sorte indépendant du parlement, ne l'était pas même sous Richelieu. Ainsi nous voyons nos magistrats, mus par le sentiment de leur devoir, ne pas hésiter à repousser des édits fiscaux qu'ils croyent contraires au bien de l'Etat, sans se mettre en peine de ce qui en adviendra. Richelieu a abusé du pouvoir, mais qui sait jusqu'où il aurait poussé ses vengeances, s'il n'avait pas été en face d'un corps de magistrature que son courroux n'intimidait pas et qui savait protester contre ses exactions tout aussi bien que contre ses commissions juridiques ?

Il arriva aussi que des accusés de complot contre la sûreté de l'Etat furent jugés régulièrement. Ainsi le duc de Montmorency, qui avait pris part à une révolte dans le Languedoc, fut jugé par le parlement de Toulouse. Prévoyant le sort qui l'attendait, il dédaigna de prolonger ses jours en récusant ses juges. « Mon parti est pris , dit-il, *je ne veux point chicaner ma vie.* » Louis XIII était à Toulouse quand la sentence de mort fut prononcée. Le peuple, ému de compassion, se rassembla autour de son appartement, criant grâce et miséricorde. Le roi resta inflexible et le coupable fut livré, le 23 octobre 1632, aux mains du bourreau, dans l'hôtel de ville de Toulouse. « Frappe hardiment, » lui dit-il au moment suprême, et sa tête tomba sous le coup fatal ; après cette exécution, les grands n'osèrent plus bouger.

Richelieu sentant son pouvoir plus affermi, osa davantage. Ainsi nous le voyons faire paraître, en 1639, une déclaration du roi portant interdiction du parlement de Normandie, qui ne s'était pas assez fortement opposé à une sédition qui s'était élevée dans la ville.

Richelieu meurt en 1642, au milieu de ses triomphes, alors que tout avait ployé sous lui, et que l'Espagne n'était plus en mesure de soutenir la lutte contre nos armes. Il tomba malade au siège de Perpignan et revint à Paris, où il mourut le 4 décembre. A sa mort, le roi fit entrer dans son conseil le cardinal Mazarin.

En même temps on permit à divers exilés de rentrer en France.

Louis XIII ne vécut pas longtemps après son premier ministre; il mourut le 14 mai 1643, laissant pour héritier un enfant de cinq ans : cet enfant devait être Louis XIV.

Le règne de Louis XIV est le plus long et l'un des plus importants de l'histoire de France : on peut le diviser en deux grandes parties bien distinctes et complétement séparées l'une de l'autre; la première, de 1643 à 1660 : en cette partie, nous avons ce qu'on peut appeler l'administration de Mazarin; la seconde, de 1661 jusqu'à 1715, époque de la mort du roi.

De 1643 à 1661, Louis XIV reste étranger à la direction des affaires : sa jeunesse l'en écarte; mais Mazarin étant mort, il prend aussitôt les rênes de l'État, et, profitant de la fatigue des esprits, du besoin de repos qu'avaient fait naître les guerres de la Fronde, il porte le pouvoir royal à son apogée, et en même temps détruit en partie les bases fondamentales de la constitution du royaume.

Le premier corps qui se redressa dans son indépendance en face de la couronne après la mort de Richelieu, fut le parlement; les titulaires des charges confisquées reparurent et prirent place sur leurs siéges, et il commença, sans plus de façon, à casser le testament de Louis XIII, comme s'il avait été celui d'un simple particulier; et par arrêt du 18 mai, il déféra à la reine, sans restriction, la régence du royaume et la tutelle du roi. Mazarin devient premier ministre.

La guerre et les folles dépenses de la cour mettent le désordre dans les finances.

Il fallut avoir recours à des impôts, et on imagina les moyens fiscaux les plus odieux.

Mazarin était fourbe, plein d'astuce et d'intrigue, fécond

en expédients, mais sans habileté réelle. Il ignorait les premiers éléments de l'administration et des finances. On a pourtant essayé d'en faire un grand ministre, tandis qu'on doit en grande partie les troubles de la Fronde à ses fausses mesures fiscales.

Dès qu'il fallut lever de nouvelles taxes il y eut des émeutes. La première eut lieu au sujet d'un édit en vertu duquel « il était défendu de bâtir des maisons nouvelles dans les faubourgs de Paris, à peine de démolition desdites maisons. » Par cet édit, on voulait condamner les propriétaires à démolir leurs maisons, sinon à payer une taxe par chaque toise de construction ; on appela cet édit : *Édit du toisé*. En face de l'émeute la cour céda et la taxe fut réduite des neuf dixièmes ; mais bientôt le conflit se renouvela au sujet d'un emprunt forcé de un million et demi, puis à l'occasion d'une grande mesure financière qui consistait à établir un tarif uniforme sur toutes les marchandises et denrées servant à la consommation de la capitale, véritable octroi, frappant également toutes les classes ; l'opposition du parlement fit échouer ces divers projets ; mais il ne s'arrêta pas là, il demanda ensuite justice des dilapidations publiques. Telle fut l'origine des troubles de la *Fronde ;* ces troubles amenèrent la guerre civile, qui fut plus sérieuse que burlesque, quoi qu'on en ait dit. En tout cas, elle fut sérieuse dans son principe ainsi que dans les calamités qu'elle causa. Elle pouvait donner à la France un état de chose régulier, légal, exempt d'arbitraire, et nous ne sachions rien au monde, ni de plus grave, ni de plus sérieux. Il s'agissait, au fond, de savoir si les maximes fondamentales de l'État disparaîtraient pour faire place à l'arbitraire ; au nombre de ces maximes était celle-ci : à savoir que les rois n'avaient pas le droit de mettre des impôts sur leurs peuples sans leur consentement. Cette maxime avait été proclamée à plusieurs reprises par les états généraux, et notamment dans les états tenus sous le roi Philippe de Valois; dans cet état on avait reconnu que c'était une ancienne maxime en France, « qu'on n'y pouvoit imposer ne lever tailles sur le peuple sans urgente nécessité ou évidente utilité et de l'octroy des gens des états. » « Non-seulement, nous dit l'auteur des *Maximes véritables et importantes* pour l'institution d'un roi, chap. XI, p. 441, il étoit autrefois nécessaire pour faire des levées d'argent en France, que les états y consentissent, mais nous voyons encore que, comme ils avoient droit de nommer des commissaires pour l'exécution et manutention de ce qu'ils avoient résolu, dont auscuns, ajoute-t-il, tiennent avec beaucoup de vraysemblance que le parlement a pris son origine et le droit de vérification des édits, ces commissaires examinant toutes les lettres qui leur estoient présentées par le roi, pour voir s'il n'y avoit rien qui dérogeât aux délibérations des états.

« En matière d'impôts, pour suivre régulièrement les lois de l'Etat, il falloit des assemblées des gens des états pour consentir l'impôt, puis, quand l'impôt avoit leur consentement, il y avoit lieu, avant de faire la levée, de faire vérifier les édits qui en résultoient par le parlement. »

Le parlement, en s'opposant aux édits bursaux de Mazarin, était parfaitement dans son droit; il y était d'autant plus, que ce ministre, qui était très-impopulaire, se gardait bien de convoquer les états, et en leur absence, il devait les suppléer. Il le devait d'autant mieux, que Mazarin était un ministre déprédateur qui grossissait sa fortune à vue d'œil, et alors que les finances étaient dans le plus mauvais état.

Le 29 juin 1648, le parlement présenta à la régente un règlement de réformation portant sur quatre points principaux : 1° Abolition du quart des tailles; 2° suppression des intendants de finances dans les provinces; 3° droit expres-

sément reconnu au parlement de voter librement les édits,
avec défense de faire aucune levée de deniers en vertu
d'édits non vérifiés; 4° enfin, défense à l'autorité de déte-
nir prisonnier aucun sujet du roi plus de vingt-quatre
heures sans l'interroger et le remettre à ses juges naturels. »

Les deux premiers articles étaient de circonstance et con-
ciliaient au parlement la faveur populaire ; par les deux
derniers articles, il soumettait le vote de l'impôt à la vérification, qui avait toujours été dans son droit, et garantissait la liberté individuelle. Il posait ainsi de justes limites
aux abus d'autorité; le parlement, une fois placé sur ce
terrain, trouva partout des appuis; il en eut même parmi
la plus haute noblesse, le cardinal de Retz se rangea de
son côté, bien plus par esprit d'intrigue et par ambition
que par zèle pour les libertés publiques; cependant, au
milieu des agitations auxquelles il fut mêlé, on le vit toutefois poursuivre une idée fixe qui était celle-ci, qu'il
fallait limiter par le parlement l'omnipotence royale.

La régente, entraînée par Mazarin, ne voulut pas faire
droit aux justes réclamations du parlement. Elle tint un
lit de justice pour lui porter un défi, et dans ce lit de justice, elle lui signifia qu'il eût à cesser toutes ses assemblées
générales. La déclaration royale fut enregistrée sans opposition ; mais le lendemain, le parlement délibérait sur
cette déclaration, sans tenir compte des injonctions de la
veille. C'est alors que Mazarin se décida à frapper un grand
coup; il se porta d'autant plus volontiers à cette extrémité,
qu'on venait de recevoir à Paris la nouvelle de la victoire
de Lens, remportée par le prince de Condé.

Le 26 août, la cour donne l'ordre d'arrêter trois des
membres du parlement : ce sont Blancmesnil, Charton et
Broussel. Ce dernier était aimé du peuple, et dès qu'on sut
dans son quartier qu'il venait d'être arrêté, on s'attroupa.

On crie aux armes, ce cri retentit de rue en rue; les boutiques se ferment et de toutes parts on demande la mise en liberté de Broussel. — La reine mère est suppliée d'ordonner son élargissement; elle s'y refuse avec hauteur. Un combat assez vif s'étant engagé entre les troupes et le peuple, la ville fut bientôt pleine de gens en armes décidés à la résistance. Il y avait alors de grosses chaînes à l'entrée de toutes les rues, on les tendit de toutes parts et on éleva des barricades.

Le lendemain au matin on en comptait plus de treize cents, et l'attitude de la population était encore plus menaçante que la veille; elle poussait toujours les mêmes cris : La liberté et Broussel !

Le parlement, voyant l'état des esprits et craignant de sanglantes collisions, se mit à délibérer sur ce qu'il conviendrait de faire; c'est dans la grand'chambre du Palais qu'il se réunit, et là il fut résolu que le premier président Mathieu Molé, suivi de toute la compagnie, irait faire des remontrances à la reine. Ils allèrent à pied, du Palais au Palais-Royal, où ils trouvèrent le roi, la reine, les ducs d'Orléans et de Longueville, le cardinal Mazarin. Le premier président, personnage en tous points recommandable, tout à la fois dévoué au roi et aux vrais intérêts du pays, parla avec beaucoup d'éloquence, mais parla en vain. On n'a pas, malheureusement, conservé sa harangue; ce qu'on sait, c'est qu'il insista sur la mise en liberté des conseillers qui avaient été arrêtés.

La reine se montra très-froide et ne consentit à les délivrer qu'autant que le parlement ne se mêlerait plus des affaires d'État.

La compagnie, consultée sur-le-champ par son premier président, dit que la question devait être mise en délibération, promit de s'assembler dans l'après midi, et d'apporter le lendemain sa réponse.

Le parlement était venu du Palais jusqu'au Palais-Royal, salué par les plus vives acclamations. Les frondeurs armés, en le voyant sortir du Palais-Royal, s'imaginèrent que les prisonniers avaient été rendus et qu'ils étaient dans les rangs ; ne les y voyant pas, ils les réclamèrent. On leur répondit que la liberté ne leur était pas encore accordée, mais qu'il y avait de bonnes espérances ; les gens de la première barricade se contentèrent de cette réponse et laissèrent passer ; ceux de la seconde murmurèrent ; mais à la troisième, il s'éleva un cri unanime de sédition. Un marchand de fer, nommé Raguenet, saisit le premier président par le bras, et, appuyant le pistolet sur son visage, lui dit : « Tourne, traître, si tu ne veux être massacré toi et les tiens ; ramène-nous Broussel, ou le Mazarin et le chancelier en otage. » Le président Mathieu Molé reste impassible ; mais, effrayés de cette violence inattendue, cinq présidents à mortier et une vingtaine de conseillers quittent leurs rangs et se confondent dans la foule ; les autres hésitent s'ils s'échapperont ou s'ils resteront auprès de leur chef que les mutins environnent et méconnaissent toujours. Il n'y avait pas d'autre parti à prendre que de retourner au Palais-Royal : les parlementaires s'y décidèrent, et on les vit s'y rendre au petit pas, au milieu des cris, des injures, des blasphèmes d'une multitude courroucée.

La reine, voyant rentrer le parlement, perdit patience, et on eut beaucoup de peine à la calmer. Mathieu Molé, qui ne parlait jamais si bien que dans le péril, y employa toute son éloquence. Le duc d'Orléans la supplia de céder aux circonstances. Les princes se jetèrent à ses pieds, et elle finit par fléchir. « Eh bien ! messieurs du parlement, s'écria-t-elle, voyez donc ce qu'il est à propos de faire. » Le parlement jugea qu'il fallait délibérer sur-le-champ et sans désemparer.

On dressa à la hâte des bancs dans la grande galerie du

Palais-Royal; il y prit place, et arrêta que la reine serait remerciée de la liberté qu'elle accordait aux prisonniers, et que jusqu'aux vacances, la compagnie ne s'occuperait plus des affaires publiques; et la reine donna de suite des ordres pour que Broussel et Blancmesnil fussent relâchés. On fit sortir publiquement du Palais-Royal des carrosses du roi, dans lesquels étaient des parents et des amis des prisonniers, porteurs de ces ordres; le parlement suivit, et les frondeurs ameutés, ayant été avisés de la mise en liberté immédiate des conseillers, ouvrirent le passage.

Les barricades restèrent debout. Le parlement s'assembla dès le lendemain de grand matin, et l'on était à délibérer, lorsque le conseiller Broussel arriva, suivi d'une foule de peuple qui faisait retentir l'air de mille cris. Le premier président, le voyant entrer, lui témoigna la satisfaction qu'il avait de le voir libre, et le conseiller remercia la cour par une harangue vive et courte. Le président de Blancmesnil, qui fit aussi son entrée, remercia également la cour de ses bons offices.

Le parlement fut, comme on voit, fortement appuyé par le peuple de Paris au début de sa lutte avec Mazarin; le royaume se trouva dès lors divisé en deux partis : celui de Mazarin et celui du parlement, qui fut appelé *Fronde*. Voici comment il reçut cette dénomination :

Le duc d'Orléans assistait souvent aux assemblées de cette compagnie; sa présence et son esprit conciliateur y calmaient l'effervescence des opinions, mais ce calme ne durait qu'un moment, et l'animosité revenait dès qu'il était parti. Bachaumont plaisantant à ce sujet, dit un jour « que le parlement se contenant ainsi à l'aspect du duc d'Orléans, ne ressemblait pas mal aux écoliers qui, rassemblés pour jouer à la fronde dans les fossés de la ville, se séparaient dès qu'ils voyaient le lieutenant civil ou les archers, et se réunissaient pour *fronder* de nouveau aussitôt qu'ils étaient partis. » Il ajouta que, maintenant que le duc était parti, il allait bien *fronder* l'opinion de son père. L'allusion parut heureuse, le mot fut adopté et ne tarda pas à devenir un signe de ralliement.

Les ennemis de Mazarin mirent à leurs chapeaux un cordon en forme de fronde et furent appelés *frondeurs*.

CHAPITRE XX.

La paix de Ruel. — Vociférations contre le parlement. — Belle réponse du premier président Mathieu Molé. — Opinion du cardinal de Retz sur ce courageux magistrat. — Déclaration de la majorité du roi. — Elle se fait au Palais. — Arrestation des princes. — Deuxième guerre de la Fronde. — Parlement à Pontoise. — Combat mémorable dans le faubourg Saint-Antoine. — La paix est signée de nouveau. — Mazarin revient à Paris. — Réformes judiciaires sous Louis XIV.

Le parlement, afin de pouvoir tenir tête plus facilement à Mazarin, forma une union étroite avec les autres parlements du royaume; ceci était tout simple et tout naturel. Les parlements ne faisaient en quelque sorte qu'un seul corps; la tête était à Paris, les membres en province; mais leur existence était connexe.

Peu de temps après la journée des Barricades (1649), le roi et la cour quittèrent Paris; on alla coucher à Saint-Germain, où l'on coucha sur la paille, tant le voyage fut précipité; les Parisiens se saisirent de la porte Saint-Honoré pour empêcher les seigneurs de suivre le roi. Le parlement s'assembla le même jour sur les neuf heures du matin; le parlement ordonna de pourvoir à la sûreté de la ville, de la fournir de vivres, de tendre les chaînes en cas de besoin, avec défense en même temps, à vingt lieues à la ronde, de laisser passer aucune troupe.

Le coadjuteur, cardinal de Retz, était très-avant dans le

22

parti de la Fronde; la reine lui envoya l'ordre de se rendre
à Saint-Germain ; ayant reçu cet ordre, il monta en carrosse, mais il fut arrêté au bout du pont Notre-Dame par
des gens qu'il y avait apostés lui-même, et les femmes du
Marché-Neuf, ayant été averties, accoururent et, l'arrachant
de son carrosse, le forcèrent de s'asseoir sur un étau et le
portèrent ainsi à l'archevêché.

Le parlement envoya des députés à la reine pour obtenir
l'éloignement du cardinal. Elle s'y refusa obstinément, et
donna même l'ordre au parlement de se rendre à Montargis.
Alors le parlement songea à faire des fonds pour lever des
troupes, et la compagnie entière offrit deux cent mille
écus. Elle fit payer cinquante écus par chaque maison à
porte cochère, fit saisir jusqu'à six cent mille livres, et
avec cet argent, on forma des régiments, et le parlement
eut autant de troupes à son service que la cour elle-
même.

Puis il déclara le cardinal, premier ministre, ennemi
de l'État et perturbateur du repos public, lui ordonna de
sortir du royaume dans huit jours, et passé ce temps, ordre
à tous les Français de lui *courre sus*, ancien formulaire des
déclarations de guerre de monarque à monarque. Dans
cette première petite guerre de la Fronde, on négocia beaucoup plus qu'on ne se battit.

Le prince de Condé, avec huit mille hommes, assiégea
Paris. Les Parisiens, mal disciplinés, firent des sorties et
éprouvèrent des échecs. On ne s'occupa bientôt de la guerre
que pour en faire le sujet de couplets et d'épigrammes. Les
chansons, les plaisanteries jouaient un grand rôle dans
cette guerre. On s'en lançait de part et d'autre de toute
espèce. On n'épargnait pas son propre parti. Marigny,
Blot, les plus célèbres chansonniers de la Fronde, plaisan-
taient jusqu'à leurs amis.

Les principaux habitants de Paris formaient un corps

de cavalerie, appelé par les frondeurs eux-mêmes *cavalerie des portes cochères*. Un régiment, nommé *régiment de Corinthe*, ayant été battu dans une escarmouche, on appela cette déroute, *Première aux Corinthiens*.

Les Parisiens se lassèrent bientôt d'être gênés dans leurs habitudes, et leurs faits d'armes qui étaient grotesquement racontés dans des centaines de pamphlets, et surtout dans le *Courrier*, en vers burlesques de la guerre de Paris, n'étaient guère propres à soutenir leur enthousiasme. Le parlement, de son côté, était las de se trouver en opposition avec le roi ; il ne se trouvait qu'avec regret entraîné dans une situation aussi extrême. Des négociations s'ouvrirent, et des conférences commencèrent à Ruel, et c'est là qu'on signa la paix le 14 mai. Le 18 du mois d'août la cour revint à Paris, appuyée sur le traité de Ruel et sur l'épée du prince de Condé. Le premier président Mathieu Molé contribua de son mieux à la paix, et ce fut lui qui signa le traité de pacification au nom du parlement.

La part qu'il prit à cette paix souleva contre lui bien des colères, car elle contrariait divers personnages puissants.

Au moment où on allait la signer, ils usèrent de leur influence pour l'entraver, et ne trouvèrent rien de mieux que d'ameuter une partie de la population contre le parlement. Le jour même où il délibérait sur la question de savoir s'il ratifierait l'accord fait par ses députés, des furieux envahirent le Palais, et ce fut au milieu de leurs cris forcenés qu'on délibéra. Mathieu Molé n'en recueillit pas moins les voix avec un calme aussi parfait que s'il se fût agi d'une audience ordinaire. Ses collègues, entre autres le président de Mesmes qui avouait franchement sa frayeur, s'étonnaient de son courage. On le pressa de s'échapper par le greffe afin d'éviter les violences des forcenés qui le menaçaient plus que personne. Inébranlable là comme toujours, il s'y refusa. « La cour, dit-il, ne se cache jamais ; si j'étais assuré de périr, je ne commettrais pas cette lâcheté qui ne servirait qu'à donner de la hardiesse aux séditieux ; d'ailleurs ils me trouveraient bien dans ma maison s'ils savaient que je les eusse redoutés ici. »

Après avoir proclamé le résultat de la délibération en vertu de laquelle les négociations étaient reconnues valables, il sortit au milieu des séditieux déchaînés contre lui, et s'avança d'un pas ferme et le front haut, sans s'inquiéter ni des menaces ni des cris. Un d'eux lui appuya un pistolet sur le visage. En voyant la mort de si près, Molé ne se troubla point, et dit sans s'émouvoir à ce forcené : « Quand vous m'aurez tué, il ne me faudra que six pieds de terre. »

Le courage de Mathieu Molé frappa vivement le cardinal de Retz, et voici ce qu'il dit à ce sujet dans ses *Mémoires* : « Si ce n'étoit pas une espèce de blasphème, de dire qu'il y a eu quelqu'un dans notre siècle plus intrépide que le grand Gustave et que M. le prince, je dirois que ça été Molé, premier président. Il vouloit le bien de l'Etat préférablement à toutes choses, même à celui de sa famille, quoiqu'il parût l'aimer trop ; mais il n'eut pas le génie assez élevé pour connoître d'assez bonne heure celui qui eût pu lui en faire. Il présuma trop de son pouvoir, il s'imagina qu'il modéreroit la cour et sa compagnie ; il ne réussit ni à l'un ni à l'autre : il se rendit suspect à tous deux, et aussi il fit du mal avec de bonnes intentions. »

Peu de temps après la signature du traité de paix de Ruel, le roi atteignit sa quatorzième année, époque de sa majorité. La reine voulut que cette majorité fût proclamée avec pompe, et ce fut au Palais que se fit la cérémonie. On fit tenir au jeune roi un lit de justice dans la grande chambre du parlement. La cérémonie fut d'une grande magnificence. Le roi sortit du Louvre au milieu d'un nombreux cortége et entra par la rue Sainte-Anne dans la cour du Palais. Il entendit d'abord la messe à la sainte Chapelle; quatre présidents et six conseillers, accompagnés du grand maître des cérémonies, allèrent le recevoir après la messe. Étant entré dans la grand'chambre, il prit place sur son lit de justice et adressa ces paroles au parlement : « Messieurs, je suis venu en votre parlement pour vous dire que, suivant la loi de mon État, j'en veux prendre moi-même le gouvernement, et j'espère de la bonté de Dieu que ce sera avec piété et justice. M. le chancelier vous dira plus particulièrement mes intentions. »

Le chancelier prit ensuite la parole et fit un long discours, dans lequel il parla d'abord des belles qualités du roi, des soins qu'on avait donnés à son éducation, et dit en terminant au parlement : « Pour vous, messieurs, le roi m'a commandé de vous dire qu'il vous confirmait en vos charges et priviléges, et qu'il vous laissait les juges souverains des biens, de la vie et de l'honneur de ses sujets. » La reine prononça aussi un discours, auquel le roi répondit avec cordialité. Alors la reine, qui était assise à sa droite, mais un peu au-dessous, se leva pour le remercier et pour lui rendre hommage. Le prince la prévint, descendit de son lit de justice et l'embrassa. Les princes présents saluèrent ensuite le roi avec beaucoup de respect. Le premier président, découvert, parla d'abord à genoux et ensuite debout, sur l'espérance d'un règne doux et paisible, et il assura le roi de la fidélité de sa compagnie. Puis le greffer fit lecture de deux édits, l'un contre les blasphémateurs, et l'autre contre les duels, qui furent immédiatement enregistrés. Après la cérémonie, le roi retourna au Palais-Royal.

La paix de Ruel fut suivie d'une tranquillité apparente; mais il y avait trop de ferments de discorde dans l'État pour qu'elle ne fût pas bientôt troublée. Condé avait rendu de grands services à la cour; on en fit peu de cas et on se

montra ingrat à son égard ; on l'accusa de hauteur et on
se brouilla avec lui. Le 20 janvier 1650, lui, le prince de
Conti et le duc de Longueville furent arrêtés au Palais-
Royal et conduits sous bonne escorte au château de Vincennes. On les transféra plus tard au château de Marcous-
sis, puis de là au Havre de Grâce. La reine, pressée de
toutes parts par les amis des princes, finit par consentir à
la délivrance des princes et au renvoi de Mazarin, qui
quitta la France et se retira en Allemagne ; mais son exil
ne fut pas de longue durée. La reine le rappela auprès
d'elle et la guerre civile recommença. Turenne prit le
commandement des troupes du roi.

Les brochures, les pamphlets burlesques recommencèrent
aussitôt : on les débitait dans les rues, surtout sur le Pont-
Neuf. Les oisifs s'attroupaient dans tous les lieux publics
pour lire et commenter les brochures, presque toutes ano-
nymes, et qui, sans être également spirituelles, étaient
aussi violentes, aussi satiriques les unes que les autres.

Le prince de Condé, qui tenait la campagne, crut devoir
quitter son armée pour engager le parlement de Paris à
se dessiner plus nettement qu'il ne l'avait encore fait. Mais
il trouva dans le parlement une résistance à laquelle il ne
s'était pas attendu. Cette compagnie se maintenait dans les
termes de ses déclarations contre Mazarin, mais elle reprochait aux princes leur alliance avec les ennemis de l'État.
Les autres magistratures imitèrent la conduite du parlement.

Le prince de Condé, peu satisfait du président, alla prendre de nouveau le commandement de ses troupes.

C'est sur ces entrefaites que le roi rendit une ordonnance
qui interdisait le parlement de Paris et le transférait à Pontoise : quatorze membres seulement obéirent ; les autres
membres du parlement protestèrent. Il y eut alors deux
parlements en présence qui rendirent des arrêts contradic-

toires; mais le parlement de Pontoise n'eut pas d'importance réelle, et le parlement de Paris continua à être le véritable centre de l'autorité judiciaire.

Nous sommes en 1652 et nous touchons à la fin des troubles de la Fronde, mais auparavant Paris sera le théâtre d'un combat acharné entre l'armée des princes et celle du roi. Ce combat se livra le 2 juillet 1652, dans le faubourg Saint-Antoine, et fut mémorable, moins par le nombre des combattants que par leur courage, par le talent et la renommée de leurs chefs.

Les frondeurs ayant rangé leurs bagages le long des fossés de la ville, occupèrent les trois principales rues du faubourg Saint-Antoine : la grande rue de ce nom, celles de Charenton et de Charonne. Ils s'y étaient crénelés et barricadés sous les yeux du roi et de toute la cour. Turenne attaqua vivement les frondeurs; plusieurs fois il les poussa devant lui, plusieurs fois il fut repoussé à son tour par Condé qui, à la tête de cinquante gentilshommes, accourait partout où le danger était le plus grand. Les maisons de la plupart des rues furent tour à tour prises et reprises par les deux partis. La chaleur et la lassitude excessives les forcèrent, vers le milieu de la journée, à s'arrêter pour se reposer un peu. Bientôt le combat recommença aussi acharné que jamais. Turenne avait reçu du renfort. Condé ayant perdu presque tous ses gentilshommes, fut rejeté avec les débris de ses troupes sur la place située devant la porte Saint-Antoine : là, il allait être écrasé par l'artillerie royale, braquée au débouché de trois grandes rues.

Dans cette extrémité, mademoiselle de Montpensier vint à son secours: munie d'un ordre qu'elle a arraché au gouverneur de Paris, elle court à la porte Saint-Antoine, la fait ouvrir aux troupes du prince de Condé, qui commencèrent aussitôt leur retraite; puis pour la protéger, elle court à la Bastille, en fait tirer le canon sur l'armée royale et met de sa main le feu à la première pièce. Condé, après avoir rallié ses troupes dans Paris, tenta de faire un dernier effort pour engager le parlement et le corps de ville à signer un pacte avec lui. Le 4 juillet, deux jours après la bataille, une foule de gens de la dernière classe, conduits par des officiers et soldats déguisés, se ruèrent contre l'hôtel de ville, où se tenait une assemblée générale.

Les magistrats, qui la plupart avaient des armes, barricadèrent les portes et se défendirent vigoureusement. Deux cents séditieux perdirent la vie sans pouvoir les forcer : alors les assaillants mirent le feu aux portes et pénétrèrent dans l'hôtel de ville. Plusieurs magistrats furent égorgés, les autres ne s'échappèrent qu'avec la plus grande peine.

La position de Paris était menaçante, il n'y avait plus ni police, ni frein, ni subordination; les provinces n'étaient guère plus calmes. Il y avait partout des querelles, les duels étaient fréquents, les déprédations continuelles; on sentait le besoin d'un rapprochement; l'argent et les forces manquaient à tous; les combats n'avaient produit de chaque côté que des pertes et des regrets, on entra bientôt dans des voies d'accommodement.

Le roi, après divers pourparlers tant avec des députés du parlement qu'avec les colonels et officiers de la ville, prit l'engagement de revenir à Paris, à condition qu'on ôterait les gardes des portes, qu'on poserait les armes, et qu'on ne les prendrait plus sans sa permission. La ville accepta les propositions du roi, qui fit sa rentrée le 21 octobre.

Le 23, il vint tenir un lit de justice au parlement, qui s'assembla de grand matin en robes rouges; on y lut quatre déclarations : la première était celle d'une amnistie générale; la seconde concernait le rétablissement du parlement à Paris ; la troisième ordonnait aux ducs de Beaufort et de Rohan, aux présidents Viole et de Thou, et à plusieurs autres membres du parlement, officiers des princes, de sortir de Paris ; la quatrième était pour l'affermissement et la conservation de la tranquillité publique. Ces quatre déclarations lues, vérifiées et enregistrées au parlement, furent publiées partout à son de trompe. Quand ces choses se conclurent, Mazarin avait de nouveau quitté la France, et ce fut sa retraite qui facilita avant tout cet arrangement.

Peu de temps après, Mazarin fut rappelé, mais il ne rentra à Paris qu'après que le cardinal de Retz eut été mis à Vincennes ; on lui fit une ovation à son entrée, et les cours souveraines allèrent même le complimenter, ce qui donna lieu à des critiques amères, mais très-exagérées. Quand Mazarin rentra à Paris, ce fut avec l'assistance de Louis XIV, qui avait atteint sa seizième année ; les chefs de la Fronde étaient en exil ; les plus zélés partisans de la Fronde dans le parlement n'y siégeaient plus, et on y avait rappelé ceux de ses membres qui avaient été résider à Pontoise. Il y avait là et dans la situation, ainsi que dans les personnes, des changements bien notables, et ceci explique la conduite du parlement. Il avait voulu soustraire la France aux déprédations de Mazarin, maintenir les maximes de notre ancien droit public au sujet de l'impôt, donner des garanties à la liberté individuelle, mais sans ébranler le principe monarchique.

Les troubles survenant, la direction de l'esprit public lui échappa : les princes vinrent avec leurs prétentions d'indépendance féodale ; les classes inférieures de la société oscillèrent sans cesse dans leurs mouvements, se laissant entraîner souvent à la rébellion pour des sommes d'argent qu'on leur distribuait, et allant ainsi au désordre, ce qui ne pouvait pas convenir au parlement. Voyant que la France était de toutes parts en angoisses, prête à tomber dans l'anarchie, il se montra disposé à traiter avec le roi et fut conciliant. — Le roi, de son côté, ne le fut pas moins.

Voltaire, qui n'aimait pas le parlement, n'a pas manqué de faire remarquer que cette compagnie alla complimenter Mazarin : « Presque tous les membres du parlement, dit-il, qui avaient mis sa tête à prix et qui avaient vendu ses meubles à l'encan pour payer ses assassins, vinrent le complimenter les uns après les autres, et furent d'autant plus humiliés qu'il les reçut avec affabilité. » Puis il cite avec complaisance le fait suivant : « Quand le cardinal eut conclu la paix des Pyrénées et marié Louis XIV, le parlement vint haranguer ce ministre par députés, ce qu'il n'avait jamais fait, ni pour le cardinal de Richelieu, ni pour aucun prince. »

La harangue était remplie de louanges qui parurent même trop fortes aux courtisans ; elle devint l'objet de leurs railleries. Puis Voltaire cite des vers du poëte Ménage, écrits en latin, et injurieux pour le parlement. L'un de ces vers était ainsi conçu :

Et puto tam viles despici ipse togas.

Tu méprises sans doute ces robes si viles.

On en fit des plaintes dans la grand'chambre. Ménage s'excusa, il prétendit qu'il n'avait point voulu désigner la compagnie par le mot *robes*, quoiqu'en effet ce mot ne pût désigner qu'elle, et le parlement crut qu'il n'était pas de sa dignité de relever cette injure. Le parlement fit bien ; aussi Voltaire aurait bien pu s'arrêter là et ne pas dire « que le temps n'était plus où cette compagnie pouvait venger ses injures personnelles. » (T. II, p. 129, Hist. du parlement.)

Certes, le parlement avait assez d'autorité pour frapper Ménage d'une condamnation, et Louis XIV n'aurait rien eu à y voir et se serait bien gardé de se mêler de pareilles affaires. Mais il plaisait à Voltaire de railler le parlement, et en le faisant, il mettait de côté ce qu'il y avait de sérieux et de patriotique dans sa lutte avec Mazarin.

Cependant les motifs de cette lutte étaient graves, car voici, d'après Voltaire même, ce qui la suscita : « La régence d'Anne d'Autriche aurait été tranquille si on avait eu un Colbert ou un Sully pour gouverner les finances, mais il y avait à la fois dans le ministère de l'ignorance et de la déprédation. » Puis il ajoute : « Ce ministère imagina de nouveaux édits dont l'énoncé seul le couvrait de honte et de ridicule : c'était une création de conseillers du roi, contrôleurs de bois de chauffage, jurés crieurs de vins, jurés vendeurs de foin, agents de change, receveurs des finances. Quatrièmement, augmentation de gages, moyennant finance, dans tous les corps de la magistrature, enfin vente de la noblesse. Mazarin enfanta dix-neuf édits de cette espèce ! » Ce furent ces édits qui, étant repoussés par le parlement, occasionnèrent les arrestations de plusieurs de ses membres et amenèrent les barricades. Le parlement devait-il oui ou non les enregistrer ?

Pendant la Fronde, le parlement fut le théâtre de plusieurs incidents fort curieux ; en voici un, entre autres, que nous croyons bon de mentionner, car il nous donne une idée de la position dans laquelle se trouvait parfois cette compagnie. Le prince de Condé et le cardinal de Retz étaient loin d'être toujours, en ce temps, de bon accord et il arriva parfois qu'ils se traitèrent fort rudement.

Le prince se rendit un jour au parlement, alors qu'il était assemblé, et apporta avec lui une déclaration du duc d'Orléans qui le justifiait de certaines accusations qu'on avait dirigées contre lui ; il présenta lui-même un autre écrit en son nom qui répondait à tous les articles d'un mémoire publié contre lui et qu'il assura être l'ouvrage du coadjuteur. Le lundi suivant, le coadjuteur, qui ne reculait jamais devant une agression, se rendit au Palais pour se justifier, et comme il savait que le prince de Condé était toujours suivi d'un grand nombre de gens armés, il prit ce qu'il appelait ses précautions et n'entra au Palais que bien accompagné, et la reine, qui le soutenait, voulant qu'il eût un bon cortége, donna ordre aux officiers des gardes du corps, des gendarmes, des chevau-légers et du régiment des gardes de lui fournir un certain nombre d'hommes en cas de besoin ; le Palais se trouva de la sorte tout rempli de gens armés et devint comme une place de guerre.

Les conseillers eux-mêmes, qui craignaient pour eux en cas que l'on en vînt aux mains, s'étaient munis de poignards qu'ils cachaient sous leurs robes. Le coadjuteur aussi en avait un et ne le cacha pas si bien qu'on ne l'aperçût et on lui demanda tout haut si c'était là son bréviaire. Les esprits s'échauffaient de plus en plus, on en vint aux menaces, et ces menaces allaient être suivies d'un combat sanglant, sans la sagesse du président Molé ; sur ses instances, le prince de Condé donna ordre au duc de Larochefoucauld de faire retirer ses gens, et le coadjuteur vint lui-même pour congédier les siens.

Il avait à peine passé le guichet des huissiers, que cinq ou six valets de pied, mettant l'épée à la main, coururent sur lui en criant : *Au Mazarin!* Les amis du coadjuteur se mirent en devoir de le défendre et l'on vit en un instant trois à quatre mille épées sortir du fourreau. Mais le coadjuteur ayant été dégagé de l'attaque des valets de pied du prince de Condé, fit entendre des paroles de paix, et les épées rentrèrent dans le fourreau aussi vite qu'elles en étaient sorties et il n'y eut aucun coup donné.

Le coadjuteur voulut rentrer ensuite dans la grand'chambre; il était déjà passé à demi, lorsque le duc de Larochefoucauld, son ennemi, fit fermer la porte, en sorte que le prélat se trouva le cou engagé entre les deux battants. Un nommé la Pesche, qui ne le connaissait pas et qui avait seulement entendu crier sur lui *au Mazarin!* s'avança, le poignard levé, pour le tuer ; mais un sieur d'Argenteuil, qui se trouvait très-près de lui, le couvrit d'un manteau pour cacher son rochet, et arrêtant la main de la Pesche, il lui demanda s'il oserait bien tuer son archevêque. Celui-ci, entendant ces paroles, recula et remit son poignard. M. de Champlatreux, fils du premier président Molé, quoique ennemi du coadjuteur, l'ayant aperçu ainsi serré entre les deux battants de la porte de la grand'chambre, accourut sur-le-champ et employa toute son autorité pour la faire ouvrir, ce qu'il eut beaucoup de peine à obtenir. Tout le monde sortit alors, et le coadjuteur, qui avait couru risque deux fois en un même instant de perdre la vie, fut reçu avec joie par ses amis qui l'attendaient. — Ceci se passa le 18 août 1650.

Voici encore un fait de sédition qui arriva au Palais pendant la seconde guerre de la Fronde.

Le parlement avait envoyé au roi des députés qui ne furent point écoutés. Le procureur du roi de la ville et les échevins se rendirent au Palais avec les archers revêtus de leurs casaques ; le peuple ameuté cria qu'il n'y avait que les enfants de France ou le roi lui-même qui avaient le droit d'entrer au Palais avec des gardes armés ; on se jeta en même temps sur les archers, qui furent dépouillés de leurs casaques et qui abandonnèrent leurs armes dans le préau de la Conciergerie. Les prisonniers les ramassèrent et se sauvèrent, malgré les guichetiers, au nombre de cent trente-huit, et la plupart échappèrent aux recherches qu'on dirigea plus tard contre eux.

Les troubles de la Fronde sont terminés (1653). Le parlement, fatigué d'une lutte dans laquelle il a fini par succomber, subit Mazarin. — C'est ainsi que vont les choses en ce monde : les esprits les plus rétifs finissent par ployer quand la fortune semble leur avoir donné tort.

Le rôle du parlement va bientôt changer. Mazarin meurt et Louis XIV prendra lui-même les rênes de l'Etat. Il établira en principe « que la cour est instituée par le roi pour administrer la justice et non pour se mêler d'administration, de guerre, de finance ni de fait de gouvernement. »

On a beaucoup parlé de son entrée au parlement avec un fouet à la main, le 13 août 1655, mais on a dénaturé ce fait fort gravement. Voici en quels termes M. de Royer, procureur général impérial de la cour de cassation, l'a rectifié dans un discours de rentrée prononcé le 4 novembre 1856 : ce discours avait pour texte les réformes judiciaires et législatives du règne de Louis XIV. « Il est vrai que divers édits bursaux ayant fait éclater dans le parlement une résistance qui menaçait de renouveler les assemblées de la chambre Saint-Louis, quelques historiens, parmi lesquels on compte Voltaire, représentent le roi, qui avait alors dix-sept ans, accourant, le 16 août 1655, de Vincennes au parlement et *y entrant un fouet à la main*. Mais il faut dans l'enceinte de cette ancienne grand'chambre où vous siégez faire justice, une fois pour toutes, de ces détails romanesques et inexacts dont plusieurs écrivains modernes ont déjà signalé l'invraisemblance.

«Le roi vint en effet ce jour-là de Vincennes au parlement. Il y parut avec le costume qu'il avait à la chasse et y prononça ces paroles : « Chacun sait les malheurs qu'ont produits les assemblées du parlement, je veux les prévenir; je veux que l'on cesse celles qui sont commencées sur les édits que j'ai apportés... Monsieur le premier président, je vous défends de souffrir aucunes assemblées. » Mais son arrivée n'eut rien du caractère imprévu et emporté qu'on s'est attaché à lui donner. Il avait annoncé la veille, selon l'usage, par une lettre de cachet, sa présence et la tenue d'un lit de justice. Il fut reçu et reconduit avec le cérémonial accoutumé. Le procès-verbal le constate, et les mémoires les plus sérieux et les plus vérifiés du temps ne font aucune mention du prétendu *fouet* qui eût si fort contrasté avec les habitudes de dignité de Louis XIV. Louis XIV ne chercha pas, comme on l'a prétendu, à humilier le parlement.»

Louis XIV, durant son règne, fit des réformes importantes dans l'administration de la justice, et ce serait manquer à la vérité de l'histoire que de ne pas reconnaître qu'elles constituèrent alors un véritable progrès.

L'ordonnance de 1667, appelée le *code civil*, régla la procédure en matière civile, en établissant un style uniforme pour toutes les cours du royaume.

Le *code criminel*, publié en 1670, fut un règlement général sur l'instruction de la procédure et sur la compétence des juges. On doit mentionner aussi, parmi les grandes ordonnances du règne, celle de 1673 sur le conseil d'État et sur le commerce, et celle de 1681 sur la marine.

Cette ordonnance, parfaitement rédigée, fixe la jurisprudence des contrats maritimes et la juridiction des officiers de l'amirauté, l'action de la police des ports ; elle est adoptée par toutes les nations de l'Europe, et est devenue le droit commun des peuples maritimes. Ces diverses ordonnances furent faites avec le concours des plus habiles jurisconsultes du parlement.

La plupart des historiens se sont complu à nous montrer Louis XIV tenant en bride son parlement et supprimant complétement son droit de remontrance; ceci n'est encore ni exact ni complétement vrai. Louis XIV n'a pas supprimé le droit de remontrance, et ceux qui l'ont prétendu se sont trompés.

En 1667, le parlement avait encore toute liberté de faire des remontrances avant l'enregistrement des édits ; mais Louis XIV la renferma dans des limites très-étroites, en bornant le temps dans lequel elles lui seraient présentées, et en ordonnant qu'après ce temps, les lois seraient tenues pour publiées comme si l'enregistrement en eût été fait. Le parlement ne voulut pas se soumettre à de pareilles restrictions, et fit à Louis XIV des remontrances qui l'irritèrent, et, le 24 février 1673, parut un édit qui ne lui permettait plus de faire des remontrances qu'après avoir prouvé sa soumission par l'enregistrement pur et simple des lois qui lui seraient adressées. Depuis cet édit le parlement ne fit pas de remontrances; il laissa ainsi son droit en question ; mais on aurait bien grand tort de croire qu'il ait donné adhésion à l'édit de 1673; comment pourrait-on l'admettre, puisqu'il n'avait pas considéré l'édit de 1667 comme ayant force et valeur? Seulement, dans un intérêt bien entendu d'ordre public, il ne voulut pas susciter de nouveaux troubles en France au sujet d'une prérogative que l'autorité royale ne pouvait pas lui enlever.

En ce moment la France était engagée dans une guerre formidable avec l'Espagne et la Hollande, et ce n'était pas le cas de soulever des questions irritantes. Le parlement ajourna donc à des temps plus opportuns la pratique de son droit de remontrance, qu'il ne le considéra jamais ni comme détruit, ni comme aliéné.

Dans les querelles que Louis XIV eut à soutenir avec le pape Innocent XI, le parlement et le clergé soutinrent à l'envi les droits de la couronne et marchèrent d'accord pour maintenir les libertés de l'Église gallicane, qui se trouvent implicitement contenues dans les quatre propositions mémorables adoptées par le clergé de France en 1682.

Louis XIV, au déclin de sa vie, chercha dans le parlement, dont il avait amoindri les prérogatives, un appui pour ses dernières volontés. C'est entre ses mains qu'il remit le dépôt de son testament, et, pour qu'il fût conservé intact, il fit construire dans le Palais de justice un bâtiment destiné à le recevoir; bâtiment impénétrable, inaccessible, et auquel l'œil étonné cherchait en vain une entrée.

Le règne de Louis XIV fut marqué par deux procès célèbres : le premier fut celui du surintendant des finances Fouquet, qui eut lieu en 1661, l'année même de la mort de Mazarin.

Louis XIV, en poursuivant Fouquet tout aussitôt qu'il s'occupa directement des affaires de l'Etat, voulut prouver ainsi, ce nous semble, que les malversations qui avaient eu lieu sous le ministère de Mazarin touchaient à leur fin.

Il fut arrêté à Nantes le 5 septembre et condamné le 20 décembre 1664, à un bannissement perpétuel qui, par des considérations d'Etat, fut changé en une prison perpétuelle ; ce fut dans la citadelle de Pignerol qu'il fut enfermé, et il y mourut en 1680.

—Fouquet était né en 1615 ; il appartenait à une famille importante dans la magistrature. Dès son enfance, il avait donné des marques non équivoques de son esprit. Il fut reçu maître des requêtes à vingt ans, et procureur général du parlement de Paris à trente-cinq. C'était là une haute et belle position dans laquelle il eût été sage pour lui de se maintenir ; ce n'est pas au sein du parlement, en suivant les exemples de ses membres les plus illustres, qu'il aurait contracté les habitudes de luxe et de dépenses qui devaient plus tard le conduire à sa perte. En 1653, il accepta de Mazarin les fonctions de surintendant des finances ; c'était à la fin des troubles de la Fronde, et l'on sait dans quel état se trouvait alors le trésor public et avec quelle impudence Mazarin y mettait la main.

Fouquet vendit sa charge de procureur général, se jeta dans le tourbillon des plaisirs, trancha du Mécène, enfla sa fortune sans pudeur, imitant en cela son protecteur Mazarin. Il dépensa près de trente-six millions à faire bâtir sa maison de Vaux. Ses folles dépenses et les tentatives

23

qu'il avait faites pour plaire à madame de La Vallière irritèrent Louis XIV, qui se décida à le faire arrêter et juger.

Il avait du goût pour les lettres et aimait à vivre avec
ceux qui les cultivaient. La fortune lui avait fait de nombreux amis, mais quand vinrent les mauvais jours, il ne
lui resta que Gourville, mademoiselle de Scudéry, Pellisson,
ceux qui furent enveloppés dans sa disgrâce et quelques
gens de lettres qu'il pensionnait. Pellisson prit sa défense
dans plusieurs mémoires qui sont de vrais modèles d'éloquence; mais l'art oratoire de Pellisson ne pouvait pas changer la nature des faits, et Fouquet, quelles qu'aient pu être
ses qualités personnelles, a toujours été considéré avec
raison comme un déprédateur de la fortune publique.

Au moment de son arrestation, on le pensait ainsi; et
dans le cours du trajet qu'on lui fit faire de Nantes à Paris,
il fallut le protéger contre les manifestations de l'indignation
publique et le faire voyager la nuit pour le soustraire aux
fureurs des populations accourues sur son passage. Il se fit
ensuite une réaction en sa faveur; ceux qui avaient profité
de ses malversations plus ou moins secrètement, la déterminèrent, mais l'impartialité de l'histoire ne doit pas se
laisser aller à cette déviation.

On a dit qu'il avait été jugé par commissaires; voici ce
qui a donné lieu à cette erreur :

Il fut condamné par une chambre de justice qui était
conforme aux usages du temps; quand il s'agissait de procès touchant les finances, on créait une chambre de justice
composée de membres du parlement versés dans ces matières. Huit chambres de justice avaient été successivement
établies par les prédécesseurs de Louis XIV; on en trouve
l'énumération dans les *Etudes* de M. Joubleau sur Colbert.
Cette chambre de justice était une émanation du parlement,
et nous avons déjà fait remarquer que le parlement, dans
certains cas et pour certaines affaires, formait des tribunaux

particuliers agissant en son nom, au nom du roi. — Ainsi faisait-il pour les grands jours et dans d'autres occasions.

Il y eut aussi, sous le règne de Louis XIV, des *grands jours* que les désordres du temps rendirent nécessaires.

Le parlement de Toulouse tint une session de *grands jours* au Puy-en-Velay, sous la présidence du premier président de Freubet, et une autre à Narbonne.

Mais ceux qui se tinrent à Clermont en Auvergne, en 1665, eurent une importance particulière. Ils avaient été motivés par de très-graves désordres; les coupables étaient en quelque sorte assurés de l'impunité. Ainsi l'intendant d'Auvergne, avant la tenue de ces *grands jours*, écrivait : « Depuis quelque temps, le duc de Bouillon, gouverneur de cette province, s'intéresse fort pour le sieur Massiat d'Espinchol, que tout le monde sait être noirci de crimes... Toute la noblesse se retire; les troupes même, à ce qu'on dit, lorsqu'elles ont été commandées pour le prendre, lui ont donné des avis. Il ne couche jamais deux jours dans un endroit, ne va que par des chemins inaccessibles, et avec vingt ou vingt-cinq hommes, tous dans le crime comme lui. Je fais ici une revue exacte et n'ai rien trouvé de si désordonné. »

Les *grands jours* d'Auvergne s'ouvrirent le 26 septembre sous la présidence de M. Potier de Novion, président à mortier au parlement de Paris, assisté de seize conseillers.

Un premier acte de vigueur marqua la tenue des grands jours. Le jour même de leur arrivée à Clermont, le président et le procureur général firent arrêter, pour un meurtre commis en 1654, le vicomte de la Mothe-Canillac : il fut condamné le 23 octobre et exécuté quatre heures après. Louis XIV écrivait au président de Novion : « Il faut achever de bannir la violence et l'oppression des provinces de votre ressort, et vous et ceux que vous présidez avez trop bien commencé pour n'en venir à bout. »

La session des grands jours d'Auvergne fut close le 30 janvier 1666 : la cour ne jugea que les affaires criminelles ; le nombre des accusés contumaces s'éleva à quatre cent soixante-douze ; trois cent quarante-neuf d'entre eux furent condamnés à la peine de mort ; les condamnations contradictoires portèrent sur des peines de toute nature et se réduisirent parfois à de simples amendes ; quatre condamnations capitales furent exécutées sur la place publique de Clermont. La cour des grands jours rendit sur d'autres matières plusieurs arrêts de règlement, parmi lesquels on remarque un arrêt fixant le tarif des denrées et des vivres dans la ville de Clermont, et un autre prescrivant l'usage de poids et mesures uniformes. L'effet moral des *grands jours* d'Auvergne fut en tous points considérable.

CHAPITRE XXI.

La Cour des Miracles.—Suppression du bailliage du Palais.—Empoisonne·
ments nombreux dans Paris,—Chambre ardente de l'Arsenal. — La marquise de Brinvilliers et la Voisin. — Bibliothèque des avocats. — Son
fondateur. — Bâtiment construit au Palais par Louis XIV. Il y dépose
son testament. — A sa mort le parlement le casse. — Régence du duc
d'Orléans. —Visite de Pierre le Grand, czar de toutes les Russies, au
Palais.

Au milieu des splendeurs du règne de Louis XIV, la
mendicité, le vol, l'escroquerie se montraient audacieusement dans Paris. Chaque quartier avait sa Cour des
Miracles : là, les aveugles voyaient, les paralytiques marchaient ; là, on enseignait le vol dans toutes ses espèces.

Les gueux qui habitaient la Cour des Miracles, men-
diaient le jour, dévalisaient la nuit, apportaient dans leurs
repaires le fruit de leurs rapines et là bravaient les agents
de l'autorité, qui n'osaient pas y pénétrer. On songea avec
raison à mettre ordre à pareil état de choses, et pour cela
on bâtit la Salpêtrière, qui fut destinée à renfermer les
mendiants des Cours des Miracles.

On en mit là tout ce qu'on put, mais un bon nombre
parvint à se soustraire aux recherches de la police : ceux-
là continuèrent, sinon à mendier, du moins à dévaliser les
passants. On assure qu'on fit aussi entrer dans la police
quelques-uns des habitants des Cours des Miracles.

En même temps qu'on fondait la Salpêtrière, on suppri-
mait les justices seigneuriales qui entravaient l'action de
la justice et de la police, et on donnait à celle-ci une plus
forte organisation.

Par un arrêté du mois de mars 1667, on supprima la charge
de lieutenant civil qui comprenait alors la justice et la police,
dont le sieur d'Aubray était revêtu, pour créer à la place
deux autres charges, l'une de lieutenant civil du prévôt de
Paris, et l'autre de lieutenant du prévôt de Paris pour la
police.

La police eut des attributions qui lui furent désormais
maintenues, et ces attributions n'eurent plus rien de judiciaire.

Quoique le roi par son édit, dit Desfontaines (Histoire de
la ville de Paris, t. IV, p. 249), eût bien exprimé la juridiction de la police et défendu à toute autre juridiction de rien
connaître de ce qui regardait ce tribunal, le bailli du Palais contrevint à l'arrêté à l'occasion de chandelles qu'il
avait saisies sur un nommé Baudin, chandelier, qu'il condamna comme ayant vendu de la chandelle défectueuse, ce
qui concernait absolument la police. Le roi en ayant été
instruit, rendit un arrêt portant que l'arrêté de son conseil
d'État serait exécuté selon sa forme et teneur.

Mais la juridiction du bailli du Palais reçut un bien plus
grand échec encore quelques années après (1674).

Le roi réunit alors au Châtelet de Paris le bailliage du
Palais et toutes les justices des seigneurs qui étaient dans
la ville et dans les faubourgs et s'étendaient dans la banlieue. Ainsi s'écroulait successivement le vieil édifice de la
justice seigneuriale que nous avons trouvée si puissante au
début de cet ouvrage; chaque siècle en emporta quelques
lambeaux, et Louis XIV, par son ordonnance de 1674, travailla à les faire disparaître de sa capitale. Il créa, par son
édit, un nouveau présidial, composé d'un prévôt, d'un lieu-

tenant général de police, d'un lieutenant général criminel, un conseiller honoraire, trente-quatre conseillers, deux clercs et trente-deux laïcs, deux avocats et un procureur du roi. On y attacha des procureurs, des huissiers, soixante huissiers à cheval et soixante sergents à verge. Il y eut en outre un lieutenant général, un procureur du roi et un greffier, auxquels on donna la connaissance des affaires de l'enclos du Palais, des receveurs et payeurs de gages et d'épices.

Tous les pauvres et tous les *gueux* de la Cour des Miracles n'avaient pas été, ainsi que nous l'avons vu plus haut, renfermés à la Salpêtrière : quelques-uns de ceux qui étaient restés libres, dédaignant d'enlever les bourses et les manteaux, se mirent à enlever les personnes; ce genre d'industrie leur parut plus profitable : hommes, femmes et enfants devenaient leur proie; quand les hommes étaient forts, on les vendait à des recruteurs, on expédiait les autres en Amérique. Ainsi les recruteurs avaient leurs courtiers exerçant, soit dans la province, soit dans la banlieue. Les malheureux que les *gueux* enlevaient, soit dans les carrefours, soit sur les grandes routes, étaient amenés de force dans certaines maisons appelées *fours*, où on les tenait séquestrés jusqu'à l'heure de l'engagement.

Il y avait, comme on voit, dans ce siècle si brillant de Louis XIV un bien grand mépris de la liberté humaine; à la vérité, pour être juste, nous devons dire qu'on prit des mesures sévères pour faire disparaître les *fours*; Louis XIV ordonna d'arrêter tous les coupables et de les juger.

En même temps qu'on portait remède à cet abus, on eut à former une chambre de justice à l'Arsenal qui eut à juger de nombreux cas d'empoisonnement. L'homicide se glissait dans le sein des familles les plus honorables avec la voie lâche du poison.

C'est une femme de bonne maison, de manières distinguées, qui donna le funeste exemple de se défaire sans bruit de ceux qui gênaient ou dont on avait hâte d'avoir la succession. Cette femme, qui a acquis une horrible célébrité, était la marquise de Brinvilliers.

Elle affectait une grande dévotion; elle hantait les hôpitaux et essayait ses poisons sur les pauvres. Les empoisonnements devinrent si nombreux, qu'il ne se passait pas de jour qu'ils ne missent quelque famille dans la désolation.

Catherine Deshayes, surnommée la Voisin, autre femme de qualité, vendait aux gens de cour des talismans et des sortiléges; elle avait, entre autres complices, un prêtre nommé Lesage et une femme appelée Vigoureuse.

Quand la chambre fut établie à l'Arsenal, les plus grands seigneurs de la cour y furent cités : on y fit apparaître la duchesse de Bouillon, la comtesse de Soissons, toutes deux nièces de Mazarin, et le maréchal de Luxembourg; ils furent acquittés, mais la Voisin, la Vigoureuse, son frère et le prêtre Lesage furent brûlés en place de Grève.

La Voisin prétendait qu'elle avait des intelligences avec le diable; lorsqu'on la consultait sur diverses choses et qu'on voulait lui expliquer le fait : «Taisez-vous! s'écriait-elle, je ne veux point savoir vos affaires; c'est à l'esprit à qui il faut le dire, car c'est un esprit jaloux qui ne veut point qu'on entre dans ses secrets : je ne puis que le prier pour vous et obéir. » Elle allait ensuite chercher du papier qu'elle disait être charmé; elle vous donnait les noms, les titres et les qualités de l'esprit; et après vous avoir dicté le début de la lettre, elle vous laissait la liberté de l'achever et d'y dire vos petites raisons au plus juste. Quand vous aviez achevé de mettre toutes vos questions par écrit, la rusée magicienne venait avec un réchaud plein de braise à la main et une boule de cire vierge dans l'autre. « Pliez, disait-elle, cette boule dans votre lettre et vous verrez consumer l'un et l'autre par le feu, car l'esprit sait déjà ce que

vous avez à lui dire, et dans trois jours vous pouvez venir
savoir la réponse. » Cela dit, la Voisin prenait le paquet de
la main de la personne et le jetait dans le feu, où il était
d'abord entièrement consumé. Cependant trois jours après
ou avait une réponse positive à tout ce qu'on avait écrit,
que l'on trouvait toute cachetée chez la prétendue sorcière.
L'adresse de la Voisin faisait tout le prestige. Cette femme
avait dans la main une boule de cire pliée dans un papier
écrit. Le paquet était de même forme et de même grosseur,
et tout consistait dans la subtilité avec laquelle elle examinait celui qu'on lui présentait et jetait l'autre dans le feu.
Elle savait par ce moyen ce qu'on demandait à l'esprit, et
il lui était aisé, pendant les trois jours qu'il fallait laisser
écouler avant d'avoir la réponse, de s'instruire plus particulièrement des affaires et de l'humeur de la personne, et
de lui écrire, sous le nom de l'esprit, des choses que le
hasard et les intrigues qu'elle avait faisaient souvent réus-
sir. C'est par ces pratiques criminelles que cette femme
s'était acquis un droit sur la crédulité des superstitieux et
des ignorants.

Quant à la marquise de Brinvilliers qui avait, en peu de
temps, empoisonné son père, ses sœurs et ses frères, elle
avait été initiée à la connaissance des poisons par un officier
de cavalerie nommé Sainte-Croix, avec lequel elle entretenait des relations criminelles.

Aubray, lieutenant civil, père de la marquise, avait fait
mettre Sainte-Croix à la Bastille, et c'est là qu'il apprit la
science funeste des poisons par un nommé Exili, Italien,
qui y était très-versé. Dès qu'il fut sorti de la Bastille, il
renoua ses intrigues avec la marquise de Brinvilliers, et de
concert avec elle, il empoisonna le lieutenant civil Aubray.
Il mourut après avoir langui quelque temps, sans qu'on
soupçonnât la cause de sa mort.

Cette horrible femme fit ensuite un essai aussi funest

sur son frère ; on ne sut encore à qui attribuer cette mort :
il eût cependant été aisé de soupçonner la marquise, car
s'étant un jour enivrée, elle montra à une femme une boîte
en disant : « Il y a là-dedans bien des successions. » La
femme, qui était fille d'apothicaire, reconnut de suite du
sublimé.

Le mari de la marquise, comme on peut aisément le
croire, eût aussi été une de ses premières victimes ; mais
comme elle ne voulait s'en défaire que pour épouser Sainte-
Croix, et que Sainte-Croix ne voulait pas, dit madame de
Sévigné, d'une femme aussi méchante qu'elle, il avait soin
de donner du contre-poison au mari, de sorte qu'ayant été
ainsi ballotté, tantôt empoisonné, tantôt désempoisonné, il
est enfin demeuré en vie.

La Brinvilliers ayant été prise, fut condamnée à avoir la
tête tranchée et ensuite à être brûlée. On la fit entrer dans
la chambre de la question ; y voyant trois seaux d'eau, elle
dit tranquillement : « C'est assurément pour me noyer,
car de la taille dont je suis, on ne prétend pas que je boive
tout cela. »

Vers les six heures du soir, on la mena nue en chemise,
la corde au cou, à Notre-Dame, faire amende honorable, et
puis on la remit dans le tombereau, où elle fut jetée à reculons sur de la paille avec une cornette basse et en chemise, un docteur auprès d'elle et le bourreau de l'autre
côté. Elle monta seule et nu-pieds sur l'échafaud et fut un
quart d'heure mirodée, rasée, dressée et redressée par le
bourreau, ce qui fit murmurer tous les spectateurs. Le lendemain on cherchait ses os, parce que le peuple disait
qu'elle était sainte : ce récit est de madame de Sévigné.

Lorsqu'on la conduisit au supplice, elle rencontra sur
son passage des dames de distinction et de sa connaissance
fort avides de la voir ; elle les regarda avec beaucoup de
fermeté et leur dit avec une espèce de raillerie : « Voilà un

beau spectacle à voir. » La curiosité de Lebrun est plus excusable : ce grand peintre se plaça dans un lieu où il put la considérer attentivement pour pouvoir saisir les traits d'une femme pénétrée de l'horreur du supplice qu'elle va souffrir.

On était encore à Paris sous l'impression produite par les empoisonnements réitérés qui avaient suscité la création de la chambre ardente de l'Arsenal, lorsqu'on fit, dans une salle de l'archevêché de Paris, l'inauguration de la bibliothèque des avocats. C'est à l'avocat Gabriant de Riparfonds qu'on la doit. Il avait été reçu au parlement de Paris le 13 juin 1661 et légua, en mourant, à ses confrères sa bibliothèque (5 décembre 1704) avec des fonds pour son entretien, à condition qu'elle serait publique. Quatre ans après ce legs, le 5 mai 1708, l'inauguration de la bibliothèque se fit avec beaucoup de solennité. On plaça cette bibliothèque dans l'avant-cour de l'archevêché. Elle était ouverte aux lecteurs deux jours par semaine. Tous les mardis, sur l'initiative de M. l'avocat général, six avocats, dont deux anciens, s'y rendaient pour y donner des consultations gratuites aux indigents. Le samedi, sept des anciens avocats tenaient des conférences pour leurs jeunes confrères sur des matières de droit.

Éloignée du centre des audiences, cette bibliothèque était peu fréquentée; plusieurs avocats en possédaient de préférables. Le poëte suédois Holberg, dans un voyage qu'il fit en 1725, visita cette bibliothèque, qui avait alors pour conservateur une vieille femme filant sa quenouille; une jeune fille de dix sept ans remplissait les fonctions de bibliothécaire et donnait les livres aux rares lecteurs.

Cette bibliothèque finit par avoir un bibliothécaire; elle s'était accrue considérablement, et l'avocat Drouet, l'un des collaborateurs actifs du *Nouveau Moreri*, fut choisi pour bibliothécaire; à sa mort, en 1779, il eut pour successeur

Touvenot, qui termina le catalogue avec le concours de Beaucousin et de Varicourt, avocats bibliophiles. A l'époque de la révolution de 1789, alors que l'ordre des avocats avait été supprimé, la bibliothèque fut dispersée, et ce ne fut qu'après quelques années qu'on fonda celle que nous voyons au Palais.

Avant de mourir, Louis XIV avait fait placer son testament dans un bâtiment impénétrable destiné à le recevoir; c'est au Palais qu'il fit construire ce bâtiment et c'est au parlement qu'il confia le soin de faire exécuter les clauses de son testament. Mais il advint de ses dernières volontés comme il était advenu des dernières volontés de Louis XIII : on n'en tint pas cas et son testament fut cassé par le parlement même tout aussitôt après sa mort.

Louis XIV avait conçu contre le duc d'Orléans, son neveu, de grandes défiances et il redoutait de lui laisser seul l'exercice de la régence et de la tutelle de son petit-fils, à peine âgé de cinq ans, et il ne lui décerna guère qu'un titre sans puissance. Il sépara la régence de la tutelle du jeune monarque, qui fut confiée au duc du Maine, ainsi que le commandement des troupes de la maison du roi; un conseil de régence, formé de courtisans et d'anciens ministres, et où le duc d'Orléans n'aurait eu que voix délibérative, devait exercer la plénitude de l'autorité souveraine. Dès le lendemain de la mort du roi, après une nuit employée à négocier et à prodiguer des promesses, le duc d'Orléans se rendit au parlement, accompagné des princes, des pairs du royaume et d'un nombreux cortége de courtisans et d'officiers gagnés à son parti. Dans un discours plein d'adresse, il se montra jaloux de tenir du parlement le titre auquel sa naissance lui donnait droit; et après avoir fait entendre à cette compagnie qu'il s'éclaircirait de ses remontrances, il donna lecture du testament.

Le testament fut cassé tout d'une voix. Le parlement re-

connut le duc d'Orléans pour régent du royaume avec plein
pouvoir et toute liberté de composer à son gré le conseil de
régence. Le duc d'Orléans y appela ceux que Louis XIV
avait choisis et y adjoignit trois nouveaux membres.

Les premières mesures de la régence furent généralement
approuvées; elle leva toutes les restrictions que Louis XIV
avait mises au droit des remontrances du parlement.

Pendant le cours de la régence, le parlement eut à faire
des remontrances sévères au sujet de l'administration des
finances. Louis XIV, en mourant, avait laissé une dette
énorme; le régent n'était pas homme à aviser à la combler
par la réduction des dépenses. On eut alors recours à des
moyens de toute sorte et d'une moralité plus que douteuse
pour se procurer des ressources : on fit une refonte des
monnaies, ce qui donna un bénéfice de soixante-quinze
millions au moins; on établit une chambre de justice pour
faire rendre gorge aux traitants; on les taxa à deux cents
millions, mais il rentra à peine le tiers de cette somme au
trésor.

En 1716, paraît Law, avec sa banque, qui n'avait pour
base que des richesses imaginaires : jamais on ne se joua
plus audacieusement de la crédulité publique. Le parlement, lui-même, fut abusé comme tout le pays, et enregistra la création de sa banque, sans qu'il y eût d'opposant,
excepté le seul d'Aguesseau.

Mais bientôt le crédit de la banque de Law s'ébranle : elle
est menacée de suspendre ses payements; les gros financiers, avisés de sa gêne, se hâtent de demander leur rem-
boursement. La situation devient critique; on veut y porter
remède par des édits qui ne font que l'aggraver. Alors le
parlement intervient et refuse l'enregistrement : voilà la
lutte engagée, et le régent, oubliant ses promesses, revient
aux errements de Louis XIV : le 26 août 1718, il a recours
à un lit de justice; il se transporte au Palais en grand ap-

pareil, donne lecture de lettres patentes qui cassent les derniers arrêts du parlement en lui enlevant le droit de remontrances en matières politiques.

Le premier président ayant demandé qu'il fût permis au parlement d'examiner l'édit qui le concernait, le garde des sceaux répondit : « Le roi veut être obéi, et sur-le-champ. » Mais le parlement ne crut pas devoir céder à de pareilles injonctions, et trois jours après le lit de justice, trois magistrats furent emprisonnés ; plusieurs autres parlements, et entre autres celui de Bretagne, subirent de semblables violences.

Le lit de justice tenu par le régent ne sauva pas Law de sa ruine; le duc d'Orléans, qui avait mis en lui sa confiance, fut forcé de l'abandonner, et cet agioteur émérite fut obligé de s'enfuir pour échapper au ressentiment des nombreuses victimes qu'il avait faites. L'État se trouva, après la chute de son système financier, plus gêné même qu'il ne l'était auparavant, et alors que la perturbation la plus complète s'était glissée dans les fortunes privées, tout aussi bien que dans la fortune publique, les disputes théologiques allaient leur train.

La bulle *Unigenitus* du pape Clément, qui attentait aux libertés de l'Église gallicane, était soumise au parlement, qui se refusait de l'enregistrer. De son côté, le cardinal de Noailles faisait à cette bulle une vive opposition, à la tête des jansénistes. Dubois, le ministre principal du régent, athée s'il en fut, se mit en tête de gagner le chapeau de cardinal, en faisant accepter la bulle dans le royaume; le régent le laissa faire. A force d'intrigues et d'obsessions, Dubois parvint à gagner le cardinal de Noailles et les nombreux évêques opposants. Il restait à soumettre le parlement, qu'on avait exilé à Pontoise, par suite de son opposition au système financier de Law ; il effraya ce corps par la menace d'un nouvel exil à Blois ; il céda et enregistra la bulle, sans prétendre porter atteinte aux *maximes* du royaume sur les appels au futur concile.

Le parlement revint à Paris l'année suivante. Disons, en terminant sur ce point, que Dubois fut fait cardinal. — Ce déplorable ministre exerça sur le régent la plus funeste influence ; il avait été son précepteur, et ne s'était servi de cette position que pour jeter dans son esprit des germes d'immoralité. La mère du duc d'Orléans l'avait bien jugé. Lorsque son fils fut devenu régent, « Mon fils, lui dit-elle, je ne désire que le bien de l'Etat et votre gloire ; je n'ai qu'une chose à vous demander pour votre honneur, et j'en exige votre parole (le régent, dit-on, la donna), c'est de ne jamais employer le fripon d'abbé Dubois, le plus grand coquin qu'il y ait au monde, et qui sacrifierait vous et l'Etat au plus léger intérêt. » La mère du duc d'Orléans l'avait bien jugé : on sait qu'il sacrifia l'intérêt de la France à l'Angleterre, de laquelle il fut pensionnaire.

Après la découverte de la conspiration Cellamare, le régent songea à la convocation des états généraux, Dubois l'en détourna ; à la chute du système de Law, il revint encore à cette idée, mais en fut encore détourné par Dubois.

Il y avait cependant nécessité de faire cette convocation des états généraux, pour mettre sous leurs yeux la situation des affaires publiques, afin que la France pût connaître ses plaies et se guérir elle-même.

En 1717, le czar Pierre le Grand fit un voyage en France, et le 20 juin, en partant, il s'attendrit beaucoup sur le royaume, et dit « qu'il voyait avec douleur que la France ne tarderait pas à se perdre par le luxe et le désordre de ses finances. » Il resta à Paris, depuis le 7 mai 1717 jusqu'au 20 juin de la même année. La veille de son départ, le 19 juin 1717, il se rendit au Palais de justice pour y assister à une audience du parlement. La grande chambre occupait l'emplacement où siégent alternativement aujour-

d'hui la chambre civile et la chambre criminelle de la cour
de cassation.

Voici la description que nous avons trouvée dans les re ·
gistres du parlement de Paris :

« La grand'chambre est un quarré long fermé de quatre
fortes murailles, disposé dans sa longueur du midy au
nord, ayant de longueur entre ses murailles 11 toises
3 pieds 8 pouces, et de largeur, aussi entre les murs,
6 toises 1 pied 6 pouces dans la partie méridionale, et
6 toises 2 pieds 11 pouces dans la partie septentrionale,
ayant 17 pieds 6 pouces d'élévation depuis le pavé de marbre noir et de pierre blanche assez rompue jusqu'au-dessous d'une corniche de 16 pouces de hauteur portant des
cintres et culs de lampe anciens, formant le plafond de
ladite chambre, ornés et décorés d'architecture gothique,
sculpture, peinture et dorure, rompus en quelques endroits
et fort enfumés. »

Le même procès-verbal constate qu'il y avait dans la
grand'chambre deux lanternes ou tribunes. Comme Pierre
le Grand assista, dans une de ces tribunes, à l'audience du
parlement, il n'est pas inutile d'en donner la description.
Voici ce que porte à cet égard le procès-verbal de 1722 :

« A la hauteur de 8 pieds 6 pouces au-dessus du pavé de
la grand'chambre, s'est trouvé construit un plancher de pareille grandeur, soutenu d'un côté par la muraille susmen-
tionnée, et du côté opposé par deux colonnes de bois étant
aux deux angles du côté oriental de ladite menuiserie, autour duquel plancher s'est trouvée une fermeture formant
la lanterne, de 5 pieds de haut, ouverte au-dessus de l'ap-
puy pour voir dans la chambre, et percée du côté des hauts
sièges d'une petite porte, à laquelle on ne peut monter
qu'avec une échelle mobile. »

Cette lanterne ou espèce de tribune, dans laquelle on
montait par une *échelle mobile*, était placée près de la che-

minée de la grand'chambre, alors adossée au mur occidental, à peu près à l'endroit où se trouve aujourd'hui dans la grande salle d'audience de la cour de cassation la porte qui ouvre dans la chambre du conseil. Plus tard (vers 1723) cette cheminée fut portée contre le mur mitoyen de la grand'chambre et de la grand'salle.

Il y avait au fond de la grand'chambre une autre lanterne, dite de la *buvette*, et ainsi nommée parce qu'elle était près de la porte qui conduisait de la salle d'audience à la buvette, placée dans une des tours qui sont derrière la grande salle actuelle de la cour de cassation.

Ce fut dans ce local de la grand'chambre ainsi installé et disposé que se rendit le czar Pierre le Grand, le 19 du mois de juin 1717, pour y assister aux débats d'un procès. Nous avons retrouvé dans les registres manuscrits du parlement de Paris le procès-verbal de la venue du czar au Palais de justice. Nous ne pouvons mieux faire que de transcrire ici ce curieux document. Voici comment il est conçu :

Du 19 (du mois de juin 1717).

« Ce jour est venu en la cour le czar, ou grand-duc de Moscovie, empereur de la grande Russie, qui est en cette ville (depuis) le 7 du mois dernier et doit en partir demain, lequel a voulu voir la manière dont se rend la justice dans le premier tribunal de France, et à cause de luy a été donnée une grande audience, quoique ce ne fût pas jour à la tenir, et messieurs les présidents ont pris leurs mortiers et leurs fourrures et manteaux doublez d'hermines quoiqu'ils ne le fassent pas en été, si ce n'est que le roy vienne en son parlement.

« Il est venu descendre chez M. le premier président avec le maréchal de Tessé qui l'a toujours accompagné pendant son séjour en cette ville, et plusieurs personnages de sa

24

suite, et, comme M. le premier président étoit au Palais
pour les fonctions de sa charge, il a été reçu dans son hôtel
par le sieur abbé de Mesmes et le sieur Bailly de Mesmes,
ambassadeur de l'ordre de Malte auprès du roy, l'un et
l'autre frères dudit sieur premier président. Attendant qu'on
vînt l'avertir pour aller à l'audience, il s'est promené dans
les appartements et dans la bibliothèque dudit hôtel dans
laquelle ayant trouvé un globe terrestre et remarqué que
la mer Caspienne qui confine à ses États, n'y étoit pas tracée
dans sa véritable position, il en a rétably lui-même les
limites et dit qu'on pouvoit assurer M. le premier président
de la justesse de cette correction, lequel a été bien aise de
conserver par une inscription la mémoire d'un fait de cette
singularité. Il a été ensuite conduit par mesdits sieurs abbé
et Bailly de Mesmes sur les neuf heures par la porte du
greffe en la grand'chambre, où il s'est placé pendant que
messieurs étoient à la buvette. Ledit empereur, le prince
Kourakin, avec le sieur Jagouskinsk, le général Bouterlin,
tous quatre de sa suite, le sieur comte de Tessé, maréchal
de France, grand d'Espagne et chevalier des ordres du roy,
le sieur abbé de Mesmes et le sieur Bailly de Mesmes, ambassadeur de Malte, en haut dans la lanterne du côté de la
cheminée qui avoit été préparée et ornée de tapis de damas
cramoisy à galons d'or, et dans l'autre lanterne pareille-
ment ornée, le prince d'Oglourousk, le vice-chancelier
baron de Scaffiroff, le sieur de Tolstoï, son ministre et secrétaire d'Etat; le sieur Areskin et le sieur Nareskin, tous
aussy de sa suite.

« Et a été plaidée en sa présence la cause entre le nommé Bernard et les intéressez en la compagnie de la ..... sur
laquelle a été rendu un arrest qui sera au registre des plaidoiries.

« Et messire Guillaume de Lamoignon, avocat du roy,
déduisant les faits de la cause, a dit :

« Que la contestation est fort sommaire et peu digne
« d'attirer l'attention du grand prince qu'ils voient dans ce
« tribunal; que, quelle que loy que sa modestie paroisse
« imposer, ils ne peuvent s'empescher de féliciter la cour
« de l'honneur qu'elle reçoit de sa présence.

« Qu'on a vu plusieurs fois les souverains des empires
« voisins du nôtre venir admirer la profondeur des lu-
« mières et la sagesse des jugements de la cour; mais qu'il
« n'y avoit point d'exemple qu'un prince aussy éloigné de
« nous, aussy puissant dans l'Europe et dans l'Asie, eût
« désiré d'être témoin de cette auguste séance.

« Que si l'histoire doit être chargée du soin de trans-
« mettre à la postérité les vertus et les grandes actions de
« ce héros, le temple de la justice doit compter cette jour-
« née entre ses plus illustres, et les annales de la cour doi-
« vent à jamais en conserver la mémoire. »

« Messieurs les présidents et tous messieurs, en entrant
et en sortant, ayant fait une profonde inclination au czar,
il s'est levé et a aussy salué la cour, et, étant sorty après
elle, il est entré à la buvette, où il a encore salué tous messieurs très-gracieusement et examiné les habillements de
messieurs les présidents, et ensuite est revenu par la galerie qui répond à la sainte Chapelle chez M. le premier
président, dont il a voulu attendre le retour et à qui il a
donné toutes les marques possibles d'estime et de considération.

« Quand il s'en est allé, M. le premier président et toute sa
famille l'ont reconduit jusqu'à son carrosse et l'ont vu
partir avec de profondes révérences, auxquelles il a répondu par des salutations très-gracieuses. »

Ceci s'était passé le 19 juin; le lendemain le czar quitta
Paris — Saint-Simon raconte ainsi son départ :

« Dimanche 20 juin, le czar partit et coucha à Livry,
allant droit à Spa, où il étoit attendu par la czarine, et ne

voulut être accompagné de personne, pas même en sortant de Paris. Le luxe qu'il remarqua le surprit beaucoup ; il s'attendrit en partant sur le roi et sur la France, et dit qu'il voyoit avec douleur que ce luxe la perdroit bientôt. »

Telle fut la visite du czar au parlement de Paris. Il n'était pas sans intérêt de la rappeler.

CHAPITRE XXII.

Bande de voleurs de Cartouéhe. — Son organisation. — Cartouche tient en
échec pendant quatre ans la police de Paris. — Son arrestation. — Sa
mort sur la roue place de Grève. — Billets de confession. — Refus de sacrements. — Intervention du parlement. — Il est exilé à Pontoise. — Il
est rappelé à Paris. — Nouveau conflit.—Le parlement Meaupeou.—Organisation de ce nouveau parlement. — La révolution de 1789. — Destruction du parlement.

Vers la fin de la régence, Paris fut exploité de la manière
la plus incroyable par une bande de voleurs et de meurtriers
qui avait pour chef le célèbre Cartouche.

La vie de ce malfaiteur a occupé plusieurs gens de lettres;
on en a fait le récit avec un soin tout particulier, et les
épisodes qui la composent ont fourni à nos dramaturges
plus d'un sujet fécond en émotions.

Cartouche se nommait Louis-Dominique; il naquit à
Paris au mois d'octobre 1693 dans le quartier de la Cour-
tille. Son père était un pauvre tonnelier nourrissant péni-
blement quatre enfants, trois garçons et une fille. Cartouche,
peu soucieux de gagner sa vie par le travail, quitta de très-
bonne heure la maison paternelle pour suivre une troupe
de bohémiens qui cultivaient tout à la fois les tours
d'adresse et les tours de main dans les poches des curieux
qui prenaient plaisir à voir leurs prouesses.

Nous ne suivrons pas Cartouche dans sa vie de bohémien
ni dans les incidents qui l'accompagnèrent ou qui la suivi-

rent, ce n'est pas là ce qui doit nous occuper. Ce que nous voulons constater, c'est la formation et l'existence de cette bande nombreuse de voleurs qui, pendant plusieurs années, jeta l'épouvante dans Paris; on voit, en étudiant bien les méfaits de ces voleurs, combien l'organisation de la police laissait à désirer. C'est vers l'année 1717 que les *cartou-chiens* commencèrent leurs déprédations sur une grande échelle. Aux premiers exploits qui révélèrent la puissante organisation de cette bande, M. d'Argenson, alors lieutenant général de police, fut pris à partie et on s'indigna de l'incurie de l'autorité.

Ce n'était pourtant pas que la police manquât d'agents à Paris; elle en avait de tous noms, de toutes armes; mais dans ces corps si nombreux de police, il n'y avait aucune hiérarchie sérieuse. « Chacun du grand ou du petit, nous dit un des historiographes de la vie de Cartouche, ne cher-chait qu'à faire sa main; on volait le voleur, on volait le volé. » Ce même historiographe nous présente au contraire la bande de Cartouche comme ayant une hiérarchie plus sérieuse, avec plus d'unité d'esprit et de direction. « Elle avait, nous dit-il, ses faux exempts, ses faux archers, ses *mouches*, dont la plus célèbre était un certain *Ratichon*, c'est-à-dire, en langage de voleur, un abbé. »

Cartouche recrutait sa bande parmi les serruriers, les mécaniciens, les clercs de notaire même. Il y avait des agents de l'autorité qui étaient à sa solde. Vers la fin de 1719, la bande de Cartouche tenait partout le haut du pavé.

La nuit, la ville lui appartenait. Les différentes brigades qui la composaient se partageaient les divers quartiers de la capitale et dépouillaient les gens sans même en appeler à la violence. Pendant les années 1719 et 1720, la bande de Cartouche fit ses plus grands coups. C'était l'époque déli-rante du système de Law; alors qu'on se pressait, qu'on

s'étouffait dans la rue Quincampoix, Cartouche et les siens
venaient grossir cette foule. Un lord Desmott, dont le la-
quais était affilié à la troupe, perdit en un tour de main
1,300,000 livres en actions diverses, quelque chose comme
douze millions au cours du jour. On porte à deux mille le
nombre des hommes enrégimentés dès lors dans la troupe
de Cartouche, et c'est aussi à cette époque que son nom
commença à se répandre dans Paris.

Le jour, la bande de Cartouche travaillait à la *presse*, là
où il y avait foule ; elle se tenait surtout dans la rue Quincampoix et dans ses abords, rue aux Ours, rue Aubry-le-
Boucher, rue des Lombards. Dans les quartiers moins fré-
quentés, le passage d'une voiture de la cour, un accident,
une rixe, suffisaient à ces misérables pour créer une *presse*
là où il n'en existait pas. Ils se reconnaissaient entre eux à
certains signes pendant le jour, comme à certains mots de
passe pendant la nuit. Ce que volait l'un passait de main en
main à l'extrémité de la *presse* et se retrouvait le lendemain
au quartier général. Ceux de ces voleurs venus sans épée
débouclaient le ceinturon du premier badaud dont l'épée
leur agréait et se le passaient autour du corps. Si la poignée
seule leur convenait, ils la détachaient, en un tour de main,
de la lame. Si quelque volé récalcitrant s'attachait à un
homme suspect et voulait le faire arrêter, des gens se trouvaient là pour le défendre, et quand le guet arrivait sur
place, il n'y avait plus qu'une querelle vulgaire et un ras-
semblement à dissiper.

On croit rêver quand on lit tous les détails qui se rattachent à cette organisation de malfaiteurs dirigés par Cartouche en plein dix-huitième siècle ; non-seulement ces
gens-là détroussaient les passants, crochetaient les portes,
dévalisaient les maisons particulières, les hôtels, mais au
besoin assassinaient. Les Parisiens, inquiets et tourmentés
en apprenant chaque jour de nouveaux méfaits, maudis-

saient l'incurie de la police : il y en avait qui allaient plus loin et qui soupçonnèrent même le régent d'être de complicité avec Cartouche. — C'était là une dégoûtante calomnie. Le régent, qui avait eu connaissance de cette calomnie, fit solennellement promettre grâce entière à tout complice de Cartouche qui livrerait le chef de la bande. On mit sa tête à prix et on menaça de peines exemplaires tous ceux qui lui donneraient asile.

Cartouche, trahi par l'un des siens, fut arrêté le 13 octobre 1721 par un sergent nommé Coursade, placé sous les ordres d'un aide-major nommé Pérôme, qui traquait Cartouche avec persévérance depuis que sa tête avait été mise à prix.

Au moment où Coursade pénétra dans le cabaret ayant pour enseigne *au Pistolet*, où se trouvait Cartouche, ce chef de bandits était assis sur un lit et raccommodait sa culotte ; dans ce lit sur lequel il était assis se trouvait couché l'un de ses camarades : « Nous fondîmes sur eux, dit le sergent Coursade dans son rapport, nous les liâmes dans l'état où ils se trouvoient avec de fortes cordes dont nous étions munis, et faisant avancer deux carrosses, nous les menâmes d'abord chez M. le secrétaire d'État de la guerre, et ensuite à pied au Grand-Châtelet, dès que l'ordre nous en eut été donné. »

Le 27 novembre, Cartouche fut mis à la question et n'avoua rien.

Après avoir subi la question, il fut conduit de la Conciergerie sur la place de Grève, où il fut supplicié.

Quand Cartouche fut arrivé au pied de l'échafand, il jeta un regard circulaire, espérant sans doute que ses affidés tenteraient quelque coup désespéré pour le sauver, mais voyant qu'il n'en était rien, il déclara qu'il allait faire des révélations. On suspendit l'exécution ; avec une mémoire imperturbable, il fit passer sous les yeux des magistrats les plus minutieux détails de son existence. Interrogé sur ce point s'il ne connaissait pas plusieurs jeunes gens de famille qui auraient été dans sa société, ou qui se seraient présentés pour en faire partie, il a répondu que non, *auscuns*. Il n'est donc pas vrai de dire, avec les biographes de Cartouche, qu'il avait des complices dans les rangs les plus élevés de la société.

Les aveux de Cartouche complétés, il fut roué vif le vendredi à deux heures, au milieu d'une incroyable affluence de curieux.

Voici un extrait du procès-verbal d'exécution : « Ledit Louis-Dominique Cartouche, monté sur l'échafaud, lié et attaché sur la croix de Saint-André, avec la corde au cou ; je me suis approché une dernière fois dudit, qui aurait marqué n'avoir plus rien à dire. Le *Salve* à l'instant chanté, l'arrêt de condamnation à la roue, contre ledit Cartouche, a été entièrement exécuté, sous la modification du *retentum* de la cour, et à l'instant je me suis retiré. — Fait, le 28 novembre 1721, à l'heure de deux heures. — Signé : Drouet. »

Le nombre des complices de Cartouche qui furent arrêtés et jugés s'éleva à près de quatre cents. On ne parla plus à Paris, pendant plusieurs mois, que de rompus et pendus.

Le 17 mars 1723, on condamnait encore de ses complices.

Le dénonciateur de Cartouche se nommait Gruthus Duchâtelet.

Il obtint sa grâce, mais non pleine et entière ; car on voit dans les écrits du temps, que le 14 août 1722, il réussit à s'évader de l'hôpital général, où il avait obtenu d'être transféré. Il se sauva à Cologne, parcourut la Hollande et revint en France, où il s'engagea dans le régiment des dragons du Languedoc, qui y tenait garnison. C'est là qu'il fut arrêté de nouveau, et, le 9 juin 1724, la maréchaussée de

Philippeville l'amena à la Conciergerie. Enfermé avec quelques autres coquins, dans le cachot dit *le Grand César*, ce scélérat redoutable vomit feu et flammes contre ses juges, et se répandit en menaces qui furent rapportées. On lui fit à ce sujet un procès ridicule d'*envoûtement* tenté contre la vie du roi et de la reine.

Nous avons déjà vu ce qu'étaient ces procès d'*envoûtement* et nous n'y reviendrons pas. Appliqué à la question, Duchâtelet rejeta bien loin le projet bizarre qu'on lui prêtait d'avoir cherché à attaquer l'existence des personnes royales au moyen d'un charme consistant dans l'immersion d'un os d'agneau dans des matières corrompues. Ainsi, en 1725, de graves magistrats faisaient un procès à propos de pareilles balivernes. Duchâtelet en fut quitte sans doute pour la question, car, à la date du 17 septembre 1726, les registres de la Conciergerie contiennent la mention suivante : « D'ordre du Roy, ledit Louis-François-Gruthus Duchâtelet a été mis hors de prison de céans. »

— La fameuse bulle *Unigenitus* n'était, ainsi que nous l'avons déjà dit, qu'une agression contre la déclaration de 1682. Cette bulle agita la France depuis la fin du règne de Louis XIV jusqu'aux dernières années du règne de Louis XV. En 1752, elle servit de prétexte aux billets de confession, aux refus de sacrements ; de là des familles désolées, des rixes violentes, même des émeutes : on ne s'occupa plus que de ces refus de sacrements, d'un moment à l'autre le sang pouvait couler ; les encyclopédistes se frottaient les mains et riaient tout autant des jansénistes que des partisans de la bulle ; mais dans la population, bien des gens ne riaient pas et s'échauffaient ; la police dut intervenir. Mais que pouvait-elle en pareille occurrence ? Rien d'efficace, assurément. Le parlement intervint à son tour dans un intérêt d'ordre public ; son intervention était légitime, mais ses arrêts portant injonction de ne pas refuser les sacrements aux catholiques qui n'étaient pas munis d'un billet de confession venant d'un prêtre *unigénitaire* furent cassés par un arrêt du conseil.

Le 7 mai, le parlement, toutes les chambres étant assemblées, déclara qu'il n'obtempérerait pas. Le 9 mai, le roi l'exila à Pontoise ; et afin de ne pas interrompre le cours de la justice, on établit en toute hâte une chambre des vacations. composée de six conseillers d'État et de vingt-un maîtres des requêtes qui tinrent leurs séances aux Grands-Augustins. Peu de temps après, cette chambre prit le nom de *chambre royale* et fut transférée au Louvre. Mais au Louvre comme aux Augustins, elle ne fut pas mieux accueillie du public, qui ne cessait de la tourner en dérision en l'accablant d'épigrammes et de pamphlets.

A l'ouverture de ses audiences, ne se trouvaient ni avocats ni procureurs, et elle était obligée de lever le siége, souvent au milieu des huées et des éclats de rire de nombreux spectateurs qui venaient se réjouir de son embarras et de sa confusion. Cette *chambre royale,* lasse enfin de ce triste rôle, sollicita elle-même sa suppression et le rappel des exilés. La cour saisit l'occasion de la naissance du duc de Berry (depuis Louis XVI) pour faire acte de clémence, et, au mois d'août 1754, le parlement rentra dans Paris en triomphe, aux acclamations générales. Les avocats, le parlement étant rétabli, se rendirent au Palais comme par le passé, et les audiences reprirent leur activité après une inaction de plus d'un an.

Le parlement était à peine rentré en fonctions, qu'un nouveau conflit se présenta : cette fois, il s'engagea au sujet du duc d'Aiguillon, auquel on reprochait de nombreux méfaits dans son administration de la Bretagne ; le parlement commença son procès, mais le roi se mit en travers. Enfin, après divers incidents, le parlement rend un arrêt qui entachait le duc d'Aiguillon dans son honneur. Le roi casse aussitôt cet arrêt, fait enlever du greffe toutes les pièces du procès, et dans un lit de justice, il interdit au parlement de s'occuper désormais de l'affaire du duc d'Aiguillon et de s'entendre à l'avenir avec les autres parlements du royaume. Le parlement enregistre l'édit, puis après le lit de justice, fait une protestation énergique qu'il accompagne de remontrances que le roi ne veut pas entendre.

Le parlement suspend ses audiences; la querelle s'envenime. Dans la nuit du 19 au 20 janvier 1771, tous ses membres sont éveillés à la même heure au nom du roi; deux mousquetaires entrent dans leurs chambres et leur présentent un papier portant l'ordre de reprendre leurs fonctions et de répondre par écrit à cet ordre *oui* ou *non*, sans y rien ajouter. Étonnés de cette mesure et des conséquences qu'elle entraînait, quarante membres signèrent *oui;* les autres, plus fermes, signèrent *non*. Mais s'étant réunis le lendemain matin, les *oui*, honteux de leur faiblesse, s'empressèrent de se rétracter et se joignirent à leurs collègues pour persister dans leur refus, au risque de ce qui pourrait en résulter.

La nuit suivante, autre scène. Chaque magistrat est encore réveillé au nom du roi par un huissier de la chaîne qui lui notifie un arrêt du conseil portant « confiscation de son office, avec défense de reprendre ses fonctions et même de prendre la qualité de membre du parlement. » A peine l'huissier est-il sorti, qu'on voit entrer des mousquetaires porteurs de lettres de cachet qui les exilaient dans des lieux différents, tous éloignés les uns des autres. Le chancelier avait espéré qu'une fraction importante du parlement se laisserait intimider, et qu'avec cette fraction on continuerait l'administration de la justice. Mais il se trompa, car le parlement, placé entre l'accomplissement d'un acte honorable de résistance ou d'un acte servile, ne montra ni hésitation ni faiblesse, et tous ses membres acceptèrent avec courage la ruine et l'exil. Ce fut là un grand acte de courage civil et que l'histoire a trop négligé.

Tout aussitôt on forma une nouvelle chambre royale, qui fut à peu près traitée comme l'avait été celle de 1753. Cet état de choses dura presque trois mois, et dans cet intervalle, le chancelier Maupeou s'occupa de la constitution d'une nouvelle magistrature. D'abord il retrancha considérablement l'ancien ressort du parlement de Paris par la création de six cours souveraines établies à Arras, Blois, Châlons, Clermont, Lyon et Poitiers (édit du mois de mars 1771). Cet établissement, qui présentait l'avantage de rapprocher la justice des justiciables, lui donna quelques partisans ; la réduction du ressort du parlement de Paris entraînait aussi la réduction du nombre des magistrats et donnait de la sorte au chancelier un moyen plus facile de trouver des remplaçants. Le 17 avril 1771, il y eut un lit de justice au Palais ; le chancelier apporta les édits qu'il voulait faire enregistrer devant la nouvelle chambre et en même temps parla longuement des avantages qui sortiraient du nouvel ordre de choses qui se préparait. Il promit, en outre, la suppression de la vénalité des offices de judicature, la restitution de la magistrature au mérite et à l'expérience, la suppression des épices, la réformation de la procédure; en un mot, diverses réformes qui étaient réclamées depuis longtemps. Le roi obtint ensuite l'enregistrement des édits du chancelier ; le premier abolissait l'ancien parlement; le second abolissait la cour des aides; enfin le troisième, en supprimant le grand conseil présent à la séance, le convertissait en nouveau parlement.

Le roi termina la séance par ces paroles : « Vous venez d'entendre mes intentions, je veux qu'on s'y conforme ; je vous ordonne de commencer vos fonctions lundi, mon chancelier ira vous installer ; je défends toute délibération

contraire à mes volontés et toute représentation en faveur
de mon ancien parlement, car je ne changerai jamais. »

Le jour même de la présentation de cet édit, Maupeou
installa au Palais le nouveau parlement, qui prit la dénomination de *parlement Maupeou*. Le chancelier, afin de
vaincre la résistance qu'il redoutait de la part des avocats,
sur lesquels il n'avait pas de moyen d'action, imagina de
conférer aux procureurs la qualité d'avocats du parlement
et de réunir le droit de plaider au droit de postulation.

Le nouveau parlement n'était pas agréé des plaideurs, et
les avocats auraient forcé Maupeou à le dissoudre lui-
même, s'ils avaient imité la magistrature exilée, car les
avocats nommés par Maupeou n'obtenaient pas de causes,
et il n'y en avait pas en nombre suffisant pour garnir les
audiences.

On ne prenait au sérieux ni les nouveaux juges ni les
avocats de Maupeou, qu'on appelait les avocats *du* parlement, à la différence des vrais avocats, qui étaient appelés
avocats *au* parlement. Une partie des vrais avocats se laissèrent ébranler, soit par des considérations d'intérêt privé,
soit par les obsessions ministérielles ; et à la rentrée de la
Saint-Martin 1771, on les vit reprendre leurs fonctions ; les
procès reparurent devant le parlement Maupeou et les
audiences ne furent plus désertes. Maupeou triompha ; l'arbitraire put marcher tête levée, escorté de la dilapidation ;
il avait osé plus que Richelieu, plus même que Louis XIV.

Maupeou n'était pourtant ni un grand ministre ni un
homme d'État habile ; il était souple et rusé, et avant tout
courtisan et ne jouissant d'aucune considération ; s'il
triompha, c'est, il faut bien le reconnaître, parce que le
parlement n'était plus la véritable expression des besoins
du temps. On voulait une justice plus prompte, plus expé-
ditive ; on lui reprochait ses rigueurs envers les libres
penseurs qu'il envoyait à la Bastille et dont il faisait brûler

les œuvres en place publique par la main du bourreau.
Alors qu'il appliquait encore les lois sur le sortilége, sur la
magie, qu'il faisait usage de la torture, on dévorait le
remarquable ouvrage de Beccaria sur les *Délits et les peines*;
on méditait l'*Esprit des lois* de Montesquieu, et Voltaire
défendait la mémoire de Calas! Voilà ce qui fit la force
de Maupeou. « Affranchi de toute espèce de contrainte,
nous dit M. Paillet dans son *Précis du droit public des
Français* (page 214), débarrassé de ces éternelles remontrances qui gênaient ses prédécesseurs, le vieux roi se livra
tout à son aise aux plus excessives dissipations; la favorite
et les courtisans n'avaient qu'à demander pour obtenir, et
quand le trésor était épuisé, il n'en coûtait d'autre peine
pour le remplir que d'imaginer de nouveaux impôts qui
étaient de suite enregistrés. On força les tailles de toutes
les provinces; on mit un dixième sur les rentes perpétuelles; on créa un centième denier sur les offices, et bientôt la France regretta ses anciens parlements et sentit toute
l'étendue de leur perte. »

En même temps que Maupeou bouleversait la constitution de l'État en changeant l'organisation judiciaire qui lui
servait de base, et qu'il avait pour appui les libres penseurs, il trouvait aussi des auxiliaires dans les jésuites, que
des arrêts récents du parlement de Paris avaient expul-
sés (1762).

Un édit royal, du 26 novembre 1764, supprima la société
des jésuites, mais ils purent continuer à résider dans le
royaume individuellement en se conformant aux lois.

Le parlement, en 1771, au moment de sa suppression par
Louis XV, avait contre lui la royauté, la cour, les libres
penseurs et les jésuites. C'était beaucoup d'adversaires.
Il avait pour lui les services rendus, l'honorabilité de
ses membres; on trouvait chez la plupart la probité et
le savoir, et disons aussi le désintéressement; mais le

parlement avait aussi ses préjugés : il avait vieilli surtout depuis que la vénalité des charges avait tué l'élection ; l'initiative lui manquait pour reviser les vieilles
lois, et la royauté l'aurait entravé dans cette voie s'il
avait voulu y entrer résolûment. Il comprit bien à diverses
reprises qu'il avait besoin d'un point d'appui, et on doit lui
rendre cette justice qu'il réclama plusieurs fois la tenue
des états généraux. La royauté, qui les redoutait, unie
sur ce point au clergé et à la noblesse, les repoussa ; les
embarras financiers augmentèrent, les abus se maintinrent,
et les choses furent menées à ce point qu'une révolution fut
inévitable.

Louis XVI, en montant sur le trône, fit de louables efforts
pour remédier aux abus les plus criants. Il appela le sage
Turgot aux affaires, abolit la torture, la corvée, reconstitua
l'ancien parlement ; mais on ne pouvait plus rendre à ce
grand corps la vie morale qu'il avait perdue : Maupeou
avait tué le parlement et ce n'était plus qu'une ombre qu'on
ramenait ; mais ici va commencer une nouvelle ère pour la
France dans laquelle nous n'avons pas à nous engager, du
moins en ce moment.

Dans la nuit du 11 au 12 janvier 1776, un nouvel incendie éclata au Palais ; le feu consuma la chancellerie, la
première chambre des requêtes, dans laquelle était renfermée la bibliothèque du grand conseil, qui y avait été trans-
portée en 1771, alors que le parlement était exilé, et qui n'en
avait pas encore été retirée ; l'incendie dévora, en outre, une
partie de la seconde chambre des requêtes, de la cour des
aides, de son greffe et de celui du tribunal des eaux et
forêts ; les marchands éprouvèrent aussi des pertes considérables ; pour subvenir aux réparations, on ajouta six deniers
et demi à la capitation.

— Parlons ici de quelques améliorations qui furent
faites tant en dehors du Palais qu'à l'intérieur, après

l'incendie qui eut lieu le 11 janvier 1776. Cet incendie consuma, ainsi que nous l'avons vu plus haut, toute la partie du Palais qui s'étendait depuis l'ancienne galerie des prisonniers jusqu'à la porte de la sainte Chapelle ; il fut arrêté que l'on entreprendrait la reconstruction des parties endommagées de ce vaste édifice. Du côté de la rue de la Barillerie, on entrait dans la cour par deux portes sombres, resserrées, qui portaient plutôt le caractère des portes de prison que celui d'un édifice consacré à l'utilité générale, en outre, cette rue de la Barillerie, obscure, tortueuse et si étroite, qu'une voiture pouvait à peine y passer, était bordée d'échoppes ou de maisons hideuses.

On montait à la grand'salle par deux escaliers ; l'un à droite, en entrant dans cette cour, aboutissait à l'angle méridional de la grand'salle, du côté de la rue de la Barillerie ; l'autre était en face et situé sur l'emplacement qu'on voit aujourd'hui : c'était au bas de ce dernier que les clercs de la basoche plantaient le mai ; c'est pourquoi cette cour portait le nom de cour de Mai.

Deux escaliers plus vastes et qui existent encore aujourd'hui, conduisent de la cour du Harlay dans les galeries qui aboutissent à la grand'salle. Cet édifice n'avait ni façade ni entrée digne de son importance. En 1787, toutes les constructions mesquines situées du côté de la rue de la Barillerie disparurent ; la rue fut élargie et une place demi-circulaire fut établie aux dépens de quelques parties d'un quartier malsain.

Cette place s'ouvrait devant la cour de la nouvelle façade du Palais. Cette façade et autres constructions accessoires ont été exécutées par MM. Moreau, Desmaisons, Couture et quatre membres de l'Académie d'architecture. Une grille en fer part de la cour et occupe toute sa longueur ; elle présente trois grandes portes à double battant : celle du milieu avait pour principal amortissement un globe doré d'une

grande proportion et accompagné de guirlandes. Cet amortissement a disparu depuis quelques années. Cette vaste
grille est remarquable par ses détails et sa richesse et par
son extrême solidité ; elle est peut-être un peu sur-
chargée d'ornementation, mais elle est loin de mériter la
critique qu'en fait Dulaure, qui la dit plus remarquable
par sa richesse que par le goût de ses formes : ses formes
n'ont rien que de fort gracieux et de fort correct, et la
profusion d'ornementation n'exclut pas le bon goût et le
fini de l'art. Les habiles ouvriers qui l'ont construite ont
laissé un monument qui fait honneur à la serrurerie
française.

La dépense de cette grille s'est élevée alors à près de six
cent mille francs. Tous les ornements et le couronnement
qui la décoraient furent détruits pendant la première révolution, parce qu'ils présentaient des emblèmes de la
royauté. Le peu de soin qu'on prit pour préserver les
panneaux contre la corrodation des vantaux, qui auraient
fini par se désassembler tout à fait, a obligé à les démon-
ter et à ressouder toutes les parties basses et les montants,
et même à refaire entièrement à neuf les panneaux du bas
ainsi que toutes les pièces de relevé qui composaient le
couronnement. Cette grille ainsi restaurée présente un
très bel aspect.

Au centre de la façade s'avance un vaste escalier de cinq
mètres soixante-dix centimètres de hauteur ; la première
rampe a vingt mètres de longueur. Cet escalier mène à
une première galerie, où l'on entre par trois portiques. Le
milieu de la façade présente un avant-corps orné de quatre
colonnes doriques. Au-dessus de l'entablement règne une
balustrade, et sur quatre de ses piédestaux sont posées
quatre statues allégoriques : la Force, l'Abondance, la
Justice et la Prudence. Ces statues sont d'une faible exécution ; elles s'élèvent à l'oblong des quatre colonnes et se

dessinent sur un fond lisse de maçonnerie, qui supporte un dôme quadrangulaire. Les deux ailes de bâtiment qui partent de cette façade, forment les deux côtés de la cour et s'avancent jusqu'au boulevard Sébastopol; elles semblent étrangères au reste de l'édifice.

—Louis XVI, en rappelant le parlement, avait compté sur son appui, qui devait lui manquer. Ainsi, il advint ce qu'on aurait pu prévoir, que le mauvais état des finances força ses ministres à créer de nouveaux impôts; le parlement refusa l'enregistrement, et on se trouva de nouveau en présence des conflits que Louis XV avait fait cesser en créant le parlement Maupeou. En 1787, l'archevêque de Toulouse, qu'on avait mis à la tête d'un conseil des finances, voyant ses projets d'impôts nouveaux rejetés par le parlement, l'exila à Troyes, mais on ne trouvait pas de solution aux embarras pécuniaires qui s'aggravaient, et on rappela M. Necker, qui avait déjà été ministre des finances et qui jouissait alors d'une immense popularité. M. Necker ne voulut pas commencer son second ministère par une guerre avec le parlement.

Les magistrats exilés furent rappelés, et le 21 septembre, tous les membres du parlement reçurent chacun une lettre pour se trouver à huit heures du matin au Palais. Au jour indiqué, les gens du roi apportèrent aux chambres assemblées une déclaration royale qui révoquait les édits publiés au dernier lit de justice, ordonnait aux chambres du parlement de reprendre leurs fonctions et annonçait la convocation des états généraux dans le cours de janvier suivant.

Le 4 mai 1789, les états généraux s'assemblèrent à Versailles et la révolution commença. Elle déborda bientôt sur la France comme une lave brûlante, emportant avec elle hommes et choses, bouleversant le sol jusque dans ses fondements dans son cours impétueux, et entraînant avec la vieille monarchie française les parlements qui avaient, durant tant de siècles, marché côte à côte avec elle, et dont nous avons esquissé l'histoire dans le tableau rétrospectif que nous avons retracé du Palais de justice, depuis son origine jusqu'à la convocation des états généraux de 1789.

Ici finit la tâche que nous nous étions imposée; nous l'avons remplie avec soin et avec impartialité et sans aucune préoccupation étrangère à notre sujet; c'est là une justice qui du moins nous sera rendue et sur laquelle nous avons quelque droit de compter.

FIN.

TABLE DES MATIERES.

Aubriot. —Charles VI entre à Paris. —Violente répression. — Scène de clémence dans la cour de Mai. — Du droit d'élection accordé au parlement. — Singulier procès fait à deux émissaires du pape.— La France divisée en deux factions, bourguignons et armagnacs. — Elles se livrent toutes deux à des excès. — Établissement d'une nouvelle chambre au parlement. — Incidents curieux de l'élection du président Jean Vailli, candidat du roi. — Massacres dans les prisons. — La Conciergerie est ensanglantée. — Réaction contre les égorgeurs.— Exécution du bourreau Capeluche, accusé d'avoir dirigé les bandes d'assassins. — Henri V épouse Catherine de France. — Mort de Charles VI. — Assassinat à Montereau du duc de Bourgogne. — Traité de Troyes. — Le dauphin exclu du trône de France. — Mort de la reine Isabeau... 178

Paris. — Typ. Walder, rue Bonaparte, 44.